医疗器械蓝皮书

四川省医疗器械产业发展报告

（2023）

主编　张兴栋　石保社

四川科学技术出版社

图书在版编目（CIP）数据

四川省医疗器械产业发展报告. 2023 / 张兴栋, 石保社主编. -- 成都：四川科学技术出版社, 2023.10
（医疗器械蓝皮书）
ISBN 978-7-5727-1140-4

Ⅰ. ①四… Ⅱ. ①张… ②石… Ⅲ. ①医疗器械－产业发展－研究报告－四川－2023 Ⅳ. ①F426.46

中国国家版本馆CIP数据核字（2023）第175526号

医疗器械蓝皮书
四川省医疗器械产业发展报告（2023）

主　　编　张兴栋　石保社

出 品 人　程佳月
责任编辑　李迎军
责任出版　欧晓春
出版发行　四川科学技术出版社
成都市锦江区三色路238号　邮政编码 610023
官方微博 http://weibo.com/sckjcbs
官方微信公众号 sckjcbs
传真 028-86361756
成品尺寸　165mm × 236mm
印　　张　23.75　字数 420 千
印　　刷　成都市永升印务有限公司
版　　次　2023年10月第1版
印　　次　2023年10月第1次印刷
定　　价　128.00

ISBN 978-7-5727-1140-4

邮购：成都市锦江区三色路238号新华之星A座25层　邮政编码：610023
电话：028-86361770

编委会名单

主　编

张兴栋　中国工程院院士

四川大学教授

石保社　成都市医疗器械行业协会会长

成都市新津事丰医疗器械有限公司董事长

副主编

袁　鹏　西南财经大学中国西部经济研究院产业经济研究中心主任

张明华　成都市医疗器械行业协会轮值会长

四川省医学会副秘书长

王学香　成都市医疗器械行业协会秘书长

老肯医疗科技股份有限公司股东

编委会组长（按姓氏拼音首字母排序）

兰婉玲　四川省药品检验研究院主任

徐　乾　西南财经大学 MBA 教育中心副主任

吴　刚　四川大学化学学院环保型高分子材料国家

地方联合工程实验室副主任

王云兵　四川大学生物医学工程学院院长

国家生物医学材料工程技术研究中心主任

编委会副组长（按姓氏拼音首字母排序）

梁　洁　四川医疗器械生物材料和制品检验中心有限公司
王明辉　国家药品监督管理局医疗器械监管科学研究基地暨四川大学医疗器械监管科学研究院
王紫薇　四川省人社厅专家服务团专家

编委会成员（按姓氏拼音首字母排序）

陈　鑫　成都博奥晶芯生物科技有限公司
常永志　成都医学城医药健康部
耿　佳　孔确（成都）科技有限公司
何大庆　成都口口齿科技术有限公司
姜　利　成都连康投资有限公司
陆爱菁　四川大学医疗器械监管科学研究院
廖沛柠　四川省药品检验研究院
刘　霞　老肯医疗科技股份有限公司
李岳彬　成都格力新晖医疗装备有限公司
李忠桥　四川省人社厅专家服务中心
蒲云海　成都云卫康医疗科技有限公司
乔　峰　四川省药品检验研究院
田兴龙　成都市新津事丰医疗器械有限公司
唐亚军　成都天府国际生物城管理委员会
唐中岚　国家药品监督管理局医疗器械监管科学研究基地暨四川大学医疗器械监管科学研究院
王　晨　成都美创医疗科技股份有限公司
韦　德　成都瑞琦医疗科技有限责任公司
王　建　雅安市人民医院（四川大学华西医院雅安医院）
伍卫星　重庆现代产业发展研究院
谢邦庆　成都联帮医疗科技股份有限公司

向　瑾　四川大学华西医院临床试验中心

杨　婧　四川省药品检验研究院

杨　勇　四川南格尔生物医学股份有限公司

杨　洋　迈克生物股份有限公司

张　文　四川千里倍益康医疗科技股份有限公司

张小华　四川锦江电子医疗器械科技股份有限公司

周　勇　广州众成大数据科技有限公司

　　　　资阳市药品医疗器械申报服务中心

特别鸣谢

成都医学城

华西健康谷

成都未来医学城

成都天府国际生物城

资阳牙谷

参与撰写者（按姓氏拼音首字母排序）

程　立　陈　卫　顾代春　黄代全　贺烈斌　黄晓蓉　蒋　健

蒋子琪　李　波　刘　俊　刘　敏　柳晓蓉　刘　怡　刘　羽

孟德颖　沈红艳　石明阳　谭立力　汤卫国　唐孝娟　王丁丁

文　豪　万清良　王　蓉　王　霜　王正丹　王子晟　徐昌吉

尹　辉　晏华立　余　康　杨　雳　余　平　朱　冰　钟杰宏

张莉评　曾　平　祝帅辉　钟　鑫

《四川省医疗器械产业发展报告（2023）》编撰人员简介

主编

张兴栋　中国工程院院士，四川大学教授，曾任国际生物材料科学与工程学会联合会主席，国家食品药品监督管理总局（CFDA）医疗器械分类技术委员会执委会主任委员。于国内率先开展生物活性材料研究，研发出生物活性人工骨、涂层、涂层牙种植体和人工髋关节、骨诱导人工骨等产品，获 6 项 CFDA 产品注册证。发现材料可诱导骨、软骨等组织形成，提出“组织诱导性生物材料（Tissue Inducing Biomaterials）”即无生命的生物材料可诱导有生命的组织和器官再生或形成，开拓了生物材料发展的新方向。1996 年获国家科技进步奖二等奖，2007 年获国家自然科学奖二等奖；2007 年当选中国工程院院士，2014 年当选美国国家工程院外籍院士。

石保社　成都市医疗器械行业协会会长，成都市新津事丰医疗器械有限公司董事长。从事无菌医疗器械生产制造 30 年，是新型医疗器械电子商务贸易的倡导者，成都医贸通电子商务有限公司总策划和发起人。四川省优秀共产党员，四川省劳动模范。成都市健康服务业商会副会长，成都市海外交流协会副会长，中国医疗器械行业协会高分子分会副理事长，四川省第一届卫生计生决策专家咨询委员会委员，四川省药监局“十四五”医院行业规划专家。

副主编

袁鹏　西南财经大学教授，四川省学术和技术带头人后备人选。现任西南财经大学中国西部经济研究院产业经济研究中心主任。主要研究领域为工业经济，主持科研项目十余项，在国内外重要期刊上发表学术论文60余篇，多篇论文被期刊评为年度优秀论文。

张明华　四川省医学会副秘书长，四川省医院协会医务管理分会副会长，成都市医疗器械行业协会轮值会长，四川省卫生应急专家咨询委员会委员。曾任国药集团四川省医疗器械有限公司董事/总经理，中国医学装备协会采购与管理分会副会长。拥有医疗器械销售及管理20多年工作经验，曾受邀参加国务院医改办医用耗材两票制政策制定。

王学香　成都市医疗器械行业协会秘书长，四川省营商环境咨询委员会委员，四川省川联商务促进会理事、中华全国工商业联合会女企业家商会理事；老肯医疗科技股份有限公司创始股东、成都云卫康医疗科技有限公司总裁；中华预防医学会消毒分会委员、国家食品药品监督管理局消毒技术委员会委员；参与编纂多项国家和行业标准。医疗行业从业经验20余年，在工作中践行社会大爱，组织带领企业和会员企业参加各类医疗相关学术活动，行业调研、专业论坛等。

编委会组长

兰婉玲　现任四川省药品检验研究院（四川省医疗器械检测中心）党委委员，副院长，任技术负责人、授权签字人。2003年，作为主要负责人开始筹建四川省药品包装材料容器检测中心及四川省医疗器械检测中心，历任副主任、主任、副所长、所长、副院长等职务，经历了四川省药品检验研究院药品包装材料、医疗器械检验检测能力发展的全过程。担任四川省第一、二届药品安全委员会专家、“三品一械”检验检测系统能力验证专家、中国药品监督管理研究会药品包装与辅料专业委员会委员，被聘为成都大学研究生导师。

徐乾　管理学博士，西南财经大学企业管理系副教授，硕士生导师，MBA 教育中心副主任，四川省专家服务团特聘专家，四川省工商局工商研究院特聘专家，成都市科技局科技评估专家，成都市科技创业导师。主要从事创业行为与决策、创业政策与区域发展等方面的研究；先后编写并出版了《知识集聚与区域创新网络》《产业集群中的知识传播与企业竞争优势研究》等著作，在 SSCI 和 CSSCI 期刊发表论文 10 余篇；主持参与包括国家自然科学基金、教育部人文社科基金、德国 DAAD 合作基金等多个科研项目。

吴刚　博士，教授，博士生导师，环保型高分子材料国家地方联合工程实验室副主任，国家高层次青年人才计划、四川省天府科技菁英人才、四川大学双百人才 B 计划入选者。主要从事高分子材料升级回收与化学循环、火 / 热安全高性能锂电池材料的研究，在包括 Nat. Commun.、Energy Storage Mater.、Adv. Funct. Mater.、ACS Nano、Sci. China Chem.、Macromolecules 等期刊发表 SCI 论文 70 余篇；主持科技部重点研发计划课题、自然科学基金重点类项目等多项国家、省部级项目；申请中国发明专利 10 余项，其中授权 8 项；编制国家标准 13 项，均全部获得发布实施；受邀在国内外重要学术会议做报告 10 余次；担任 ISO/TC61/SC14/WG5 工作组专家，以及 Chinese Chemical Letters、Materials Circular Economy 等国际期刊编委、Nano Energy Research 青年编委。在教学方面，获四川大学课堂教学质量优秀奖、四川大学优秀班主任、学术型社团指导教师优秀奖等荣誉。目前，讲授本科生课程《高分子与现代社会发展》和研究生课程《高分子材料循环与升级回收》。

王云兵　国家生物医学材料工程技术研究中心主任、四川大学生物医学工程学院院长、四川大学生物材料工程研究中心主任、中国生物材料学会副理事长、科技部生物材料国际交流合作基地主任、教育部组织再生性生物材料科学与工程创新引智基地主任，“百千万人才工程”国家级人选，“十三五”国家重点研发计划项目首席科学家、中国心脑血管联盟副理事长、国家有突出贡献中青年专家，国际生物材料科学与工程学会联合会 Fellow。主要从事用于心脑血管疾病、糖尿病等治疗的新型生物医用材料和微创植 / 介入医疗器械的基础研究与产品应用开发。主持开发了一系列国内、国际首创的医疗器械产品并实现大规模临床应用。在此基础上，已申报国内、国际专利 500 多项，国际期刊发表论文 200 多篇。获教育部技术发明一等奖（2020）、四川省科技进步一等奖（2022）和中国侨界贡献一等奖（2020）等奖项。

序

人民对美好生活的向往，始终是我们的奋斗目标。健康是人民幸福生活的前提和基础。党的十八大以来，以习近平同志为核心的党中央，始终把保障人民健康摆在优先发展的战略地位，坚持“人民至上、生命至上”执政理念，坚定实施“健康中国”战略，医疗保障体系逐步完善。医疗器械是我国医疗卫生体系的基础装备和现代医疗的重要工具，在疾病预防、诊断、治疗中发挥着至关重要的作用。医疗器械的水平很大程度上决定着我国整体医疗和公共卫生防护水平。面对突如其来的新冠疫情，医疗器械起到了至关重要的作用，也反映了我国具备短时间生产制造医疗器械的能力。

当前，我们已开启全面建设社会主义现代化国家新征程、向第二个百年奋斗目标进军，以中国式现代化全面推进中华民族伟大复兴。习近平总书记指出：“现代化最重要的指标还是人民健康。”四川省委十二届二次全会明确提出，以中国式现代化引领四川现代化建设，把保障人民健康放在优先发展的战略位置，加快建设卫生健康强省。四川是人口大省，人口总数居全国第五位，四川现代化建设离不开人民身体健康。四川省委十二届二次全会将医药健康产业列为六大优势产业进行重点发展，并明确提出了倍增计划。这给四川医疗器械产业带来了重大发展机遇，也将大幅提升四川公共卫生应急保障能力和医疗卫生服务水平。

近年来，国家层面已连续出版《中国医疗器械行业数据报告》（医疗器械蓝皮书）。地方层面也有深圳等个别城市编写过医疗器械行业分析报告。四川作为人口大省、卫生大省、医药产业大省，编写四川省医疗器械产业发展报告很有必要。本书旨在进一步摸清四川医疗器械产业自身家底，梳理产业发展优势和不足，提升对外合作显示度，加强内外交流紧密度。编撰过程中，由成都市医疗器械行业协会牵头组建了以四川省社会科学院、西南财经大学、成都师范大学等专家学者和重点企业负责人为主体的编撰团队，拜访请教四川省和部分市州行业主管部门，深入全省重点医疗器械企业、生物园区实地调研，通过问卷、访谈等多种形式收集一手资料、掌握一手数据。历经大半年的筹备和编撰，数次专题修订会、研讨会，征集了行业诸多专家的意见建议。

本书共有 4 篇，包括总体篇、产业篇、配套篇、展望篇。总体篇主要包括全国医疗器械发展总体情况和政策环境，四川省医疗器械产业总体现状和主要特点、发展趋势等。产业篇主要包括四川医疗器械产业的区域分布、承载园区，选取了具有比较优势的十个细分领域和五个创新领域进行了分析，并介绍了每个领域的代表性企业。配套篇主要围绕医疗器械产业发展上下游所需的科技研发、检测院所、临床机构、第三方物流运输、会议展览、人才培养等。展望篇主要基于行业发展趋势提出了未来的重点方向，并结合四川实际提出了相关发展建议。

目前医疗器械行业数据体系不够全面和系统，书中给出的数据质量和数量有待提升，提出的建议有待进一步完善，恳请业内专家和广大读者批评指正。共同为医疗器械行业发展贡献力量，进一步提高我省医疗保障水平，为人民群众生命健康保驾护航。

本书编写过程得到了四川省食品药品监督管理局、四川省经济和信息化厅、四川省药品检验研究院、成都市市场监督管理局、成都市经济和信息化局、成都海关、四川大学生物医学工程学院、国家药监局医疗器械监管科学研究基地、四川大学化学学院、四川医疗器械生物材料和制品检验中心等单位大力支持。感谢编委会全体成员和作者，以及来自医疗器械相关领域的学者专家、川内各细分领域有代表性的医疗器械研发生产企业。

2023 年 8 月

目 录

第一篇 总体篇

第二篇 产业篇

第三篇　配套篇

第四篇 展望篇

第一篇　总体篇

医疗器械事关人民群众的身体健康和生命安全，事关中华民族健康素质的提升和健康中国建设，医疗器械水平很大程度上决定着整体医疗水平。医疗器械产业是保障人民身体健康和生命安全的战略性新兴产业，是健康中国战略的重要组成部分。在医疗改革和健康中国战略的背景下，坚定不移地推进医疗器械产业创新和高质量发展，是关系我国现代化建设和“十四五”改革要求的重要战略任务，是推动形成以国内大循环为主体、国内国际双循环相互促进新发展格局中的重要工作内容，是保障人民群众享有幸福安康生活的内在要求，是维护国家公共安全的重要保障。

习近平总书记多次强调医疗器械产业的重要性和发展前景，要求医疗器械企业要加强技术创新，提高产品质量和技术水平。国家出台了一系列扶持政策和文件，旨在促进医疗器械产业的高质量发展。推进医疗器械产业的高质量发展，是更好地满足人民群众对高质量、高水平医疗服务的需要，是有效保障人民群众生命健康的需要。2021 年国家发布了《医疗器械监督管理条例》，要求加强对医疗器械的监管、提高医疗器械的质量和安全水平等。工信部等十部门联合印发了《“十四五”医疗装备产业发展规划》，从强化医工协同、推进技术创新、产品创新和服务模式创新、优化创新生态等方面提出了明确方向，并在人才培养、创新模式、知识产权保护、开放合作等方面加强保障措施。

四川省高度重视医疗器械产业的发展，积极出台扶持政策，推动了医疗器械产业的快速发展。特别是 2022 年，四川省政府办公厅专门出台了《关于支持医疗健康装备产业高质量发展的若干政策措施》，提出了一系列具体措施，包括支持核心技术攻关、加强创新平台建设、提高研发投入、加强创新成果转化、支持产业发展等。四川省还将医疗健康产业纳入六大优势产业，实施提质倍增计划。这些政策措施的出台将为四川省医疗器械产业的高质量发展提供有力保障。一方面，四川是人口大省，本身具有较为广阔的市场需求。另一方面，当前正在加快构建以国内大循环为主体、国内国际双循环相互促进的新发展格局，进一步拓宽了四川医疗器械产业的市场空间和发展潜力。

《医疗器械监督管理条例》中关于医疗器械的定义，是指直接或者间接用于人体的仪器、设备、器具、体外诊断试剂及校准物、材料以及其他类似或者相关的物品，包括所需要的计算机软件；其效用主要通过物理等方式获得，不是通过药理学、免疫学或者代谢的方式获得，或者虽然有这些方式参与但是只起辅助作用；其目的是：疾病的诊断、预防、监护、治疗或者缓解；损伤的诊断、监护、治疗、缓解或者功能补偿；生理结构或者生理过程的检验、替代、调节或者支持；生命的支持或者维持；妊娠控制；通过对来自人体的样本进行检查，为医疗或者诊断提供信息。

美国和欧盟都是按照医疗器械的风险程度对医疗器械进行分类；在我国同样是根据医疗器械的风险程度对医疗器械实行分类管理：即分为三个类别。第一类医疗器械、第二类医疗器械和第三类医疗器械。第一类：风险程度低，实行常规管理可以保证其安全、有效的医疗器械。第二类：具有中度风险，需要严格控制管理以保证其安全、有效的医疗器械。第三类：具有较高风险，需要采取特别措施严格控制管理以保证其安全、有效的医疗器械。

医疗器械的风险程度是根据医疗器械的预期目的、结构特征、使用方法等因素评定。第一类医疗器械实行产品备案管理，第二类、第三类医疗器械实行产品注册管理。境内第一类医疗器械产品备案，由备案人向所在地设区的市级人民政府负责药品监督管理的部门提交备案资料。境内第二类医疗器械产品注册由注册申请人所在地省、自治区、直辖市人民政府药品监督管理部门审查，批准后发给医疗器械注册证。境内第三类医疗器械产品注册由国家药品监督管理局审查，批准后发给医疗器械注册证。进口第一类医疗器械备案，境外备案人应指定我国境内企业法人向国家药品监督管理局提交备案资料和备案人所在国（地区）主管部门准许该医疗器械上市销售的证明文件。进口第二类、第三类医疗器械由国家药品监督管理局审查，批准后发给医疗器械注册证。医疗器械注册人、备案人实行医疗器械全生命周期质量管理，对研制、生产、经营、使用全过程中医疗器械的安全性、有效性依法承担责任。

第一章　中国医疗器械产业发展现状与政策环境

第一节　中国医疗器械产业发展现状

一、生产和经营企业

近两年来，中国医疗器械生产和经营企业数量呈现增长态势。见表1–1–1，2021年，生产企业数量达到26 570家，比上一年增加了0.40%。截至2022年底，全国医疗器械生产企业数量为32 632家，较2021年同比增长22.82%。《药品监督管理统计年度数据（2022）》显示，在2022年，第一类医疗器械产品生产备案凭证数量为20 640个，第二类和第三类医疗器械产品生产许可证数量分别为14 693个和2 509个。

表1–1–1　中国医疗器械生产企业和经营企业数量　（单位：家）

年份	2019		2020		2021		2022	
企业	生产企业	经营企业	生产企业	经营企业	生产企业	经营企业	生产企业	经营企业
数量	18 070	593 491	26 465	398 591	26 570	1 005 223	32 632	1 209 699
增速	—	—	46.46%	51.41%	0.40%	11.87%	22.82%	20.34%

注：经营企业仅统计经营第二、三类医疗器械的企业。数据来自相应年份的《药品监督管理统计年度数据》。

对于经营企业，2021 年该类企业的数量突破了 100 万家，同比上一年增长了 11.87%。2022 年，经营企业相比上一年增加了 20.34%，达到了 1 209 699 家。

近年来，医疗器械生产企业主营业务收入呈现持续增长态势。据《中国医疗器械行业数据报告（2022 年）》报告，2021 年医疗器械生产企业主营业务收入突破了万亿元大关，实现收入 10 200 亿元。据国家药监局南方医药经济研究所估计，2022 年全国医疗器械生产企业营业收入为 1.3 万亿左右[1]。

二、区位分布

中国医疗器械产业的地区分布不平衡。见表 1–1–2，生产企业主要集中在经济发达地区，经营企业主要集中在经济发达地区和人口大省。其中，广东的医疗器械生产企业数量最多，2021 年和 2022 年分别为 4 457 家和 4 968 家，占全国相关企业的比例超过 15%。江苏省的医疗器械生产企业数量仅次于广东，2021 年和 2022 年分别有 3 576 家和 4 814 家。山东和浙江也是医疗器械生产企业较多的省份。内蒙古、海南、宁夏、青海、西藏等省、区的生产企业数量较少，不足 100 家。

同样，广东的经营企业数量也是最多的，2021 年和 2022 年分别为 162 954 家和 177 658 家。山东的经营企业数量仅次于广东，超过了 10 万家（2022 年），但仍与广东的差距较大。四川、河南、浙江、江苏、河北的经营企业数量也较多，在 2022 年超过了 5 万家。宁夏、海南、青海和西藏等经济欠发达和人口较少省份的经营企业数量均在 1 万家以下（2022 年）。

表 1–1–2　生产企业和经营企业数量的地区分布　（单位：家）

地区	2021 年		2022 年	
	生产企业总数	经营企业总数	生产企业总数	经营企业总数
广东	4 457	162 954	4 968	177 658

[1] 卢忠 .2022 年我国医疗器械产业发展现状 . 医药经济报，2023–01–11（http://www.yyjjb.com.cn/yyjjb/ 202301/20230111141504150_14 337.shtml）。

续表

地区	2021 年		2022 年	
	生产企业总数	经营企业总数	生产企业总数	经营企业总数
江苏	3 576	58 932	4 814	60 650
山东	3 060	96 943	4 058	110 568
浙江	2 075	52 498	2 364	60 719
河北	1 530	45 136	1 938	51 663
湖北	1 071	19 373	1 401	28 804
河南	1 083	53 669	1 393	65 940
江西	795	31 016	1 218	38 645
湖南	908	23 487	1 085	30 098
上海	1 001	37 728	1 063	35 441
安徽	828	36 590	1 030	41 281
北京	933	33 134	959	35 371
天津	534	10 457	845	11 623
辽宁	767	41 932	782	43 771
陕西	557	29 256	652	32 240
四川	573	71 684	620	79 901
福建	543	22 107	577	24 506
吉林	491	23 242	552	28 780
广西	281	24 268	387	43 828
黑龙江	293	24 653	381	28 275
重庆	345	11 075	361	21 329
山西	255	23 736	342	26 502
云南	80	12 500	215	29 781
贵州	162	16 114	174	26 015
新疆	84	11 347	112	18 974
甘肃	103	12 675	111	13 747
内蒙古	59	5 300	86	22 166

续表

地区	2021 年		2022 年	
	生产企业总数	经营企业总数	生产企业总数	经营企业总数
海南	61	8 614	65	8 525
宁夏	28	3 085	35	9 449
青海	21	1 270	34	2 861
西藏	16	448	10	588

数据来源：《药品监督管理统计年度数据》（2021、2022）。经营企业仅统计经营第二、三类医疗器械的企业。

三、备案与注册

根据药品监督管理统计年度数据，2020 年全国境内第一类医疗器械新增备案数量为 35 057 个，进口第一类医疗器械新增备案数量为 927 个。2021 年和 2022 年全国境内第一类医疗器械新增备案数量为 28 352 个和 31 665 个，进口第一类医疗器械新增备案数量为 640 个和 662 个。截至 2022 年年底，境内第一类医疗器械备案数量实有 134 515 个，进口第一类医疗器械备案数量实有 9 226 个，合计为 143 741 个，相比 2020 年增长了 33.1%。见表 1–1–3。

第二类医疗器械注册数量持续增长。2020 年各省级局共批准境内第二类医疗器械注册数量 68 917 个（年末实有），2021 年和 2022 年分别为 78 561 个和 87 978 个。第二类医疗器械首次注册数量保持了稳定。2020 年，境内第二类医疗器械首次注册数量为 13 636 个，2021 年和 2022 年分别为 12 627 个和 12 624 个，相比 2020 年有一定程度的下降。2020 年，进口第二类医疗器械首次注册数量为 308 个，2021 年和 2022 年分别为 280 个和 312 个，与 2020 年的数量相差不大。见表 1–1–4。

第三类医疗器械的首次注册数量在过去三年持续增长。2020 年，境内第三类医疗器械首次注册数量为 1 020 个，2021 年和 2022 年分别为 1 131 个和 1 844 个，同比上年增长了 111 个和 713 个。2020 年，进口第三类医疗器械首次注册数量为 244 个，2021 年和 2022 年分别为 299 个和 344 个，同比上年增长了 55 个和 45 个。见表 1-1-5。

表 1-1-3　第一类国产及进口医疗器械分行业备案数量　（单位：个）

分类目录	国产				进口			
	2019 年	2020 年	2021 年	2022 年	2019 年	2020 年	2021 年	2022 年
有源手术器械	97	128	169	35	17	18	24	2
无源手术器械	4 957	6 480	7 382	1 153	1 074	1 157	1 486	134
神经和心血管手术器械	399	511	594	134	87	102	133	10
骨科手术器械	6 543	8 613	10 914	2 636	1 620	1 668	2 159	71
放射治疗器械	142	176	231	79	21	23	30	3
医用成像器械	2 295	2 966	3 582	915	146	167	216	9
医用诊察和监护器械	678	895	1 077	297	65	72	105	17
呼吸、麻醉和急救器械	499	700	922	320	23	26	36	10
物理治疗器械	6 468	9 724	11 572	1 743	57	68	87	6
输血、透析和体外循环器械	5	10	10	7	0	0	0	0
医疗器械消毒灭菌器械	189	253	286	61	10	12	19	3
有源植入器械	0	0	0	0	0	0	0	0
无源植入器械	0	0	0	0	0	0	0	0
注输、护理和防护器械	12 181	25 682	31 448	9 636	434	525	671	29
患者承载器械	3 273	4 162	4 944	923	103	123	157	9
眼科器械	1 559	2 089	2 410	378	135	145	185	21
口腔科器械	2 666	3 661	4 616	1 487	1 450	1 636	2 071	165
妇产科、辅助生殖和避孕器械	1 329	1 728	2 320	384	67	77	96	2
医用康复器械	2 345	3 497	3 898	1 168	79	138	126	7
中医器械	841	1 415	1 822	820	2	3	4	1
医用软件	0	0	0	0	0	0	0	0
临床检查器械	1 561	3 323	4 664	4 279	318	343	448	30
体外诊断试剂	15 390	24 061	30 667	10 035	1 482	1 610	2 028	133

数据来源：2020—2022 年《中国医疗器械行业数据报告》，2021 年为前三季度数据。

表 1-1-4　第二类国产及进口医疗器械分行业注册数量　　（单位：个）

	国产				进口			
分类目录	2019 年	2020 年	2021 年	2022 年	2019 年	2020 年	2021 年	2022 年
有源手术器械	540	621	692	437	144	177	150	19
无源手术器械	2 661	3 143	3 407	1 578	368	466	414	61
神经和心血管手术器械	146	163	185	105	34	41	51	3
骨科手术器械	581	623	684	331	204	234	208	25
放射治疗器械	5	8	10	12	9	12	11	9
医用成像器械	2 112	2 264	2 421	1 218	606	654	628	80
医用诊察和监护器械	2 092	2 815	2 889	1 151	501	565	483	47
呼吸、麻醉和急救器械	2 908	3 127	3 348	1 368	344	360	299	47
物理治疗器械	3 011	3 131	3 385	1 554	210	228	207	26
输血、透析和体外循环器械	122	124	134	40	40	48	40	4
医疗器械消毒灭菌器械	325	329	333	123	69	85	74	7
有源植入器械	17	22	27	14	39	44	40	8
无源植入器械	0	1	2	0	0	0	0	0
注输、护理和防护器械	10 003	16 357	16 725	5 767	456	534	467	58
患者承载器械	536	572	621	246	100	93	91	13
眼科器械	310	365	425	233	236	278	261	40
口腔科器械	5 611	5 698	5 984	2 174	912	1 050	857	83
妇产科、辅助生殖和避孕器械	1 197	1 270	1 321	700	140	178	162	21
医用康复器械	640	737	855	417	102	90	62	4
中医器械	504	551	561	296	3	4	3	0
医用软件	578	671	822	446	107	115	114	14
临床检查器械	2 549	2 862	3 098	1 353	827	928	769	76
体外诊断试剂	21 252	23 463	26 503	10 398	3 948	3 924	3 848	244

数据来源：2020—2022 年《中国医疗器械行业数据报告》，2021 年为前三季度数据。

表 1-1-5　第三类国产及进口医疗器械分行业注册数量　（单位：个）

	国产				进口			
分类目录	2019 年	2020 年	2021 年	2022 年	2019 年	2020 年	2021 年	2022 年
有源手术器械	384	402	432	174	448	533	461	67
无源手术器械	76	88	96	57	137	172	138	15
神经和心血管手术器械	324	412	494	288	677	783	671	102
骨科手术器械	32	43	53	14	26	30	22	0
放射治疗器械	55	51	54	19	46	55	48	2
医用成像器械	413	482	526	206	641	719	619	55
医用诊察和监护器械	111	122	138	35	167	197	154	15
呼吸、麻醉和急救器械	255	261	279	61	159	181	153	21
物理治疗器械	162	160	164	39	121	126	114	17
输血、透析和体外循环器械	464	464	484	139	339	388	335	57
医疗器械消毒灭菌器械	0	0	0	0	0	0	0	0
有源植入器械	33	30	33	22	278	283	242	35
无源植入器械	1 647	1 818	1 935	595	1 765	2 030	1 674	260
注输、护理和防护器械	1 871	1 874	1 939	473	693	741	574	106
患者承载器械	0	0	0	0	0	0	0	0
眼科器械	339	323	342	74	688	774	693	96
口腔科器械	147	165	176	79	551	671	547	57
妇产科、辅助生殖和避孕器械	43	46	53	20	101	117	96	13
医用康复器械	0	0	0	0	0	0	0	0
中医器械	0	0	0	0	0	0	0	0
医用软件	22	36	49	33	57	58	49	4
临床检查器械	212	221	239	66	116	126	98	19
体外诊断试剂	4 100	4 161	3 904	800	1 149	1 126	1 074	147

数据来源：2020—2022 年《中国医疗器械行业数据报告》，2021 年为前三季度数据。

四、研发和新产品

根据中国统计年鉴的数据，2019—2021 年中国医疗仪器及器械产业 R&D 经费支出呈现逐年增加的态势，从 2019 年的 108.85 亿元增加到了 2021 年的 181.66 亿元，R&D 项目数从 2019 年的 7 028 个增加到了 2021 年的 11 247 个。在持续的研发投入下，医疗仪器及器械产业的研发成果也持续增长。2019 年，中国医疗仪器及器械产业专利申请数量为 14 572 件，到 2021 年增长至 24 485 件，年均复合增长率接近 30%。其中发明专利申请数量从 2019 年 5 928 件增加到了 2021 年 9 239 件，也保持了较快增长。

在新产品方面，医疗仪器及器械产业新产品开发经费支出从 2019 年的 159.39 亿元增长到 2021 年的 269.79 亿元。新产品的研发推动了销售的持续增长。新产品销售收入从 2019 年的 693.85 亿元大幅增加到 2021 年的 1 423.05 亿元，年均复合增长率超过了 40%。新产品的出口也有不错的表现。2021 年和 2020 年的新产品出口销售收入均超过了 380 亿元，相比 2019 年有超过一倍的增长。见图 1–1–1。

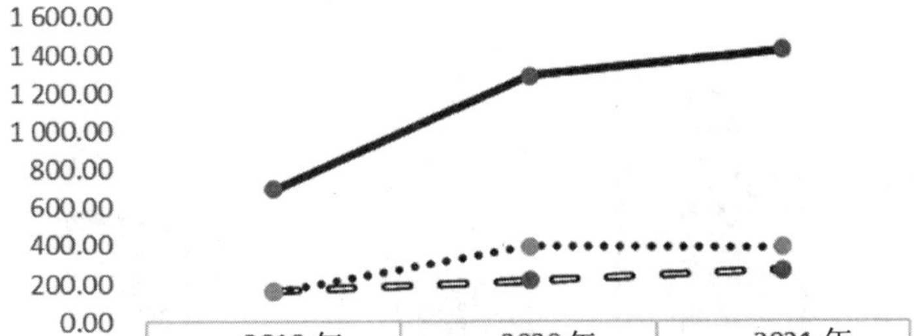

	2019 年	2020 年	2021 年
新产品开发经费支出	159.39	214.22	269.79
新产品销售收入	693.85	1 286.23	1 423.05
新产品出口销售收入	157.19	392.09	387.38

新产品开发经费支出　新产品销售收入　新产品出口销售收入

图 1–1–1　医疗仪器及器械产业新产品研发和销售情况（单位：亿元）

数据来源：《中国统计年鉴》。

五、进出口贸易

2019—2021年中国医疗仪器及器械产业进出口总额、进口总额、出口总额均呈现逐年增加的态势。其中，进口总额在2019—2020年期间的增加幅度较低，从859.88亿元增加到875.81亿元；出口总额从2019年的1 259.15亿元增加到2021年的1 310.79亿元。中国医疗仪器及器械产业的贸易顺差整体为正。2019—2020年期间贸易顺差增长幅度较大，从2019年的30.24亿元增加到383.34亿元，但是2021年贸易顺差降到了305.12亿元。见图1–1–2。

医疗器械是我国的战略新兴产业。为推动行业健康有序地发展，近年来，国家密集出台了一系列关于医疗器械行业的政策法规，对医疗器械的转型升级和发展做了重要部署，为医疗器械行业的发展提供了良好的政策环境。根据政策内容，这些政策可分为行业监管类政策和产业扶持类政策两类，下面分类介绍两类政策环境。

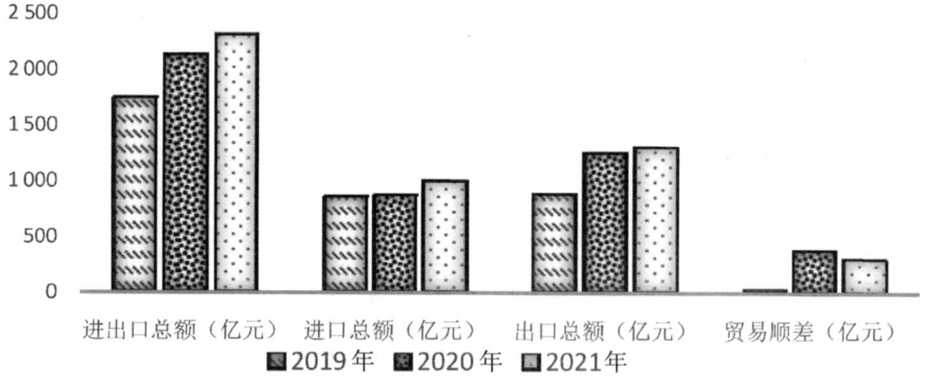

图1–1–2　2019—2021中国医疗仪器及器械产业进出口金额

数据来源：《中国统计年鉴》。

第二节　中国医疗器械产业政策环境

一、医疗器械行业监管政策环境

医疗器械直接关系人民群众生命健康，党中央、国务院高度重视医疗器械质量安全。2015 年以来，国务院《关于改革药品医疗器械审评审批制度的意见》（国发〔2015〕44 号）、中共中央办公厅、国务院办公厅《关于深化审评审批制度改革鼓励药品医疗器械创新的意见》（厅字〔2017〕42 号）等重要文件先后发布，要求深入推进医疗器械审评审批改革，在鼓励创新的同时，加强医疗器械全生命周期管理，落实企业主体责任，夯实属地监管责任。

2021 年 3 月 18 日，国务院颁布了新修订的《医疗器械监督管理条例》（国务院令第 739 号）（以下简称《条例》），以行政法规形式巩固改革成果，完善监管制度，加大对违法行为惩处力度。这标志着我国医疗器械监管进入了依法监管新阶段。新版《条例》全面贯彻落实习近平总书记“四个最严”的要求，坚持问题导向，坚持改革创新，巩固以往改革成果，建立了医疗器械注册人、备案人制度，完善了临床评价制度，增加了鼓励医疗器械创新的规定，确立了医疗器械职业化、专业化检查员队伍建设方向，强化了医疗器械全生命周期质量风险管理，加大了违法行为处罚力度。新版《条例》的推出对于进一步加强医疗器械监管、保障人民群众用械安全有效，特别是对于推动我国医疗器械行业健康快速发展提供了更有力的法律工具。

为落实“四个最严”要求，贯彻新版《条例》精神，国家药品监督管理局加快了有关医疗器械配套规章、文件的修订工作。2021 年 8 月 26 日，国家药品监督管理局正式发布了新版《医疗器械注册与备案管理办法》和《体外诊断试剂注册与备案管理办法》等新版《条例》配套规章文件。与原《医疗器械注册管理办法》相比，新版《医疗器械注册与备案管理办法》增加了医疗器械注册人、备案人制度，对医疗器械注册、备案需要遵循的规则作了更详细的说明，完善了进口医疗器械的注册备案，及创新产品注册程序、优先注册程序及应急注册程序等特殊注册程序，使得我国医疗器械注册与备案制度更加完善。

为衔接 2021 年新修订的《医疗器械注册与备案管理办法》《体外诊断试剂注册与备案管理办法》，适应产业发展和监管实践需求，2022 年 3 月 10 日国家药品监督管理局发布了全面修订后的《医疗器械生产监督管理办法》《医疗器械经营监督管理办法》。新版《医疗器械生产监督管理办法》贯彻落实新版《条例》对医疗器械生产监管的最新要求，全面推行医疗器械注册人、备案人制度，严格落实企业主体责任；贯彻“放管服”改革精神，简化有关申报资料和程序要求；丰富完善监管手段，提高可操作性，解决监管实际难题；落实“四个最严”要求，加强风险管理，加大对违法行为的处罚力度。

新版《医疗器械经营监督管理办法》进一步落实“放管服”改革精神，一是取消了办理经营许可和备案中提交“营业执照复印件”“其他证明材料”的规定。对于同时申请第三类经营许可和办理第二类经营备案程序的，提交一次资料，一并完成现场核查规定。对已经取得第三类医疗器械经营许可进行第二类医疗器械经营备案的，可以免予提交相应资料。二是将原来的 30 个工作日内对申请资料进行审核，调整为自受理之日起 20 个工作日内作出决定，缩短了办理时限。三是对产品安全性、有效性不受流通过程影响的第二类医疗器械可以免于经营备案，国家药品监督管理局已经制定并公布了 13 种这样的产品。对医疗器械注册人、备案人在其住所或者生产地址销售其注册、备案的医疗器械以及从事非营利的避孕医疗器械贮存、调拨和供应的机构等无须办理经营许可或经营备案。四是许可证遗失办理补发的，取消了在原发证部门指定的媒体上登载遗失声明的规定。

为加强对医疗器械的全生命周期和全过程监管，2019 年 8 月 27 日国家药品监督管理局出台《医疗器械唯一标识系统规则》。通过推进实施医疗器械唯一标识（UDI），建设完成医疗器械 UDI 管理信息系统，统一的医保医用耗材分类和代码的建立，为实现医疗器械可追溯奠定了基础条件。

在推动创新方面，为满足公众临床需要，国家药品监督管理局会同国家卫生健康委员会（简称卫健委）2020 年 3 月 20 日发布了《医疗器械拓展性临床试验管理规定（试行）》，使临床评价要求逐步与国际接轨，丰富了临床评价渠道，拓宽了临床数据来源，同时也规范了临床试验的开展和安全性数据的收集。该规定允许临床初步观察可能受益大于风险但尚未获准上市的医疗器械，在知情同意和伦理审查的基础上，用于治疗严重危及生命且尚无有效治疗手段的疾病；该规定还允许医疗器械拓展性临床试验的数据用于注册申请，见表 1-1-6。

此外，2020 年 9 月 25 日国家药品监督管理局发布了《关于进口医疗器械产品在中国境内企业生产有关事项的公告》，明确了进口医疗器械产品的适用范围、注册要求、注册体系检查要求、上市后监管要求以及其他相关事项，为进口医疗器械在我国境内生产，降低进口医疗器械价格，更好地为人民群众健康服务，开辟了新途径。

表 1-1-6　中国医疗器械产业主要监管政策

政策标题	发文字号	发布日期	颁发部门	政策类型
医疗器械监督管理条例	中华人民共和国国务院令第 739 号	2021 年 3 月 19 日	国务院	行政法规
医疗器械生产监督管理办法	国家市场监督管理总局令第 53 号	2022 年 3 月 10 日	国家市场监督管理总局	部门规章
医疗器械经营监督管理办法	国家市场监督管理总局令第 54 号	2022 年 3 月 10 日	国家市场监督管理总局	部门规章
医疗器械注册与备案管理办法	国家市场监督管理总局令第 47 号	2021 年 8 月 26 日	国家市场监督管理总局	部门规章
体外诊断试剂注册与备案管理办法	国家市场监督管理总局令第 48 号	2021 年 8 月 26 日	国家市场监督管理总局	部门规章

续表

政策标题	发文字号	发布日期	颁发部门	政策类型
医疗器械不良事件监测和再评价管理办法	国家市场监督管理总局、国家卫健委令第1号	2018年8月13日	国家市场监督管理总局，国家卫健委	部门规章
关于发布《企业落实医疗器械质量安全主体责任监督管理规定》的公告	国家药品监督管理局2022年第124号	2022年12月29日	国家药品监督管理局	行政规范性文件
关于发布《医疗器械经营质量管理规范附录：专门提供医疗器械运输贮存服务的企业质量管理》的公告	国家药品监督管理局2022年第94号	2022年11月1日	国家药品监督管理局	行政规范性文件
关于第一类医疗器械备案有关事项的公告	国家药品监督管理局2022年第62号	2022年8月11日	国家药品监督管理局	行政规范性文件
关于发布《医疗器械临床试验质量管理规范》的公告	国家药品监督管理局 国家卫健委2022年第28号	2022年3月31日	国家药品监督管理局 国家卫健委	行政规范性文件
关于发布《医疗器械应急审批程序》的公告	国家药品监督管理局2021年第157号	2021年12月30日	国家药品监督管理局	行政规范性文件
关于发布《体外诊断试剂分类规则》的公告	国家药品监督管理局2021年第129号	2021年10月29日	国家药品监督管理局	行政规范性文件
关于发布《医疗器械注册自检管理规定》的公告	国家药品监督管理局2021年第126号	2021年10月22日	国家药品监督管理局	行政规范性文件
关于药械组合产品注册有关事宜的通告	国家药品监督管理局2021年第52号	2021年7月27日	国家药品监督管理局	行政规范性文件

续表

政策标题	发文字号	发布日期	颁发部门	政策类型
关于贯彻实施《医疗器械监督管理条例》有关事项的公告	国家药品监督管理局 2021 年第 76 号	2021 年 5 月 31 日	国家药品监督管理局	行政规范性文件
关于医疗器械主文档登记事项的公告	国家药品监督管理局 2021 年第 36 号	2021 年 3 月 12 日	国家药品监督管理局	行政规范性文件
关于进口医疗器械产品在中国境内企业生产有关事项的公告	国家药品监督管理局 2020 年第 104 号	2020 年 9 月 25 日	国家药品监督管理局	行政规范性文件
关于发布医疗器械拓展性临床试验管理规定（试行）的公告	国家药品监督管理局 国家卫健委 2020 年第 41 号	2020 年 3 月 20 日	国家药品监督管理局　国家卫健委	行政规范性文件
关于发布医疗器械唯一标识系统规则的公告	国家药品监督管理局 2019 年第 66 号	2019 年 8 月 27 日	国家药品监督管理局	行政规范性文件
关于发布定制式医疗器械监督管理规定（试行）的公告	国家药品监督管理局 国家卫健委 2019 年第 53 号	2019 年 7 月 4 日	国家药品监督管理局　国家卫健委	行政规范性文件

二、医疗器械产业扶持政策环境

近年来，国家大力支持医疗器械产业高质量发展，出台了《中国制造 2025》《“健康中国 2030”规划纲要》等扶持政策。见表 1–1–7。这些政策致力于医疗器械创新及国产化，推动国产医疗器械厂商提升自主研发、创新发展能力，努力钻研新技术，迎合新需求，旨在使国产医疗器械行业向高端制造升级，完成国产化替代并走上国际舞台。

表 1-1-7 中国医疗器械产业主要扶持政策

政策名称	发布日期	发布单位	政策相关内容
“十四五”优质高效医疗卫生服务体系建设实施方案	2021 年 7 月 1 日	国家发改委、国家卫健委等	加快构建强大的公共卫生体系，推动优质医疗资源扩容和区域均衡布局，提高全方位全周期健康服务与保障能力。改善临床诊疗基础设施条件，适当超前配置大型医用设备
政府采购进口产品审核指导标准（2021 年版）	2021 年 5 月 1 日	财务部、工业和信息化部	明确规定政府机构（事业单位）采购国产医疗器械及仪器的比例要求，其中 137 种医疗器械全部要求 100% 采购国产；12 种医疗器械要求 75% 采购国产；24 种医疗器械要求 50% 采购国产；5 种医疗器械要求 25% 采购国产
“十四五”医疗装备产业发展规划	2021 年 2 月 1 日	工业和信息化部	到 2025 年，关键零部件及材料取得重大突破，高端医疗装备安全可靠，产品性能和质量达到国际水平，医疗装备产业体系基本完善。6 ~ 8 家企业进入全球医疗器械行业 50 强
关于支持民营企业加快改革发展与转型升级的实施意见	2020 年 10 月 14 日	国家发改委、科技部等	提升民营企业应急物资供给保障能力，鼓励民营企业加大医疗器械生产制造投资，保障民营企业公平参与公共卫生基础设施建设
关于扩大战略性新兴产业投资培育壮大新增长点增长极的指导意见	2020 年 9 月 25 日	国家发改委、科技部等	提出加快生物产业创新发展步伐，加快推动创新疫苗、体外诊断与检测试剂、抗体药物等产业重大工程和项目落实落地，鼓励疫苗品种及工艺升级换代；重点支持医疗特种机器人、高端医疗装备等高端装备生产，实施智能制造、智能建造试点示范
2018—2020 年大型医用设备配置规划	2019 年 4 月 1 日	国家卫健委	明确大型医用设备配置要根据医院的功能定位，临床服务需求来定。二级及以下医院和非临床急救型的医院科室，要引导优先配置国产医疗设备

续表

政策名称	发布日期	发布单位	政策相关内容
关于促进首台（套）重大技术装备示范应用的意见	2018 年 4 月 17 日	国家发改委、科技部、工信部等	以首台（套）示范应用为突破口，推动重大技术装备水平整体提升，对首台（套）等创新产品采用首购、订购等方式采购
“健康中国 2030”规划纲要	2016 年 10 月 1 日	中共中央办公厅、国务院办公厅	明确指出“加强高端医疗器械等创新能力建设，加快医疗器械转型升级，提高具有自主知识产权的医学诊疗设备、医用材料的国际竞争力”，并提出“到 2030 年，实现医疗器械质量标准全面与国际接轨”的目标
中国制造 2025	2015 年 5 月 1 日	国务院办公厅	要提高医疗器械的创新能力和产业化水平，重点发展影像设备、医用机器人等高性能诊疗设备，以及全降解血管支架等高值医用耗材

第二章　四川省医疗器械产业发展现状与政策环境

第一节　四川省医疗器械产业发展现状

一、生产和经营企业

近年来，四川省医疗器械生产企业和经营企业数量表现出良好的增长态势。如表 1–2–1 所示，2019 年，生产企业为 326 家，到 2022 年增长至 620 家。其中，2020 年和 2021 年同比增长分别为 41.41% 和 23.64%，2022 年同比增速回落到 8.77%。生产企业数量占全国的比重从 2019 年的 1.80% 提高到 2021 年的 2.15%，之后在 2022 年回落到 1.90%。

表 1–2–1　四川省医疗器械生产企业和经营企业数量　（单位：家）

项目	2019 年		2020 年		2021 年		2022 年	
	生产企业	经营企业	生产企业	经营企业	生产企业	经营企业	生产企业	经营企业
数量	326	35 004	461	62 893	570	73 250	620	79 901
增速	—	—	41.41%	79.67%	23.64%	16.47%	8.77%	9.08%
占比	1.80%	5.90%	1.74%	7.00%	2.15%	7.29%	1.90%	6.61%

数据来源：经营企业仅统计经营第二、三类医疗器械的企业。2019 年数据来自《中国医疗器械行业数据报告 2020》，其余年份数据来自相应年份的《药品监督管理统计年度数据》。

对于医疗器械经营企业（仅统计第二、三类医疗器械），2019 年四川省经营企业有 35 004 家，占全国的比重为 5.90%。2020 年和 2021 年经营企业数量分别为 62 893 家和 73 250 家，同比增长了 79.67% 和 16.47%。2022 年经营企业数量为 79 901 家，同比增速回落到 9.08%。

分类别来看，四川省取得三类医疗器械产品生产许可证（以下简称许可证）的生产企业较少。以 2022 年为例，一类医疗器械产品生产备案凭证数量为 311 个，二类和三类许可证数量分别为 418 个和 62 个。三类许可证数量仅占全部许可证数量的 7.84%。2022 年，虽然四川省经营第二、三类医疗器械企业数量为 79 901 家，但大部分仅能从事第二类医疗器械经营（占比 81.55%），仅有 18.45% 的企业能够从事第三类医疗器械经营。见表 1-2-2 和表 1-2-3。

表 1-2-2　四川省医疗器械生产企业数量（分类别）　（单位：家）

年份	一类备案凭证数量	二类许可证数量	三类许可证数量	生产企业总数
2020	256	315	49	461
2021	295	374	54	570
2022	311	418	62	620

数据来源：相应年份的《药品监督管理统计年度数据》。

表 1-2-3　四川省医疗器械经营企业数量（分类别）　（单位：家）

年份	仅从事第二类医疗器械经营的企业	仅从事第三类医疗器械经营的企业	同时从事第二、三类医疗器械经营的企业	经营第二、三类医疗器械企业总数
2020	51 375	4 436	7 082	62 893
2021	59 874	4 752	8 624	73 250
2022	65 158	4 569	10 174	79 901

数据来源：相应年份的《药品监督管理统计年度数据》。

二、备案与注册

近年来，四川省医疗器械备案和注册数量呈现出较快的增长趋势。各类医疗器械的备案证和注册证数量总和从 2019 年的 1 834 个增长至 2022 年的 3 625 个，年均复合增长率为 25.50%。其中，第一类医疗器械备案证数量从 2019 年的 674 个，增长至 2022 年的 1 603 个，年均复合增长率为 33.48%；第二类和第三类医疗器械注册证数量分别从 2019 年的 986 个和 174 个，增长至 2022 年的 1 752 个和 270 个，年均复合增长率分别为 21.12% 和 15.77%。相比而言，第一类医疗器械备案数量增长最快，第二类和第三类医疗器械注册证数量增长速度较缓慢。见表 1–2–4。

2019—2022 年，四川省第三类医疗器械注册证共新增 140 个。其中，体外诊断类的第三类产品新增注册证最多（40 个）；其次为无源植入器械和输血、透析和体外循环器械，分别有 29 个和 26 个；无源手术器械和医用软件的第三类医疗器械新增注册证最少，均只有一个。见表 1–2–5。

表 1–2–4　四川省医疗器械备案与注册情况　（单位：个）

年份	第一类医疗器械备案证数量	第二类医疗器械注册证数量	第三类医疗器械注册证数量	注册与备案合计
2019	674	986	174	1 834
2020	933	1 233	215	2 381
2021	1 278	1 513	237	3 028
2022	1 603	1 752	270	3 625

数据来源：根据国家药品监督管理局网站数据整理。

表 1–2–5　四川省第三类医疗器械细分行业的新增注册证（2019—2022 年）（单位：个）

细分行业	第三类医疗器械注册证新增数量
体外诊断	40
无源植入器械	29

续表

输血、透析和体外循环器械	26
注输、护理和防护器械	18
医用成像器械	10
有源手术器械	5
口腔科器械	4
放射治疗器械	3
医用诊察和监护器械	3
无源手术器械	1
医用软件	1
合计	140

数据来源：根据国家药品监督管理局网站数据整理。

三、进出口贸易

近年来，四川省医疗仪器及器械进出口贸易稳步增长。如表1-2-6所示，2019年出口金额为45 690万元，进口金额为42 888万元。2020—2022年，进出口金额均实现了两位数以上的年增长率。其中，2020年、2021年和2022年，出口额相比上一年，增长率分别为42.18%、34.67%和16.45%；进口额相比上一年，增长率分别为60.88%、30.28%和14.30%。2020年、2021年进口和出口的年增长率超过30%可能是由于疫情影响。随着新冠疫情逐步退去，未来进出口增长可能会回落。至2022年，出口和进口的金额均突破10亿元大关，分别达到约10.18亿元和10.27亿元。

总体来讲，四川省在医疗仪器及器械进出口贸易方面较为平衡，除2019年实现贸易顺差2 802万元外，其他年份均有不超过5 000万元的贸易逆差。这表明四川省医疗器械出口竞争力不够强。2021年，四川省医疗仪器及器械出口金额和进口金额分别仅占全国的0.67%和1.03%。因此，从这两个占比来看，四川省医疗器械的对外贸易还有很大的发展空间。

表 1-2-6　四川省医疗仪器及器械进出口金额　（单位：万元）

项目	2019 年	2020 年	2021 年	2022 年
出口	45 690	64 962	87 487	101 876
进口	42 888	68 999	89 895	102 748
净出口	2 802	–4 037	–2 408	–872

数据来源：四川省统计局。

第二节　四川省医疗器械产业链概况

一、四川省医疗器械本地上游产业概况

医疗器械是技术密集型产业，包括直接或者间接用于人体的设备、仪器、器具、材料、体外诊断试剂及校准物，还包括所涉及的计算机软件。医疗器械产业涉及多个学科，结合了传统制造技术、生物医学工程、电子信息、现代医学影像等。

医疗器械产业链涉及较多部门，见图 1-2-1。上游行业包括原材料、零部件、加工商、软件和系统开发、包装、产品研发等，涉及的行业包括机械制造、生物化学、电子制造、金属和非金属材料、研究与开发等；中游行业为医疗机构和家庭环境使用的医疗器械的制造，包括医用耗材、医用设备、体外诊断和医用独立软件等。下游应用则包括各类医疗卫生机构和家庭用户等。作为西部经济大省，四川省拥有齐全的产业门类和良好的产业基础，这为本地医疗器械产业的发展提供了良好的支持。表 1-2-7 列示了四川省医疗器械部分上游产业本地生产企业数量。

在原材料方面，四川省拥有 4 300 家以上的金属材料及制品生产企业。其中，有色金属及制品超过 3 000 家，不锈钢及制品超过 1 300 家。在医用非金属材料及制品方面，四川省有 170 家以上的生产企业。其中，生物材料、

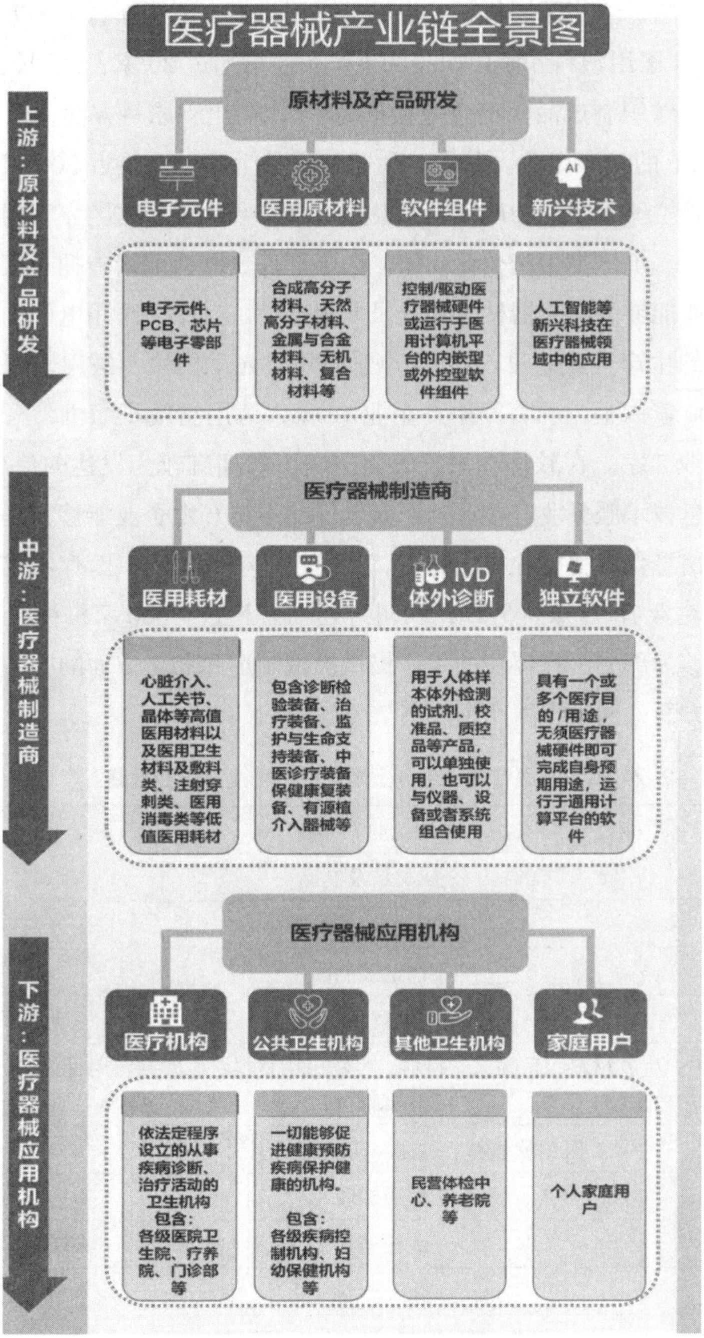

图 1-2-1　医疗器械产业链全景图

生物医学材料、生物医用材料、生物基医用材料、医用新材料等方面的生产企业 31 家，医用塑料和医用橡胶的生产企业均超过 20 家，医用软填料和过滤、防护用纺织制成品生产企业接近 80 家。在化工原料方面，四川省拥有 1 600 家以上的生产企业。其中，生物化学品生产企业接近 200 家，各类化工原料生产企业超过 1 300 家，氯化钠、碳酸钠、氨基酸生产企业在 40 家左右，抗原、抗体类生产企业 4 家。在零部件方面，四川省拥有接近 800 家的生产企业能够为医疗器械生产提供配套支持。其中，医用电子元件、医疗电子设备的生产企业超过 50 家，声学模块、光学模块、医用玻璃等方面的企业在 700 家以上，屏幕类生产企业 12 家，医用空气压缩机、医用真空泵类生产企业 3 家。在软件和系统方面，四川省拥有较为发达的信息传输 、软件和信息技术服务业，接近 4 万家软件和系统开发企业能够为医疗器械的数字化、信息化、智能化提供支持。其中，能够直接提供医疗器械互联网信息服务的企业有 59 家。另外，四川省还拥有超过 7 000 家机械制造和加工企业，能够为部分医疗器械的生产提供机械制造和加工方面的服务。在医用包装材料方面，四川省生产企业有 79 家。

表 1-2-7　四川省医疗器械部分上游产业本地生产企业数量　（单位：家）

类别	上游行业 / 产品	数量
原材料	金属材料及制品	4 300+
	其中：有色金属及制品	3 000+
	不锈钢及制品	1 300+
	医用非金属材料及制品	170+
	其中：生物材料、生物医学材料、生物医用材料、生物基医用材料、医用新材料	31
	医用软填料、过滤、防护用纺织制成品	79
	医用橡胶	25
	医用塑料	23
	化工原料	1 600+
	其中：氯化钠、碳酸钠、氨基酸	39

续表

类别	上游行业 / 产品	数量
原材料	抗原、抗体	4
	各类化工原料	1 300+
	生物化学品	197
零部件	电子器件（包括传感器、CPU、屏幕、声学模块、光学模块等）	700+
	其中：医用电子元件、医疗电子设备	52
	声学模块、光学模块、医用玻璃	700+
	屏幕	12
	医用空气压缩机、医用真空泵	3
软件和系统	信息传输 、软件和信息技术服务业	39 000+
	其中：医疗器械互联网信息服务	59
加工商	机械制造、加工	7 000+
包装	医用包装材料	79

注：+ 表示实际数字比 + 之前的数字更大。资料来源为作者根据企查查信息整理。

虽然四川省医疗器械产业的上游企业数量众多，但在一些医疗器械所需的高端原料和零部件上还比较薄弱。例如，酶、辅酶、诊断酶、底物、抗原抗体、磁珠、微球、NC 膜等体外诊断所需的试剂原料、材料，本地尚难以提供。医用传感器、微处理器等本地也缺乏供应。

二、四川省医疗卫生机构概况

四川是我国人口大省，庞大的人口基数带来了巨大的医疗器械需求。据四川省统计局公布的数据，截至 2021 年末，四川省常住人口为 8 372 万人，占全国人口的比重为 5.93%。2021 年全省 60 岁以上人口为 1 801 万人，占常住人口的 21.51%，高于全国的 60 岁以上人口占比（18.9%）。其中，65 岁及以上人口为 1 472 万人，占常住人口的 17.58%。这表明四川省已进入中度老龄化社会，并且其人口老龄化程度高于全国平均水平。老年人口占比的增加意味着医疗卫生机构需要更多地投入到老年人的医疗保障和服务上，包括加强老年疾病管理、提供长期护理服务等，也意味着对医疗器械产品的需求不断增加。

作为医疗器械产业的下游需求方，医疗卫生机构的发展对于医疗器械产业是利好的。如表 1–2–8 所示，近年来，四川省医疗卫生机构数量有一定波动，但始终保持在 8 万家以上。其中，医院数量持续增长，从 2018 年的 2 344 个增长到 2021 年的 2 481 个。

表 1–2–8　四川省医疗卫生机构数量　（单位：个）

年份	项目	医院	基层医疗卫生机构	专业公共卫生机构	其他医疗卫生机构	合计
2018	数量 / 个	2 344	78 427	697	69	81 537
	全国占比 /%	7.10	8.31	3.87	2.51	8.17
2019	数量 / 个	2 417	80 500	716	123	83 756
	全国占比 /%	7.04	8.43	4.49	4.28	8.31
2020	数量 / 个	2 435	79 491	716	151	82 793
	全国占比 /%	6.88	8.19	4.94	5.03	8.09
2021	数量 / 个	2 481	76 875	703	190	80 249
	全国占比 /%	6.78	7.86	5.30	5.76	7.78

资料来源：相应年份的《中国卫生健康统计年鉴》。

虽然医院总数量增长幅度不大，但质量有较大提高，体现在一级及以上医院的数量有非常显著的增长。如表 1–2–9 所示，四川三级医院的数量从 2018 年的 200 个增长至 2021 年的 299 个（其中三甲和三乙医院均为 129 个），短短几年之间增长了接近 50%。二级医院的数量从 2018 年的 567 个增长到 2021 年的 751 个（二甲和二乙分别为 254 个，一级为 188 个，其他 55 个），增长了 32.45%。一级医院的数量从 2018 年的 348 个增长至 2021 年的 932 个，增长率高达 167.82%。2021 年，四川省医院数量占全国医院总数的比重在 6.8% 左右，三级医院的占比达到了 9.13%，均高于四川省占全国的人口比重。

表 1-2-9　四川省一级及以上医院数量　　（单位：个）

年份	三级			二级			一级		
	总数	甲等	乙等	总数	甲等	乙等	总数	甲等	乙等
2018	200	75	87	567	264	166	348	137	50
2019	217	88	92	637	271	173	440	138	52
2020	269	105	128	741	260	194	853	158	74
2021	299	129	129	751	254	188	932	155	66

资料来源：相应年份的《中国卫生健康统计年鉴》。

2018—2021 年，四川省医疗卫生机构床位数保持了增长趋势。如表 1-2-10 所示，2019 年、2020 年和 2021 年，床位数年增长率分别为 5.49%、2.85 和 1.89%。四川省医疗卫生机构床位数从 2019 年的 598 898 个增长到 2021 年的 662 029 个，但是占全国的比重从 2019 年的 7.13% 下降到 2021 年的 7.01%，表明四川省医疗卫生机构床位数增速低于全国平均水平。其中的主要原因是四川省医院和基层医疗卫生机构的床位数增长较慢，这两种类型机构的床位数占全国的比重从 2018 年的 6.78% 和 9.08%，下降到 2021 年的 6.71% 和 8.74%。虽然四川省医疗卫生机构床位数的全国占比和医院床位数的全国占比都高于四川省人口占比，但是比重有下降趋势，而且它们还分别低于四川省医疗卫生机构数量的全国占比和医院数量的全国占比。因此，四川省医疗卫生机构（特别是医院）还需要加大床位数建设。

表 1-2-10　四川省医疗卫生机构床位数　　（单位：张）

年份	项目	医院	基层医疗卫生机构	专业公共卫生机构	其他医疗卫生机构	合计
2018	数量	442 215	143 846	12 837	0	598 898
	全国占比/%	6.78	9.08	4.68	0.00	7.13
2019	数量	469 814	148 297	13 652	0	631 763
	全国占比/%	6.84	9.09	4.79	0.00	7.17

续表

年份	项目	医院	基层医疗卫生机构	专业公共卫生机构	其他医疗卫生机构	合计
2020	数量	484 832	149 620	14 034	1 270	649 756
	全国占比/%	6.80	9.07	4.74	5.28	7.14
2021	数量	497 531	148 484	14 708	1 306	662 029
	全国占比/%	6.71	8.74	4.88	3.78	7.01

资料来源：相应年份的《中国卫生健康统计年鉴》。

三、四川省医疗中心和高端医疗机构建设

2017 年以来，按照实施健康中国战略要求，国家层次启动国家医学中心和国家区域医疗中心建设工作，已经设置了呼吸、中西医结合、老年、儿童、创伤、神经、传染等 10 个类别国家医学中心和国家儿童区域医疗中心。目前，四川省已先后获批国家口腔医学中心（四川大学华西口腔医院）和国家儿童区域（西南）医疗中心（四川大学华西第二医院）。此外，四川大学华西医院入选了首批“辅导类”国家医学中心创建单位。

2022 年 6 月，四川省卫健委出台了《四川省“十四五”医学中心和区域医疗中心设置规划》（以下简称《规划》）。《规划》提出，四川省在“十四五”期间将大力实施医疗服务“登峰”计划，着力构建以国家医学中心和国家区域医疗中心为引领，四川省医学中心和四川省区域医疗中心为骨干的高水平公立医院新体系。该《规划》提出，到 2025 年四川省力争建设 2 个以上国家医学中心，并从全省范围内遴选 3 个医学院校附属直属医院设置综合类别省医学中心；此外，按照成都、川北、川南、川东、川西五大片区，每个片区统筹规划 7 个普惠专科和 3 个特色专科，全省共设置 50 个省区域医疗中心。见表 1–2–11。

表 1-2-11　四川省各级医学中心和医疗中心设置类别

<table>
<tr><th rowspan="2">国家医学中心和国家区域医疗中心</th><th rowspan="2">省医学中心</th><th colspan="3">省区域医疗中心</th></tr>
<tr><th>片区</th><th>普惠专科</th><th>特色专科</th></tr>
<tr><td rowspan="5">国家口腔医学中心(四川大学华西口腔医院)
国家儿童区域(西南)医疗中心(四川大学华西第二医院)</td><td rowspan="5">综合</td><td>成都片区</td><td rowspan="5">癌症、妇女、儿童、老年、精神疾病、呼吸系统疾病、心血管疾病、眼科</td><td>骨科、泌尿系统疾病、神经疾病</td></tr>
<tr><td>川北片区</td><td>泌尿系统疾病、骨科、消化系统疾病</td></tr>
<tr><td>川南片区</td><td>神经疾病、消化系统疾病、泌尿系统疾病</td></tr>
<tr><td>川东片区</td><td>泌尿系统疾病、神经疾病、消化系统疾病</td></tr>
<tr><td>川西片区</td><td>神经疾病、骨科、耳鼻咽喉科</td></tr>
</table>

资料来源：《四川省“十四五”医学中心和区域医疗中心设置规划》。截至 2022 年 12 月 31 日。

近年来，四川省努力推进高端医疗机构建设。2019 年和 2021 年，四川省肿瘤医院、四川大学华西医院先后获准实施建设质子放射治疗中心。目前，全国有 16 家医院获准质子放射治疗系统的配置许可，其中四川省就有两家。这两家机构的质子放射治疗中心建成后，将有助于推动四川省肿瘤防治达到亚洲领先、国际先进水平。

2021 年 10 月，由四川天府新区管委会与四川大学华西医院合作、按三级甲等医院标准建设的四川大学华西天府医院开院。该院总投资额约 40 亿元，设置床位 1 200 个、手术室 66 间，是一所由华西医院按同质化模式全面运营管理的、学科门类齐全的现代化智慧医院。2021 年，四川大学华西东部医院开工建设，建成后将开设运动医学中心、脊椎疾病中心、康复医学中心、消化系统疾病中心等 27 个优势医疗科室，提供 2 230 个临床床位，成为旗舰型综合类医院。

作为四川省国际高端医院的代表性项目，成都万达匹兹堡医院由万达集团携手匹兹堡大学医学中心（UPMC）共同新建，预计于 2023 年年底开业。该医院是由国际知名学术医学中心全面运营和管理的综合医院，将开设 500 个床位和肿瘤、神经科学、心脏与血管、消化疾病、运动医学与眼科等 6 大中心，通过引进先进的运营管理和临床医学技术以及医疗服务模式，为患者提供国际化高品质医疗服务。

此外，近年来四川省还建成或开工建设了一大批高端医疗机构，包括四川泰康西南医院、天府新区康养医学中心、京东方医院、四川省妇幼保健院（四川省儿童医学中心）天府院区、四川省第二人民医院天府院区（四川省肿瘤诊疗中心）、天府华西牙科总部、天府新区安琪儿国际妇女儿童医院、成都中医药大学附属医院（四川省中医医院）天府院区等。这些医疗机构的建设将有力地推动四川省医疗机构高质量发展，助力“健康四川 2030”规划的实现。

第三节　四川省医疗器械产业政策环境

医疗器械产业是关系国计民生的战略性新兴产业，医疗器械产业的发展事关健康中国战略和制造强国战略的实施，事关突发公共安全事件的装备保障，事关人民生活品质和福祉水平的提升。近年来，我国医疗器械产业发展迅速，国家密集出台了一系列关于医疗器械行业的政策文件，对提升医疗器械的供给保障能力、推动行业高质量发展做了重要部署。四川省立足自身特色，通过前瞻性思考、系统性谋划，出台了一系列助力四川省医疗器械产业健康发展的政策。下面按政策目标将这些出台的政策分为产业发展政策和监管服务政策两类，分别予以介绍。

一、四川省医疗器械产业发展政策

四川省高度重视医疗器械产业的发展，在“十四五”规划和“2035 愿景目标纲要”中将医疗器械产业作为拟培育的战略新兴产业新增长点，设定了建设西部大健康产业基地的目标。2022 年 3 月，四川省人民政府办公厅发布了《关于支持医疗健康装备产业高质量发展的若干政策措施》。该政策面向医疗器械产品全生命周期，围绕产品早期研发阶段的技术攻关、临床研究、成果转化、注册申报、资质认证等各个环节，提出了包括支持医疗器械核心技术攻关、加强创新平台建设、提高研发投入、加强创新成果转化、支持产业发展等一系列扶持医疗器械产业发展的针对性扶持举措。

针对医疗器械产业发展的区域布局，2022 年 9 月四川省人民政府办公厅发布的《关于承接制造业有序转移的实施意见》强调，聚焦新技术新产业发展前沿领域，积极发挥市场作用，鼓励成都平原等创新要素丰富、产业基础雄厚地区承接引进一批技术溢出明显、渗透能力强的创新研发及产业化应用项目；围绕医疗装备和生物医药领域，聚焦创新药和医疗器械，承接发展现代医疗产业，培育口腔医疗器械特色优势产业。2021 年 6 月四川省人民政府发布的《关于支持“中国牙谷”发展若干措施的通知》开始探索以专业园区建设助推四川省资阳市打造口腔科医疗器械产业集群。

针对国产创新型医疗器械的推广和使用，2019 年 1 月四川省人民政府办公厅发布的《关于改革完善仿制药供应保障及使用政策的实施意见》提出，实施国产创新医疗器械产品应用示范工程，在各类医疗机构推广使用“中国制造”医疗设备；在制订大型医用设备配置规划时，为“中国制造”产品预留合理的规划空间。见表 1–2–12。

表 1–2–12　四川省医疗企业产业发展主要政策

政策标题	发文号	发布日期	颁发部门
关于支持医疗健康装备产业高质量发展若干政策措施的通知	川办规〔2022〕2 号	2022 年 3 月 11 日	四川省人民政府办公厅
关于承接制造业有序转移的实施意见	川办发〔2022〕67 号	2022 年 9 月 23 日	四川省人民政府办公厅
关于支持“中国牙谷”发展若干措施的通知	川府函〔2021〕130 号	2021 年 6 月 24 日	四川省人民政府

续表

政策标题	发文号	发布日期	颁发部门
关于改革完善仿制药供应保障及使用政策的实施意见	川办发〔2019〕5号	2019年1月25日	四川省人民政府办公厅
关于做好医药健康产业政策奖励申报工作的通知	川经信医药函〔2022〕89号	2022年2月11日	四川省经济和信息化厅
关于开展人工智能医疗器械创新任务揭榜挂帅申报推荐工作的通知	川经信软信〔2021〕250号	2021年12月7日	四川省经济和信息化厅
关于印发推进自由贸易试验区贸易投资便利化改革创新若干措施的通知	川府发〔2022〕14号	2022年5月12日	四川省人民政府
关于贯彻落实国务院《计量发展规划(2021–2035年)的实施意见》	川府发〔2023〕2号	2023年1月10日	四川省人民政府

此外，四川省经济和信息化厅发布的《关于做好医药健康产业政策奖励申报工作的通知》和《关于开展人工智能医疗器械创新任务揭榜挂帅申报推荐工作的通知》，对取得第二类或第三类医疗器械（拥有国家发明专利）、获得医疗器械欧美发达国家认证、人工智能医疗器械的四川企业给予专项支持。

二、四川省医疗器械监管服务政策

四川省药品监督管理局先后发布了《关于印发药品及医疗器械重点园区、重点项目遴选程序》《关于印发支持医药产业高质量发展措施的通知》《关于进一步促进医药产业创新发展的若干措施（试行）》等政策，致力于在审评审批服务方面围绕企业发展诉求，突出制度创新、目标导向、服务方式转变，推进审评审批资源扩充、服务优化和效率提高，助力四川省医疗器械产业提质增效。

2020年2月四川省药品监督管理局发布的《关于印发支持医药产业高质量发展措施的通知》强调，支持建设高端医疗设备和生物材料、体外诊断产品、口腔装备及材料、应急短缺医疗器械等研发生产基地；对医疗器械重点项目确定专班，“一对一”提供研发、检验检测、临床试验、注册、生产上市等全过程服务；针对申报第二类医疗器械注册，注册人可提交同品种在省级以上专业刊物发表的文献数据或合法取得的临床使用（试验）数据作为临床评价资料；为第二类进口医疗器械来川生产、医疗器械生产企业原址申请注册相同生产范围产品等业务提供便利；将第二类医疗器械技术审评时限压减至40个工作日。

2020年6月四川省药品监督管理局发布的《关于印发药品及医疗器械重点园区、重点项目遴选程序的公告》明确，四川省药品监督管理局组建医疗器械重点园区、重点项目遴选办公室，对确定的重点园区，采取派驻园区工作站的工作机制开展服务，为医疗器械项目的行政审批、检验检测、技术审评等方面提供全方位、全过程的支撑服务；对涉及重点医药产业园的药品医疗器械项目，在行政审批、检验检测、技术审评等方面优先办理。

2022年6月四川省药品监督管理局发布的《关于进一步促进医药产业创新发展的若干措施（试行）的公告》提出，优化创新医疗器械审查程序，鼓励将真实世界数据用于创新医疗器械临床评价；进一步完善重点园区派驻制和重点项目跟踪制，配强服务专班，提升服务效能；协助重点药品、医疗器械项目与国家药品监督管理局建立有效沟通；发挥国家药品监督管理局医疗器械审评中心四川创新服务站功能，搭建第三类医疗器械注册申请人与国家药品监督管理局医疗器械审评中心咨询直通平台；允许创新医疗器械附条件批准上市；进一步压减纳入应急审批程序医疗器械产品、省级第二类创新医疗器械产品、参照创新医疗器械研发流程参考指南研制的第二类创新医疗器械产品和纳入优先审批程序的第二类医疗器械产品的技术审评时限和行政审批时限。

第三章　四川省医疗器械企业发展现状

第一节　企业基本情况

一、生产和经营企业数量

截至 2022 年底，四川省共有 623 家企业持有医疗器械注册证和备案证，占全国医疗器械生产企业总数的比重约 1.9%[1]。其中，440 家企业持有第二、三类医疗器械注册证，183 家企业仅取得第一类医疗器械备案号，占全国的比重分别约为 2.4% 和 1.2%。广东、江苏和山东等省份的医疗器械生产企业占全国的比重均在 10% 以上[2]。因此，相比而言，四川省医疗器械产业在全国的影响力还较弱。不过，这也说明四川省医疗产业尚有很大的潜在发展空间。

根据《药品监督管理统计年度数据 2022》，2022 年底四川省经营第二、三类医疗器械的企业共有 79 901 家，其中能够经营第三类器械的企业有 14 743 家。目前，全国已有超过 100 万家医疗器械经营企业，四川省医疗器械经营企业的占比在 6.6% 左右，远高于生产企业的数量占比。

[1] 本处数据为作者手工收集整理得到，与《药品监督管理统计年度数据 2022》中四川省医疗器械生产企业数量（620 家）略有误差。

[2] 据《药品监督管理统计年度数据 2022》，截至 2022 年 12 月 31 日，全国共有 32 632 家医疗器械生产企业。

二、生产企业区位分布

四川省的医疗器械注册和备案企业分布不均匀，主要集中在省会城市成都市。成都市的医疗器械注册和备案企业共有 420 家，占全省的 67.4%，如图 1–3–1 所示。其中，成都市有注册企业 300 家，仅有备案产品的企业 120 家。全省注册和备案企业分布在 85 个区县（功能区），其中成都市高新区、温江区、双流区、龙泉驿区、资阳市雁江区等区县（功能区）拥有 30 家以上的医疗器械注册和备案企业，是四川省医疗器械注册和备案企业的主要集聚地。见表 1–3–1。

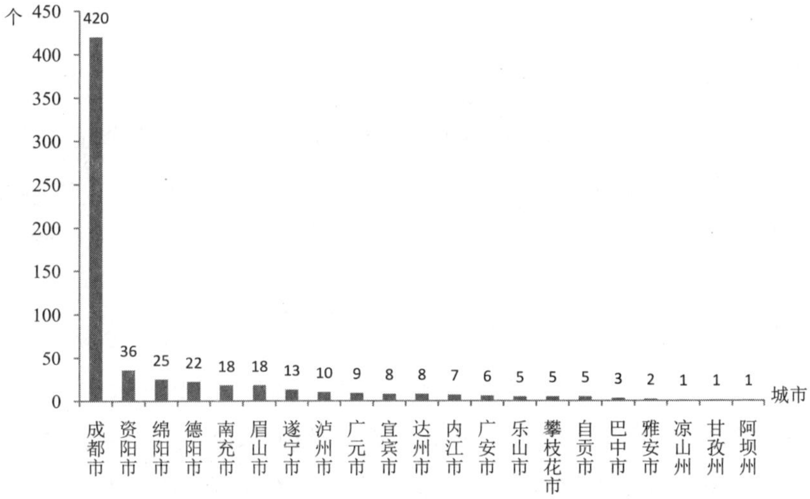

图 1–3–1　2022 年四川省内各地区的注册和备案企业数量（单位：家）

资料来源：根据国家药品监督管理局网站和企查查网站数据整理。

表 1–3–1　四川省拥有注册和备案企业最多的 10 个区县（功能区）

城市	区县（功能区）	数量（个）
成都市	高新区	110
成都市	温江区	65
成都市	双流区	51
资阳市	雁江区	34

续表

城市	区县（功能区）	数量（个）
成都市	龙泉驿区	28
成都市	武侯区	27
成都市	郫都区	25
绵阳市	涪城区	21
成都市	成华区	17
成都市	彭州市	17
其他 75 个区县		228

资料来源：根据国家药品监督管理局网站和企查查网站数据整理。

三、生产企业规模分布

从注册资金和参保人数来看，四川省医疗器械备案和注册企业大部分为中小型和微型企业，大型企业较少。注册资金超过 1 亿元的企业仅有 31 家，注册资金在 5 000 万元至 1 亿元的企业仅有 40 家，注册资金少于 1 000 万元的企业为 552 家，占比高达 88.60%。见图 1–3–2。

在参保人数方面，507 家企业公布了参保人数，参保人数之和为 36 812 人。 116 家企业未公布参保人数。根据公布了参保人数和未公布参保人数的两类企业的规模推算，未公布参保人数的 116 家企业有参保人数 6 423 人[1]。因此，四川省医疗器械注册和备案企业的参保人数在 4.3 万人左右。

在公布了参保人数的企业中，仅有 5 家企业的参保人数在 1 000 人及以上，20 家企业的参保人数为 300 ~ 999 人，248 家企业的参保人数为 20 ~ 299 人，还有 234 家企业的参保人数低于 20 人。见图 1–3–3。

［1］ 根据企查查网站数据，未公布参保人数的 116 家企业中中型企业、小型企业和微型企业分别为 18 家、49 家、49 家。按照已公布参保人数的中型企业、小型企业和微型企业的平均参保人数（分别为 218 人、40 人、11 人）推算，这 116 家的参保人数为 6 423 人。

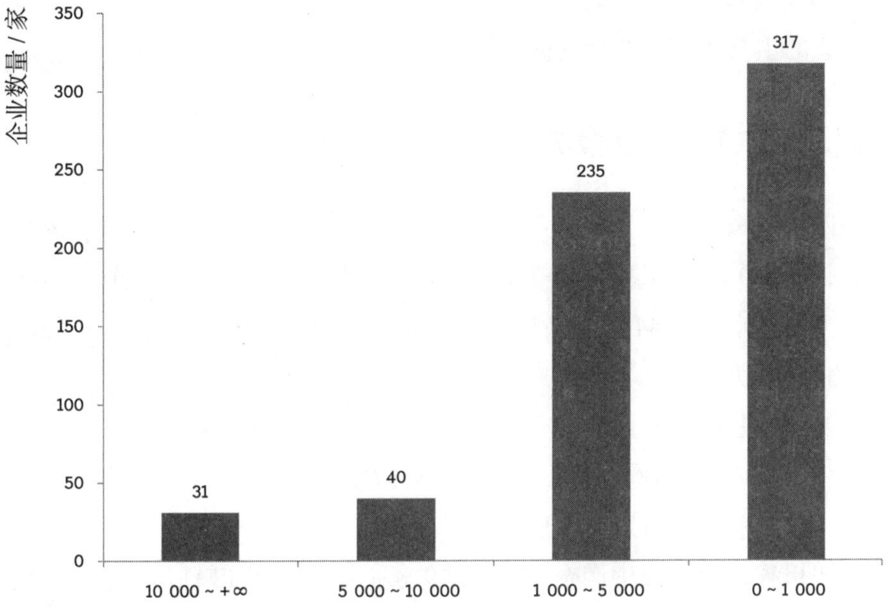

图 1-3-2　2022 年四川省医疗器械备案和注册企业注册资金分布区间（单位：万元）

资料来源：根据国家药品监督管理局网站和企查查网站数据整理。

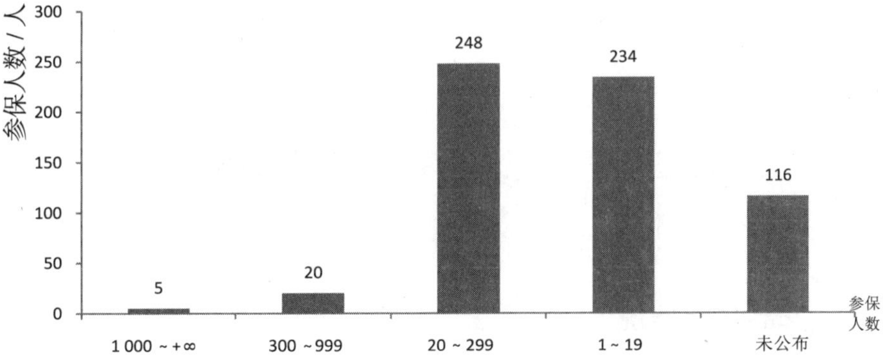

图 1-3-3　2022 年四川省医疗器械备案和注册企业参保人数分布区间

资料来源：根据国家药品监督管理局网站和企查查网站数据整理。

目前，四川省医疗器械行业上市公司较少。截至 2022 年底，四川省医疗器械注册企业中在主板上市的公司共有 5 家，包括迈克生物股份有限公司、四川千里倍益康医疗科技股份有限公司、成都市贝瑞和康基因技术股份有限公司、成都天奥电子股份有限公司、四川侨源气体股份有限公司，但只有前 3 家的主营业务为医疗器械产品。

四、生产企业认证情况

在四川省医疗器械生产企业中，有 196 家企业通过了医疗器械质量管理体系认证（ISO13485）。截至 2022 年底，这些企业中有 152 家企业的这项认证处于有效状态，44 家企业的这项认证处于注销、被撤销、过期失效、暂停等非有效状态。

179 家企业通过了质量管理体系认证（ISO9001）。截至 2022 年底，这些企业中有 133 家企业的这项认证处于有效状态，46 家企业的这项认证处于注销、被撤销、过期失效、暂停等非有效状态。

在四川省医疗器械生产企业中，259 家企业通过了 ISO13485 和 ISO9001 中的至少一个认证。其中，有 86 家企业既通过了 ISO13485 认证，也通过了 ISO9001 认证，173 家企业只通过两个认证中的一个。在去除非有效状态的认证后，有 193 家企业在 ISO13485 和 ISO9001 两个认证中至少还存在一个认证是有效的。

第二节　产品备案与注册情况

一、产品备案情况

截至 2022 年底，四川省共有 312 家企业持有第一类医疗器械备案证 1 603 个，产品主要集中于体外诊断试剂、注输、护理和防护器械、物理治疗器械等类别。这 312 家企业中，有 129 家企业拥有第二类或第三类医疗器械注册证，183 家企业只有第一类医疗器械备案证。全省持有第一类医疗器械备案证的企业分布在 19 个市、州，其中有 217 家企业位于成都，占比接近 70%。资阳市、眉山市和德阳市均有 10 家以上的企业持有第一类医疗器械备案证，如图 1–3–4 所示。在区县层面，成都市高新区、温江区和双流区拥有较多的第一类医疗器械备案企业，分别为 51 家、42 家和 23 家。另外，还有 61 个区、县拥有数量不等的第一类医疗器械备案企业。

四川省第一类医疗器械备案号在企业层面上的分布较为分散。备案证数量最多的前 10 家企业总共拥有 372 个备案号，占比接近 1/4，详细见表 1–3–2。迈克生物股份有限公司、成都新百基生物科技有限公司、成都嘉博锐医疗器械有限公司等企业拥有较多的第一类医疗器械备案证，在第一类医疗器械产品方面有较强的实力。

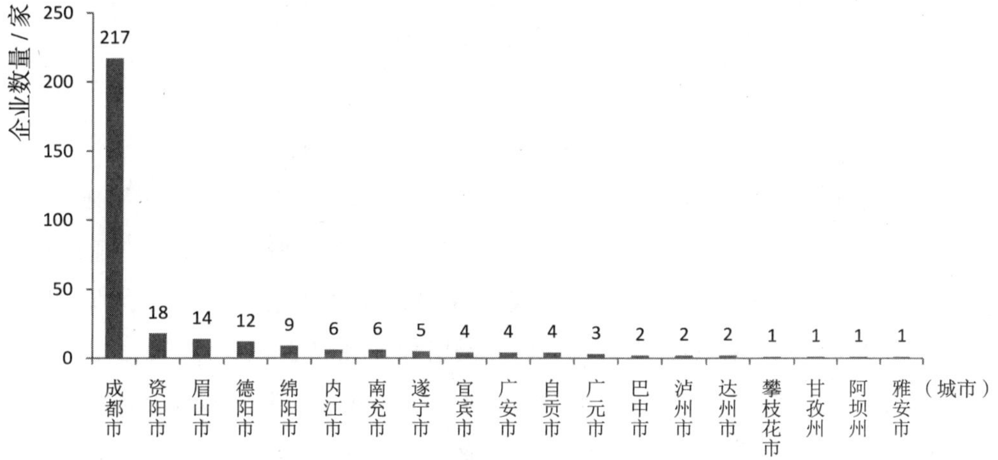

图 1–3–4　2022 年四川省内各地、市、州的备案企业数量

表 1–3–2　四川省取得医疗器械备案号最多的 10 家企业（单位：个）

序号	备案人名称	备案号数量
1	迈克生物股份有限公司	73
2	成都新百基生物科技有限公司	47
3	成都嘉博锐医疗器械有限公司	39
4	成都诺和生物科技有限公司	36
5	广安维沃医疗器械有限责任公司	35

续表

序号	备案人名称	备案号数量
6	四川维思达医疗器械有限公司	34
7	成都瑞琦医疗科技有限责任公司	33
8	赛雷纳（中国）医疗科技有限公司	29
9	四川瑞朗医疗器械有限公司	25
10	成都华信高科医疗器械有限责任公司	21
合计		372

资料来源：根据国家药品监督管理局网站数据整理。

二、产品注册情况

截至2022年底，四川省共有第二、三类医疗器械注册证2 022个。其中第二类医疗器械注册证1 752个，第三类医疗器械注册证270个。根据国家药品监督管理局网站信息，2022年四川省第二类医疗器械首次注册取证245个，在全国排名第16位，第三类医疗器械首次注册取证47个，在全国排名第9位。2020—2022各省第二、三类医疗器械取证情况见表1–3–3。

医疗器械注册证较为集中于少数企业，如迈克生物股份有限公司、四川沃文特生物技术有限公司、四川新健康成生物股份有限公司等。四川省医疗器械注册证数量最多的前十家企业合计拥有794个注册证，占比接近40%。见表1–3–4。

从城市分布来看，四川省医疗器械注册证主要分布在成都市。在2 022个注册证中，有1 600个注册证由成都市的生产企业取得，省内占比接近80%。这一比例甚至超过了成都市医疗器械注册和备案企业在省内占比，进一步表明四川省医疗器械生产主要集中于成都市。见图1–3–5。

表 1-3-3　2020—2022 各省第二、三类医疗器械取证情况表

省	2020 年				2021 年				2022 年				排名变化（2020—2022 年）	
	二类首次	二类排名	三类首次	三类排名	二类首次	二类排名	三类首次	三类排名	二类首次	二类排名	三类首次	三类排名	二类	三类
湖南	1 761	3	16	13	2 408	1	15	13	2 261	1	33	12	2	1
广东	2 137	1	143	2	1 870	2	192	2	2 086	2	319	2	–1	0
江苏	1 777	2	180	1	1 543	3	209	1	1 803	3	395	1	–1	0
浙江	907	5	92	4	641	6	84	6	711	4	145	5	1	–1
山东	765	6	72	6	682	4	88	5	653	5	122	6	1	0
河南	1 041	4	35	9	647	5	28	10	642	6	36	11	–2	–2
吉林	426	12	23	12	233	18	11	15	637	7	8	19	5	–7
湖北	297	15	29	10	427	10	23	11	564	8	29	13	7	–3
广西	495	11	0	23	271	17	0	22	467	9	3	21	2	2
北京	515	9	139	3	629	7	163	3	454	10	254	3	–1	0
重庆	198	19	28	11	378	12	8	16	370	11	42	10	8	1
天津	361	14	47	8	408	11	55	7	362	12	84	7	2	1
江西	580	8	15	14	312	14	16	12	324	13	16	16	–5	–2
安徽	498	10	7	18	523	9	5	20	297	14	16	16	–4	2
河北	624	7	10	17	547	8	14	14	270	15	18	15	–8	2

续表

省	2020年				2021年				2022年				排名变化（2020–2022年）	
	二类首次	二类排名	三类首次	三类排名	二类首次	二类排名	三类首次	三类排名	二类首次	二类排名	三类首次	三类排名	二类	三类
四川	250	17	57	7	274	15	31	9	245	16	47	9	1	–2
上海	295	16	89	5	330	13	116	4	226	17	174	4	–1	1
陕西	176	20	5	19	157	19	7	18	195	18	20	14	2	5
福建	230	18	15	14	271	16	49	8	162	19	58	8	–1	6
云南	129	21	0	23	52	23	1	21	158	20	3	21	1	2
辽宁	402	13	12	16	122	20	8	16	111	21	11	18	–8	–2
黑龙江	107	22	2	21	80	22	0	22	73	22	2	23	0	–2
山西	80	25	0	23	89	21	1	21	67	23	2	23	2	0
海南	31	28	0	23	22	26	0	22	54	24	4	20	4	3
甘肃	100	23	1	22	16	27	6	19	41	25	2	23	–2	–1
贵州	39	27	0	23	32	25	1	21	34	26	0	27	1	–4
内蒙古	86	24	0	23	15	28	0	22	28	27	1	26	–3	–3
青海	23	29	0	23	10	29	0	22	18	28	0	27	1	–4
宁夏	13	30	0	23	5	30	0	22	10	29	0	27	1	–4
新疆	62	26	0	23	47	24	0	22	6	30	0	27	–4	–4
西藏	2	31	3	20	0	31	0	22	2	31	0	27	0	–7

资料来源：根据国家药品监督管理局网站数据整理。

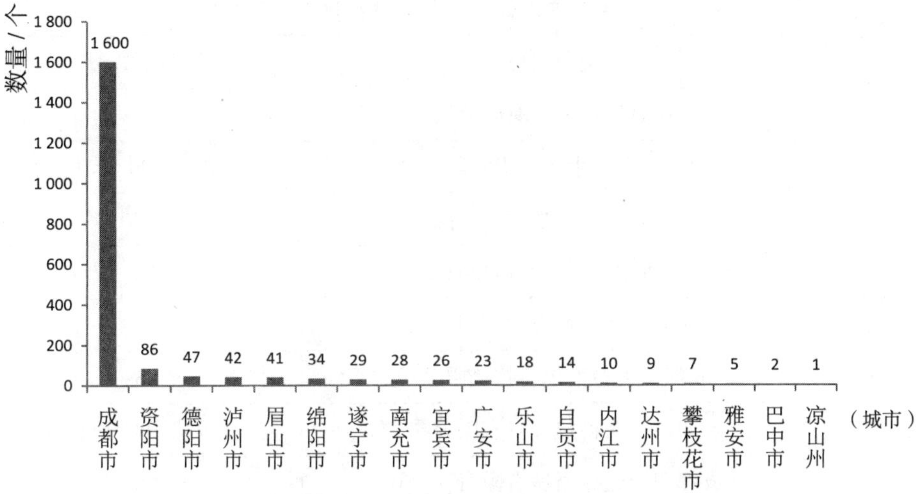

图 1-3-5 四川省内各地区拥有的医疗器械注册证数量

资料来源：根据国家药品监督管理局网站和企查查网站数据整理。

四川省第二、三类注册医疗器械主要集中于临床检验器械和体外诊断试剂、注输、护理和防护器械、口腔科器械。在 2 022 个第二、三类医疗器械注册证中，按照国家医疗器械分类目录标准，临床检验器械和体外诊断试剂最多，达到了 846 个，占比超过 40%。注输、护理和防护器械、口腔科器械的注册证也较多，分别达到了 421 个和 287 个。见图 1-3-6。

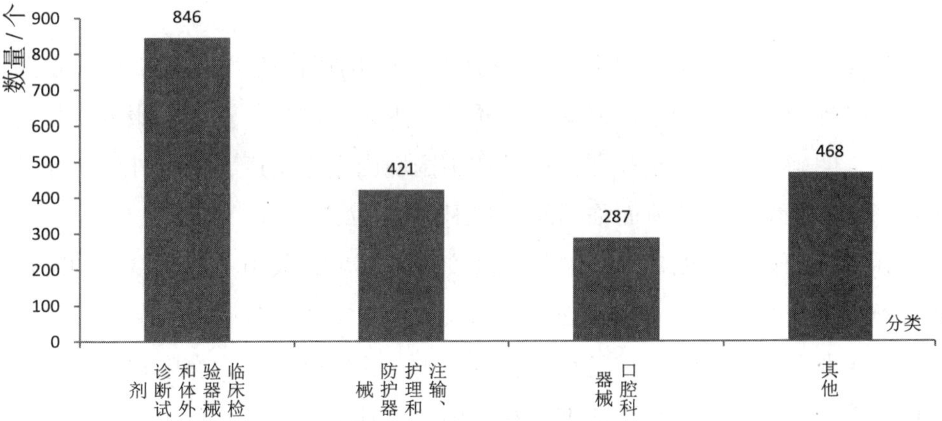

图 1-3-6 2022 年四川省医疗器械注册产品类别

资料来源：根据国家药品监督管理局网站数据整理。

表 1-3-4　四川省取得医疗器械注册证最多的 10 家企业　（单位：个）

序号	企业名称	注册证数量
1	迈克生物股份有限公司	317
2	四川沃文特生物技术有限公司	139
3	四川新健康成生物股份有限公司	113
4	成都市新津事丰医疗器械有限公司	50
5	四川携光生物技术有限公司	41
6	成都普利泰生物科技有限公司	35
7	四川恒明科技开发有限公司	28
8	成都明森医疗器械有限责任公司	26
9	成都艾科斯伦医疗科技有限公司	23
10	四川双陆医疗器械有限公司	22
合计		794

资料来源：根据国家药品监督管理局网站数据整理。

第三节　外资企业情况

近年来，国家鼓励进口医疗器械产品在中国境内生产。2022 年国家药品监督管理局发布《国家药监局综合司关于进一步加强外资企业服务工作的通知》，明确支持进口医疗器械产品在中国境内企业生产，帮助外资企业解决在药械注册申报等环节面临的问题和困难，做好服务。

在这一趋势下，四川省不断优化外商投资环境，吸引了越来越多的医疗器械外资生产企业落户。截至 2022 年底，有 31 家四川省医疗器械行业注册和备案企业拥有国外资本（简称外资企业）。这些企业均为有限责任公司或股份有限公司，主要分布于成都市和资阳市。其中，外商独资企业、外商合资企业和中外合资企业分别有 15 家、8 家和 8 家。在这些外资企业中，有

16 家企业成立于 2017 年及之后，表明四川省对医疗器械行业外资生产企业的吸引力逐渐增强。

以参保人数为标准，四川省医疗器械外资生产企业中规模最大的企业是爱齐（四川）医疗设备有限公司，参保人数超过 1 000 人。规模较大的有成都康惠净科技有限公司、成都维信电子科大新技术有限公司、德林义肢康复器材（成都）有限公司，参保人数均不少于 100 人。其他外资企业的参保人数均低于 100 人，规模相对较小。详细见表 1–3–5。

从实缴资本来看，有 8 家外资生产企业的实缴资本超过了 1 000 万元人民币或 200 万美元，包括声泰特（成都）科技有限公司、四川鸿政博恩口腔科技有限公司、澳科利耳医疗器械（成都）有限公司、孚泽（成都）科技有限公司、西梅卡亚洲气体系统成都有限公司、慨迩医疗科技（成都）有限公司、成都康惠净科技有限公司、成都维信电子科大新技术有限公司等。

表 1–3–5 四川省医疗器械外资生产企业

序号	企业名称	成立日期	所属城市	实缴资本 / 万元	企业（机构）类型	参保人数 / 人
1	成都康惠净科技有限公司	2009 年 12 月 31 日	成都市	1 710	中外合资	131
2	成都维信电子科大新技术有限公司	1995 年 9 月 22 日	成都市	1 063	中外合资	112
3	德林义肢康复器材（成都）有限公司	2003 年 3 月 20 日	成都市	100（万美元）	外商独资	100
4	慨迩医疗科技（成都）有限公司	1987 年 10 月 12 日	成都市	1 200	外商独资	81
5	西梅卡亚洲气体系统成都有限公司	1995 年 5 月 17 日	成都市	2 500	外商独资	73
6	成都爱兴生物科技有限公司	2013 年 4 月 10 日	成都市	—	外商投资	45
7	成都益安博生物技术有限公司	2016 年 7 月 21 日	成都市	1 000	外商投资	41

续表

序号	企业名称	成立日期	所属城市	实缴资本/万元	企业（机构）类型	参保人数/人
8	澳科利耳医疗器械（成都）有限公司	2017 年 9 月 29 日	成都市	2 400（万美元）	外商独资	40
9	晓非齿科（成都）制造有限公司	2005 年 2 月 25 日	成都市	100	中外合资	39
10	儒蓉（成都）医疗科技有限公司	2018 年 4 月 27 日	成都市	—	中外合资	33
11	美敦力糖尿病科技（成都）有限公司	2016 年 5 月 17 日	成都市	—	外商独资	33
12	孚泽（成都）科技有限公司	2019 年 12 月 12 日	成都市	1 229	中外合资	27
13	成都纳海高科生物科技有限公司	2016 年 6 月 24 日	成都市	100	外商独资	26
14	四川兴泰普乐医疗科技有限公司	2016 年 4 月 26 日	成都市	—	外商投资	21
15	成都牙贝美塑科技有限公司	2017 年 7 月 5 日	成都市	—	外商投资	19
16	成都盛世慧通医疗科技有限公司	2019 年 5 月 24 日	成都市	200	外商独资	16
17	声泰特（成都）科技有限公司	2005 年 8 月 4 日	成都市	510（万美元）	外商独资	15
18	贝泰福医疗科技成都有限公司	2015 年 8 月 21 日	成都市	800	外商独资	12
19	四川半轮医药科技有限公司	2019 年 11 月 20 日	成都市	—	外商投资	5
20	成都迈迪特科技有限公司	2014 年 9 月 17 日	成都市	—	中外合资	3
21	成都数梦软件有限公司	2003 年 4 月 4 日	成都市	—	台、港、澳与外国投资者合资	2
22	四川科瑞德美地亚医疗器械有限公司	2019 年 5 月 30 日	泸州市	10（万美元）	中外合资	3

续表

序号	企业名称	成立日期	所属城市	实缴资本/万元	企业（机构）类型	参保人数/人
23	四川天府阳明科技有限公司	2017年5月4日	眉山市	100	外商投资	0
24	爱齐（四川）医疗设备有限公司	2017年11月13日	资阳市	—	外商独资	1 076
25	盈纬达（四川）医疗器械有限公司	2018年7月26日	资阳市	190	外商独资	74
26	四川鸿政博恩口腔科技有限公司	2017年12月28日	资阳市	2 000	外商独资	23
27	四川迪耀科技有限公司	2017年10月13日	资阳市	200	外商独资	20
28	斯派丹（四川）医疗器械有限公司	2018年1月9日	资阳市	700	外商投资	10
29	四川秀顿斯医疗器械有限公司	2018年6月20日	资阳市	—	中外合资	10
30	邦睿（四川）医疗科技有限公司	2018年5月29日	资阳市	—	外商独资	4
31	四川美迪法医疗设备有限公司	2020年3月16日	资阳市	600	外商独资	0

资料来源：国家药品监督管理局、企查查。

从产品类型来看，四川省医疗器械外资企业主要生产的产品集中于口腔科器械和设备、临床检验器械和体外诊断试剂、注输、护理和防护器械、制氧机等。总体来看，四川省医疗器械外资企业生产的产品技术含量相对高端，技术含量高。例如，人工耳蜗声音处理器、胰岛素泵、可重复使用超声刀具、超声彩色多普勒诊断仪、心脑方面的分析仪器、医用激光胶片、诊断图像处理软件、胎儿染色体非整倍体分析软件等。见表1–3–6。

表 1-3-6　四川省医疗器械外资企业主要产品

序号	企业名称	主要产品类别
1	爱齐（四川）医疗设备有限公司	固定义齿、口腔数字印模仪、保持器、矫治器等
2	成都康惠净科技有限公司	外科口罩、防护服（鞋套）、检查指套、手术帽等
3	成都维信电子科大新技术有限公司	尿动力学分析仪、尿流量监测仪、尿道和直肠测压导管、输尿管支架、雾化器、高频手术治疗仪等
4	德林义肢康复器材（成都）有限公司	各类肢体固定器
5	慨迩医疗科技（成都）有限公司	制氧机
6	盈纬达（四川）医疗器械有限公司	热熔牙胶充填仪
7	西梅卡亚洲气体系统成都有限公司	医用分子筛制氧设备
8	成都爱兴生物科技有限公司	各类体外诊断仪器、试剂和质控品
9	成都益安博生物技术有限公司	RNA 核酸富集试剂盒
10	澳科利耳医疗器械（成都）有限公司	人工耳蜗声音处理器
11	晓非齿科（成都）制造有限公司	定制式固定义齿、定制式活动义齿
12	儒蓉（成都）医疗科技有限公司	试戴体、牙科塑料基底、模型材料、固定义齿等
13	美敦力糖尿病科技（成都）有限公司	胰岛素泵
14	孚泽（成都）科技有限公司	可重复使用超声刀具
15	成都纳海高科生物科技有限公司	胎儿染色体非整倍体（T21、T18、T13）分析软件、核酸提取或纯化试剂、基因测序用模板试剂盒等

续表

序号	企业名称	主要产品类别
16	四川鸿政博恩口腔科技有限公司	牙科综合治疗机、牙科种植体、隐形畸形矫正器等
17	四川兴泰普乐医疗科技有限公司	药物涂层冠脉球囊导管
18	四川迪耀科技有限公司	定制式固定义齿、定制式活动义齿、临时冠、定制式牙科种植用导板、牙科种植用夹持器、试戴体等
19	成都牙贝美塑科技有限公司	吞咽辅助训练器、口腔功能辅助训练包、医用胶带牙槽骨塑形保持器、牙槽骨塑形器等
20	成都盛世慧通医疗科技有限公司	骨科手术器械包、脊柱手术器械包、椎板咬骨钳等
21	声泰特（成都）科技有限公司	超声彩色多普勒诊断仪
22	贝泰福医疗科技成都有限公司	移动耳鸣治疗仪、耳鸣耳聋综合诊疗设备
23	斯派丹（四川）医疗器械有限公司	牙科用磷酸酸蚀剂
24	四川秀顿斯医疗器械有限公司	光固化临时冠桥树脂、正畸基托聚合物、模型树脂
25	四川半轮医药科技有限公司	医用超声耦合贴片、穴位压力刺激贴、液体敷料等
26	邦睿（四川）医疗科技有限公司	一次性使用采样器、精子质量分析检测仪
27	四川科瑞德美地亚医疗器械有限公司	心率变异分析仪、脑电图机、心率变异分析仪
28	成都迈迪特科技有限公司	超声膀胱容积测量仪
29	成都数梦软件有限公司	医用干式胶片、医用激光胶片
30	四川天府阳明科技有限公司	诊断图像处理软件
31	四川美迪法医疗设备有限公司	手术台床，医疗诊断、监护及治疗设备，口腔科用设备及器具，机械治疗及病房护理设备

资料来源：国家药品监督管理局、企查查。

2022年，四川在引进外资高端医疗器械企业方面取得了丰硕成果。勃林格殷格翰与成都温江区共同投资设立勃林格殷格翰霁达（成都）康复医疗中心，这是勃林格殷格翰在中国西部建设的第一家康复医疗中心。融通医药有限公司与GE医疗中国进行了项目签约，双方将在高端医疗装备国产化、精准医疗产业链供应链融合发展等方面开展合作。成都东部新区与赛默飞签署合作协议，共建前沿生物技术联合创新实验室。成都东部新区还与岛津签署项目合作协议，双方将围绕多个领域展开合作，包括医疗人工智能、智能穿戴式诊疗设备、植介入器械、体外诊断、核心零部件与核心元器件、大型医疗设备等。

第四章　四川省医疗器械行业调查分析

课题组对四川省持有第二、三类医疗器械注册证的生产企业（以下简称注册企业）进行了调查，获得了200家受调查的注册企业在2019—2022年期间的总产值数据，以及员工人数（有17家企业为参保人数）。这些企业的主营业务领域均为医疗器械，拥有1 175个第二、三类医疗器械注册证，占全省医疗器械注册证的比重超过了一半（2022年）。在200家受调查的注册企业中，还有184家企业提供了更详细的数据，包括企业基本信息、荣誉资质、资产负债率、人才资源、研发投入、专利数量、进出口金额等。

第一节　产值分析

一、产值规模

调查结果显示，2022年，200家受调查注册企业的总产值加总约为129.4亿元（个别企业尚未公布2022年的总产值，以2021年的总产值代替），员工人数总计20 029人，平均每家企业产值约为6 460万元，平均雇佣的员工人数为100人，人均产值约为64.6万元。

本次调查已包含了四川省医疗器械行业中技术实力较强、规模相对较大的企业。未提供调查数据的四川省医疗器械注册企业和备案企业的数量（420

家）虽然占全省该行业生产企业的数量超过 2/3，但这些企业员工规模总数只有 2.3 万人，仅略多于 200 家受调查的企业的员工规模总数，也就是说那些未受调查的生产企业的员工规模相对更小。平均而言，它们的员工规模仅有提供了调查数据的生产企业的员工规模的一半左右。更小的规模往往意味着更低的人均产值。一个合理的判断是，未受调查的企业的人均产值应该低于 64.6 万元。因此，我们根据前面估计得到的四川省医疗器械注册和备案企业的参保人数在 4.3 万人左右推算，2022 年四川省医疗器械注册和备案企业的产值规模应在 278 亿元以下。再考虑到部分注册和备案企业还存在其他非医疗器械产品的生产，2022 年四川省医疗器械行业的总产值规模可能在 100 亿 ~ 200 亿元的量级之间，占 2022 年我国医疗器械产业产值规模的比重不超过 2%[1]。

从受调查注册企业的规模分布来看，大部分企业的规模比较小，产业带动能力非常有限。如图 1–4–1 所示，有 60 家企业的总产值超过 2 000 万元，产值总和为 122.5 亿元，占 200 家企业产值总和的 94.67%。140 家企业的总产值低于 2 000 万元，占全部受调查企业的 70%。其中，116 家企业的产值规模低于 1 000 万元，占全部受调查企业的 58%。因此，企业规模偏小是制约四川省医疗器械行业发展的重要原因。

在这 200 家受调查的注册企业中，仅有 23 家企业的总产值超过 1 亿元，总产值之和约为 105 亿元，占 200 家受调查的注册企业全部总产值的 81% 左右。其中，迈克生物股份有限公司和爱齐（四川）医疗设备有限公司的总产值超过 10 亿元，成都市新津事丰医疗器械有限公司、迈克医疗电子有限公司的总产值超过了 5 亿元。

[1] 根据中国医疗器械行业协会网站数据，2022 年我国医疗器械产业营业收入约 1.3 万亿元。详见 http://www.camdi.org/news/11640。

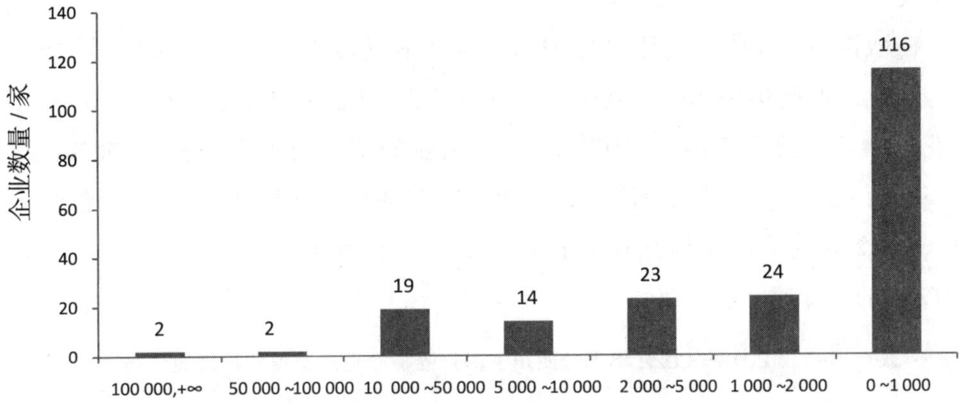

图 1-4-1　200 家受调查企业的产值（万元）分布区间

注：数据来自课题组调查。有 3 家企业未提供 2022 年的总产值，以 2021 年的总产值代替。其余企业均为 2022 年的总产值。

除上述 23 家企业外，还有 37 家企业的总产值在 2 000 万元至 1 亿元（不含）之间，合计总产值在 17 亿元左右，占样本企业总产值的 13% 左右。在这 37 家企业中，总产值超过 5 000 万元的企业共有 14 家，剩下的 23 家企业总产值在 2 000 万 ~ 5 000 万元。余下的 140 家注册企业属于总产值低于 2 000 万元的规模以下企业。这些企业虽然数量上占了样本企业的 70%，但是产值份额仅为 6% 左右。

二、产值增长

在 200 家受调查的注册企业中，有 155 家提供了 2019—2022 年每年的总产值数据。这 155 家企业的总产值之和从 2019 年的 61.97 亿元增长到 2021 年的 93.04 亿元，但 2022 年回落到 74.50 亿元。2019—2022 年，这些企业总产值的年平均算术增长率约为 6.7%。

总体来看，大部分企业在 2019—2022 年呈现了较快增长的良好势头，但也有相当一部分企业出现了负增长。在这 155 家企业中，有 110 家企业期间总产值在过去 4 年年均增速大于或者等于 0，占比为 70.97%；有 45 家企业出现了负增长，占比为 29.03%。

在增长型企业中，总计共有 62 家年均增长速度超过 20%，属于“瞪羚型”企业，占比达到 40%。其中，22 家企业年均增速超过了 100%，16 家企业的增长速度在 50% ~ 100%，24 家企业的增长速度在 20% ~ 50%。另外还有 48 家企业增长速度在 0 ~ 20%。在增长率小于 0 的衰退型企业中，有 22 家的下降速度在 0 ~ 10%，11 家的下降速度在 10% ~ 20%，还有 12 家的下降速度超过 20%。见表 1–4–1。

表 1–4–1　2019—2022 年部分四川省医疗器械企业总产值年均增速分布

序号	年均增速区间 /%	企业数量 / 家	企业数量占比 /%
1	100 ~ ∞	22	14.19
2	50 ~ 100	16	10.32
3	20 ~ 50	24	15.48
4	10 ~ 20	23	14.84
5	0 ~ 10	25	16.13
6	0 ~ 10	22	14.19
7	–10，–20	11	7.10
8	–20，– ∞	12	7.74
合计		155	100

注：数据来自课题组调查。

第二节　研发投入与专利

一、研发投入

大部分受调查企业都投入了一定的研发资金。部分企业的研发投入较高，如迈克生物股份有限公司的研发投入超过了 2.6 亿元（2021 年）。但是，在受调查样本中，大部分企业在2022年的研发投入还很有限。在184家企业中，仅有5家企业的研发投入达到或超过3 000万元，16家企业的年研发投入在1 000万～3 000万元（不含），17家企业的年研发投入在500万～1 000万元（不含），多达90家企业虽有研发投入，但低于500万元。另外，还有相当数量（56家）的企业没有研发投入。如图1-4-2。

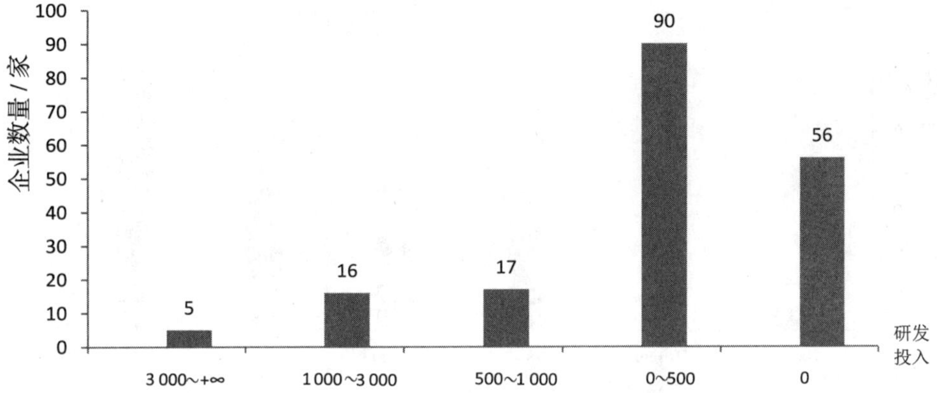

图1-4-2　184家受调查企业研发投入（万元）分布

注：数据来自课题组调查。

二、专利情况

从受调查企业获得的授权专利来看，部分企业已具备了较强的研发实力，但总体上还不够强。在184家企业中，117家企业有授权的发明或实用新型专利，占比63.59%。62家企业拥有软件著作权，占比33.70%。从获得发明和实用新型专利、软件著作权的占比来看，有相当比例的企业研发能力较为薄弱。

这117家企业合计拥有授权的发明和实用新型专利总共3 458项。其中，四川南格尔生物科技有限公司、老肯医疗科技股份有限公司、四川千里倍益康医疗科技股份有限公司、成都青山利康药业股份有限公司、迈克生物股份有限公司、四川锦江电子医疗器械科技股份有限公司等公司拥有超过100项的发明和实用新型专利，成都信通网易医疗科技发展有限公司、成都成电金盘健康数据技术有限公司和四川赛迪克生物医药科技有限公司拥有100项以上的软件著作权，显示了较强的研发实力。

此外，还有5家企业获得的发明和实用新型专利50 ~ 99项。在获得发明和实用新型专利的企业中，大部分企业获得的这两类专利数量在10 ~ 50项。见图1–4–3。

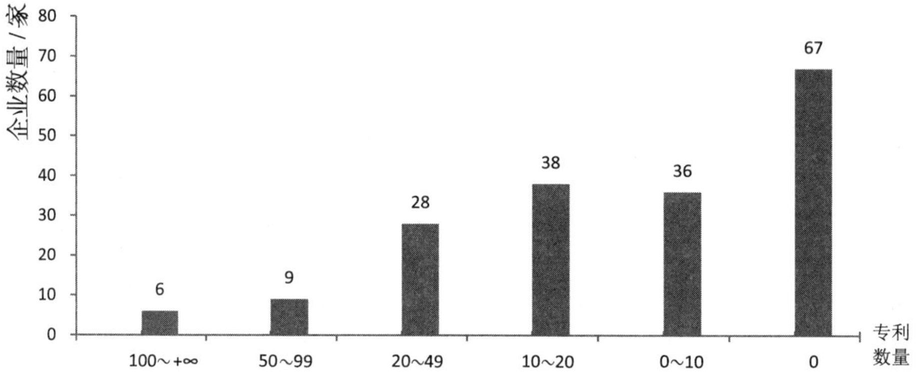

图1–4–3　184家受调查企业获得的发明和实用新型专利授权数量分布

注：数据来自课题组调查。

第三节　进出口

从调查数据来看，四川省医疗器械企业在国际市场的竞争力较弱。受调查企业的进出口业务较少，且集中于少数企业。有182家企业提供了2022年的出口数据。它们的出口总额为44 961万元，占总产值的比重仅为5.33%；进口总额为96 982万元，占总产值的比重为11.56%。大部分进出口业务都来自爱齐（四川）医疗设备有限公司，这家企业在2022年的出口金额和进口金额分别为38 466万元和88 423万元。除这家企业以外，还有14家企业有少量出口业务，13家企业有少量进口业务，绝大多数企业未进入国际市场。

第五章　四川省医疗器械产业发展特点与瓶颈

第一节　发展特点

一、政策支持力度加大

四川省高度重视医疗器械产业发展，将包括医疗器械产业在内的医药健康产业纳入“5+1”现代工业体系进行重点培育，陆续出台多个重要文件，持续不断地对医疗器械产业发展提供政策支持。2020 年，四川省药品监督管理局制定了《支持医药产业高质量发展措施》，支持建设高端医疗设备和生物材料、体外诊断产品、口腔装备及材料、应急短缺医疗器械等研发生产基地；实行药品、医疗器械“重点项目跟踪制”，建立品种清单，“一对一”提供从研发到生产上市的全过程服务。2021 年四川省政府采购网发布了关于《省级 2021—2022 年政府采购进口产品清单论证意见公示（医疗卫生设备类）》的通知，规定除 59 种医疗设备可直接采购进口产品以外，其他均优先采购国产医疗设备。

2022 年四川省政府出台了具有广泛影响力的《关于支持医疗健康装备产业高质量发展的若干政策措施》（以下简称《政策措施》）。《政策措施》提出了 13 条具体举措，其中有 6 条聚焦创新，包括：核心技术攻关、创新平台建设、提升临床研究能力、加大研发投入、智能装备开发和创新成果转化等。《政策措施》支持企业牵头会同医疗健康机构投资建设医疗健康装备集成创新服务平台，对国内外医疗健康装备标杆企业和头部企业来川设立地区总部、研发中心、生产基地等加大地方配套支持力度，对医疗健康装备“贡嘎培优”企业、“单项冠军”企业和专精特新“小巨人”企业，按相关规定给予奖补。此外，在培育特色产业集群、优化审评审批服务、加强产品推广使用、加大金融支持力度等方面，《政策措施》也提出了具体的支持措施。各种政策的出台将有力地促进四川省医疗器械产业的高质量发展。

二、部分领域有影响力

虽然当前四川省的医疗器械产业总体规模相比广东、江苏、山东、浙江等沿海发达地区来说还有较大差距，但在一些细分市场已具备国内影响力。以迈克生物股份有限公司为例，该公司在国内率先开展体外诊断结果标准化，目前已建立近 50 项参考方法，涵盖生化、免疫、临检等领域，在 2021 年中国医疗器械行业 100 强中排名第 21 位。

除体外诊断行业外，在输采血耗材和设备、血液透析产品、护理和防护用品领域、心脏电生理、医疗器械消毒灭菌、医用制氧机、义齿、物理治疗器械、医用康复器械等细分领域，已涌现出了一批快速成长、创新能力强、占据细分市场较大份额的医疗器械企业。

此外，一些企业在医用成像器械、放射治疗器械等高端医疗器械市场突破了国外厂商的垄断。例如，奥泰医疗系统有限责任公司开发了第一台国产超导磁共振；成都利尼科医学技术发展有限公司是我国唯一独家研发制造生产医用中能直线加速器的厂家；四川玖谊源粒子科技有限公司研发了国内首台国产医用回旋加速器；四川明峰医疗科技有限公司研发生产的 ScintCare 736 多排 CT 被认定为 2020 年度四川省重大技术装备省内首台（套）产品。

三、新创立的企业不断增加

近年来，受四川省医疗器械产业不断增长的市场需求的吸引和支持政策的扶持，越来越多的企业进入了该产业。在2010年之前创立的四川省医疗器械企业中，仅有188家企业获得医疗器械注册证或备案号。但是仅在2011—2013年的3年，四川省就新增了67家获得注册证或备案号的新创立的企业。之后，进入该市场并获得注册证或备案号的新创立的企业数量保持在每3年100家以上。2014—2016年、2017—2019年和2020—2022年，分别有116家、146家和117家新创业的企业获得了医疗器械注册证或备案号。新创立的企业不断进入推动了四川省医疗器械产业的快速发展。

四、产业集群趋势明显

成都市高新区、温江区、双流区和资阳市的雁江区均集中了不少数量的医疗器械生产企业，形成了一定规模的产业集群。一些特色明显、优势突出的医疗器械产业园区正在快速发展。例如，资阳市“中国牙谷”园区集中了数十家口腔类产品制造企业，在短短的几年时间已成长为全国最大的口腔装备制造聚集地。该园区从发明创造、研发转化、检验检测、注册认证等方面为企业提供了高效便捷的专业服务。通过引进和自主培育，园区中爱齐（四川）医疗设备有限公司、卡瓦（四川）医疗器械有限公司、四川博恩口腔科技有限公司、华光口腔器材（集团）等一批企业不断发展壮大。

此外，成都温江区成都医学城（科技园）、成都天府国际生物城也集中了相当数量的医疗器械企业，集群规模不断壮大。成都东部新区未来医学城也在积极打造高端医疗器械产业集聚地，目前已经与赛默飞、岛津（中国）、迪安诊断、新加坡能源等签约前沿生物技术联合创新实验室、国产IVD创新制造中心等高能级项目20余个。

五、产业发展潜力巨大

与国内医疗器械产业比较发达的广东、江苏和山东等地区相比，四川省的医疗器械产业规模还较小。但是，从近年来的发展趋势来看，四川省医疗器械产业发展潜力巨大，主要体现在以下三个方面。

（一）四川省医疗器械产业医工融合开始起步

医工融合对于促进医疗器械产业原创性成果的开发，促进科研成果的临床应用转化具有重要意义。四川省在医疗器械相关领域拥有较多高水平科研机构和技术平台，积极推进医工融合。例如，四川大学聚焦创新药物、先进材料、高端医疗器械和精准医学，构建独具特色、引领实践的“医学+”学科群，以及医工融合“三中心一平台”。四川大学华西医院/华西临床医学院与电子科技大学共同设立了医工融合交叉人才培养基金，创立医工融合专项研究项目，围绕高性能生物医用材料研究、神经精神影像诊疗技术、医疗器械与智能制造等重点方向展开研究。此外，电子科技大学与四川省人民医院共建医工融合应用医学研究中心。

（二）四川省吸引了越来越多的外资医疗器械企业落户

一些具有重要影响力的外资医疗器械企业纷纷落户四川。德国勃林格殷格翰在成都设立了其在西南地区的第一家康复医疗中心。美国通用电气（GE）精准医疗产业化基地项目落户成都高新区。融通医药有限公司与GE进行了项目签约，双方将充分利用四川天府新区面向全球配置高端要素的“重大平台”功能，在高端医疗装备国产化方面开展合作。成都东部新区与赛默飞世尔科技公司签署合作协议，共建前沿生物技术联合创新实验室，还与岛津公司签署项目合作协议，在医疗人工智能、智能穿戴式诊疗设备、植（介）入器械、体外诊断、核心零部件与核心元器件和大型医疗设备等领域展开合作。

（三）四川省医疗器械产业拥有庞大的本地市场

四川省是人口大省，人口老龄化问题突出，而且四川省医疗机构数量多，构成了对医疗器械产品庞大的市场需求。四川省医疗器械经营企业的数量已接近8万家，仅次于广东省和山东省，这也从侧面反映了四川省医疗器械本地市场规模大。虽然与本地庞大的市场需求相比，四川省医疗器械生产产值还较小，但已基本具备了一定的产业基础，而且在市场需求的带动下，四川省医疗器械产业发展迅速。据医械数据云统计，在2017—2021年，四川省医疗器械产值年均复合增长率为25.18%[1]。

第二节　发展瓶颈

一、企业规模偏小，研发投入不足

四川省内医疗器械生产企业整体规模偏小，规模以上企业占比低，在市场上有广泛影响力的上市公司、大型龙头企业数量不多。企业规模偏小导致研发投入不足，产品科技含量不高和同质化现象突出，制约了企业市场竞争力的提高。

从四川省第二、三类医疗器械注册证分布情况可看出，四川省医疗器械产业产品主要集中在临床检验器械和体外诊断试剂、注输、护理和防护器械、口腔科器械类的产品上，部分试剂类、防护类和义齿类产品差异化程度较低，附加值不高。

二、高端人才缺乏，创新能力不强

四川省在医疗器械生产、产品注册及检验、经营管理、质量控制、维

[1] 数据来源于医械数据云，详见 https://www.sohu.com/a/586248039_139908。

修服务等方面的专业人才总量不多，复合型和高层次人才短缺。受经济发展水平、薪资水平、区位条件及产业发展状况等诸多因素的影响，相对于长三角、珠三角等发达地区，四川省对医疗器械产业人才特别是高端人才的吸引力仍需加强。

人才的缺乏制约了高端医疗器械的创新研发能力，导致四川省医疗器械产业在前沿领域的原始创新能力不足。四川省医疗器械生产企业仿制型、技术改进型产品多，但创新型医疗器械产品少，制约了该产业的发展。大部分医疗器械生产企业的产品主要面向省内市场需求，开拓省外市场、国外市场的能力不足。

三、产学研医合作不足，成果转化率需提高

四川省的科研院所在医学、生物医用材料、电子信息、精密仪器制造等医疗器械相关领域具有较强的研发实力，拥有四川大学国家生物材料工程技术研究中心、口腔医学国家重点实验室和高分子学院、西南交通大学材料学院和生命科学院，以及电子科技大学医学、电子信息和人工智能方面的科研机构等。在医院方面，拥有以四川大学华西医院为代表的众多大型医院。但是，医疗器械企业与科研院所和大型医院、医生的合作深度仍有待提高。虽然四川省医疗器械技术研发市场有平台优势，但由于产学研医合作不足，导致产业承接力有限。

四川省医疗器械成果产业化落地不足的原因之一是尚未构建完善的合作体系。目前，产学研医协同创新体制机制不健全，资本方和技术研究方未形成科技成果价值共识，导致股权分配、利润分配机制不完善，企业参与产学研医合作的动力不强，本地创新成果的产业化比例较低。部分科研项目因缺乏市场调研，忽视了市场需求，导致项目成果的市场接纳度低，难以实现产业化。

四川省医疗器械成果产业化落地不足的另外一个原因是缺少产业专项扶持基金的引导，缺乏成熟有力的本地资本市场支撑，成果转化资金不足，资

本市场与科技创新成果的对接还有待加强。

四、公共服务能力不强，服务体系亟待加强

医疗器械产品在上市之前要经历研发立项、获取专利、临床试验、申报注册、注册检验、审评审批等众多环节。一个有效的、完善的公共服务体系有利于加快医疗器械产品的创新研发、产品取证和上市。目前，四川省医疗器械行业的公共服务体系亟待加强。

随着四川省快速增长的企业检测需求，主要的两家检测机构（四川省医疗器械检测中心、四川医疗器械生物材料和制品检验中心）的检测任务繁重，省内第三方检测仍待加强，较难满足全省医疗器械生产企业产品检测需要，导致企业排队检测耗时较长，在一定程度上影响了医疗器械产品的注册效率和上市进程，制约了四川省医疗器械产业的发展。

此外，四川省在公共研发服务平台方面还存在不足，与医疗器械相关的合同研究机构、工程转化中心、合同外包生产机构、定制化生产专业服务机构等第三方服务平台缺乏，难以支撑省内医疗器械行业的快速发展。

第二篇　产业篇

第一章　四川省医疗器械产业区域发展

第一节　四川省医疗器械产业的区域分布

一、成都平原经济区

（一）概况

成都平原经济区一共包含 8 个地级市，分别是：成都市、德阳市、绵阳市、遂宁市、雅安市、眉山市、乐山市、资阳市。成都平原经济区是建设成渝地区双城经济圈和推动“四化同步、城乡融合、五区共兴”全面落地见效的核心区域，在全省国土空间格局中承担着引领带动全省现代化建设的战略地位。

（二）医疗器械生产企业概况

成都平原经济区各城市医疗器械生产企业概况见表 2–1–1。

表 2–1–1　成都平原经济区各城市医疗器械生产企业概况　　（单位：家）

城市	企业数量	企业规模/大	企业规模中/小	企业规模/微	只有备案号	只有注册证	备案号与注册证都具有
成都	427	8	310	109	122	206	99
绵阳	25	0	20	5	8	16	1
德阳	23	0	13	10	8	11	4

续表

城市	企业数量	企业规模/大	企业规模中/小	企业规模/微	只有备案号	只有注册证	备案号与注册证都具有
乐山	5	0	3	2	0	5	0
眉山	18	0	13	5	11	4	3
资阳	36	1	30	5	5	18	13
遂宁	13	0	8	5	3	8	2
雅安	2	0	0	2	0	1	1
总和	549	9	397	143	157	269	123

数据来源：根据国家药品监督管理局网站和企查查数据整理。

根据数据可以看出成都平原经济区的 8 个城市的医药器械企业的数量共有 549 家。其中，大型规模的企业共有 9 家，只有一家分布在资阳市，其余 8 家都分布在成都市。中小型的企业共有 397 家，微型企业有 143 家，同样是成都市占据大头，有中小型企业 310 家和微型企业 109 家。其中，拥有第一类医疗器械备案的企业共有 157 家，拥有第二类、第三类医疗器械注册证的企业共有 269 家，都拥有的企业共有 123 家，可以发现在这些企业中，医疗器械同时具有备案号和注册证的企业的数量并不多。见图 2-1-1。

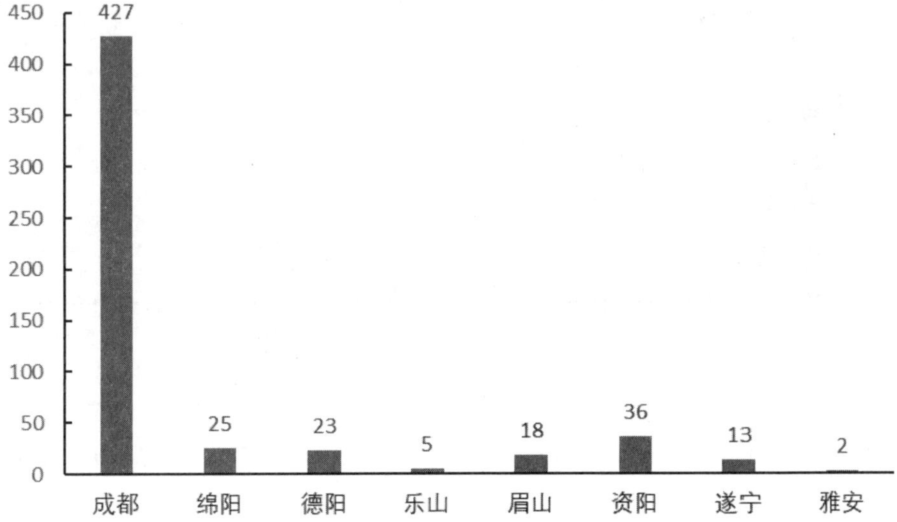

图 2-1-1　成都平原经济区医疗器械生产企业的数量（单位：家）

在成都平原经济区医疗器械生产企业的分布也极不均衡，主要集中在成都，一共有427家。其次是资阳、绵阳和德阳，分别有36家、25家和23家。这些城市要么在地理上与成都市更为接近，要么就是自身的条件优势吸引了比其他城市更多的企业。乐山和雅安所拥有的企业数量仅仅只有5家和2家，最后是眉山一共有18家，遂宁有13家，这也从另一方面体现了产业上发展的差距。

虽然成都市拥有427家医疗器械生产企业，但规模仍集中于中小型和微型，分别占72.6%和25.5%，而大型企业只有8家。在所获得的资料中可知，四川省上市的医疗器械生产企业只有5家，且都集中在成都市。这些上市企业分别是四川港通医疗设备集团股份有限公司、迈克生物股份有限公司、成都天奥电子股份有限公司、四川侨源气体股份有限公司以及四川千里倍益康医疗科技股份有限公司。这5家上市企业前3家是大型企业，后面2家都是中型企业。眉山和资阳两市的医疗器械企业中，中小型企业占总量的72%和83%，体现了成都平原经济区的分布特点。见图2-1-2。

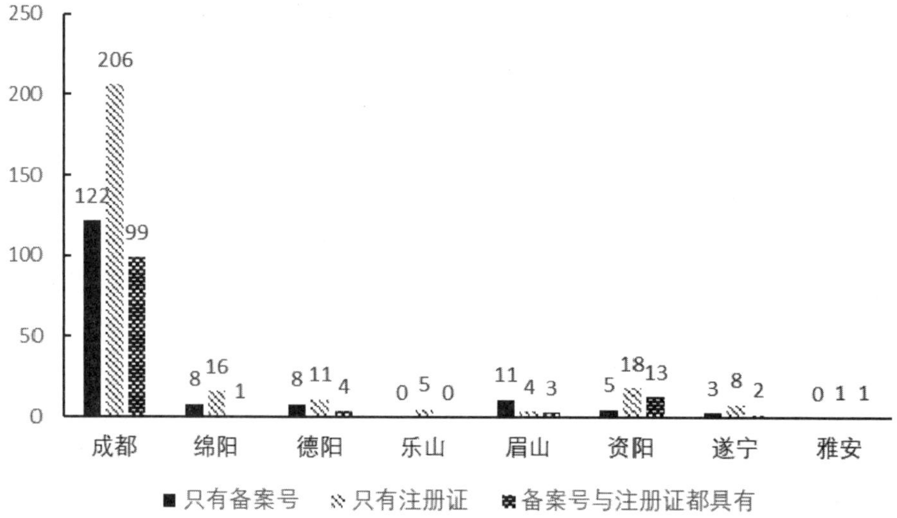

图2-1-2　成都平原经济区可生产第一类、第二类、第三类产品医疗器械企业数量（单位：家）

成都平原经济区可生产第一类、第二类、第三类产品的企业中，成都市占了大部分，可以生产第一类产品医疗器械企业有 122 家，占总数的 77.7%；只可以生产第二类、第三类产品医疗器械企业有 206 家，占总数的 76.58%；都可以生产的医疗器械企业有 99 家，占总数的 80.5%。乐山和雅安因为本身所具有的企业较少，所以能生产第一类、第二类、第三类医疗器械的企业也就相对较少。从这张图还可以看出成都平原经济区的大多数企业生产许可多数集中在第二类、第三类医疗器械上。第二类、第三类医疗器械虽然从生产的难度和使用上都有较高的要求，但因为第二类医疗器械产品的使用人群较广，属于普适类产品。第三类医疗器械产品是最高级别的医疗器械，是指植入人体，用于支持、维持生命，对其安全性、有效性必须严格控制的医疗器械。所以企业会将更多的资源投入到第二类、第三类的产品的生产之中。

除了成都和眉山各有一家分公司不涉及注册资本外，成都平原经济区一共有 547 家企业进入数据统计。可以看出成都平原经济区各个城市医疗器械生产企业的注册资本大多数都在 1 000 万元以内，成都最多一共有 214 家，其余城市较少。其中，资阳有 19 家，绵阳有 15 家，德阳有 13 家，其余城市都只有个位数。注册资本在 10 000 万元以上的医疗器械生产企业在成都有 25 家，在其他城市只有零星的几家，注册资本在 5 000 万 ~ 10 000 万元的医疗器械生产企业成都占有 26 家，同样在其他城市的分布较少。见图 2–1–3。

除有 90 家医疗器械生产企业未公布参保人数外，大多数医疗器械生产企业的参保人数集中在 50 人以下，共有 335 家，占总数的（剔出未公布参保人数的企业）73%，这与医疗器械生产企业的规模主要是中小微型企业相关。同时，由于较多的大中型医疗器械生产企业集中分布在成都，使得参保人数在 500 人以上的企业大多出现在成都市，绵阳和资阳两市各有一家。参保人数在 50 ~ 500 人中的企业并不多，大多数是在 0 ~ 50 人，这种情况在除成都外的其他地级市尤为明显。见表 2–1–2。

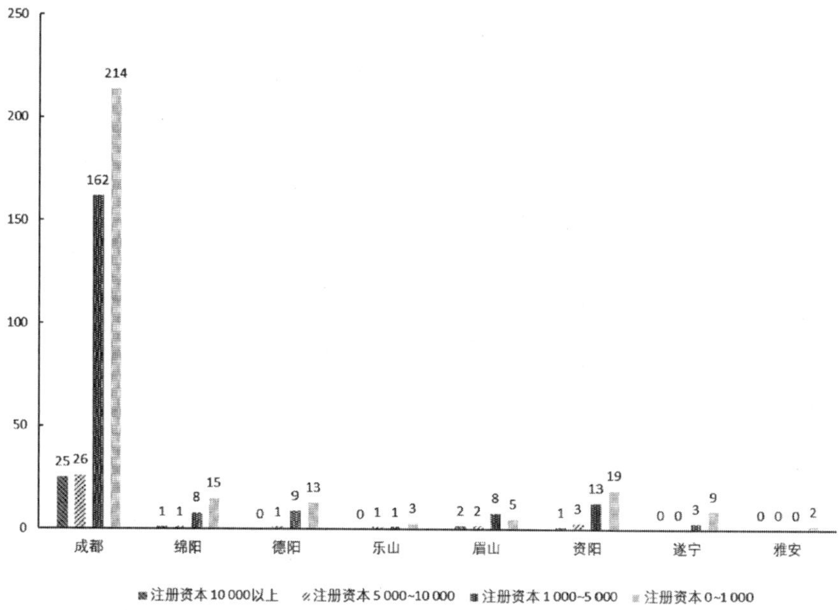

图 2-1-3　成都平原经济区各城市医疗器械生产企业注册资本情况（单位：家，注册资本万元）

表 2-1-2　成都平原经济区各城市医疗器械生产企业参保人数情况

城市	参保人数 / 人				
	500 以上	100 ~ 500	50 ~ 100	0 ~ 50	未公布
成都	9	50	46	264	59
绵阳	1	1	2	15	6
德阳	0	3	0	16	4
乐山	0	2	0	3	0
眉山	0	0	4	8	6
资阳	1	2	2	21	10
遂宁	0	0	2	7	4
雅安	0	0	0	1	1
总计	11	58	56	335	90

资料来源：根据企查查数据整理。

成都市医疗器械生产企业的备案号数量远远高于其他地级市，有 217 个，而乐山没有，雅安和遂宁仅有个位数。其他地级市都只有少量，德阳有

12 个、绵阳有 18 个、眉山有 14 个、资阳有 18 个。见图 2–1–4。

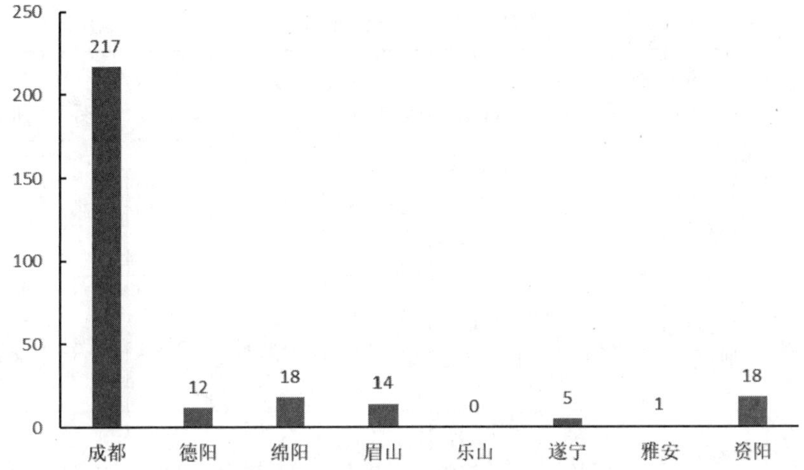

图 2–1–4　成都平原经济区各城市医疗器械生产企业备案号数量（单位：个）

除了 2023 年新增的 8 个（成都 6 个，宜宾和德阳各 1 个）外，成都平原经济区共有 1 860 个注册证数量。其中，成都市最多，有 1 600 个，其次是资阳市，有 86 个，随后是德阳和眉山，分别有 47 个和 41 个，其余城市所拥有的注册证数量较少。医疗器械生产企业在成都市的集中分布造成了其他地级市的注册证数量的稀少拥有量。见图 2–1–5。

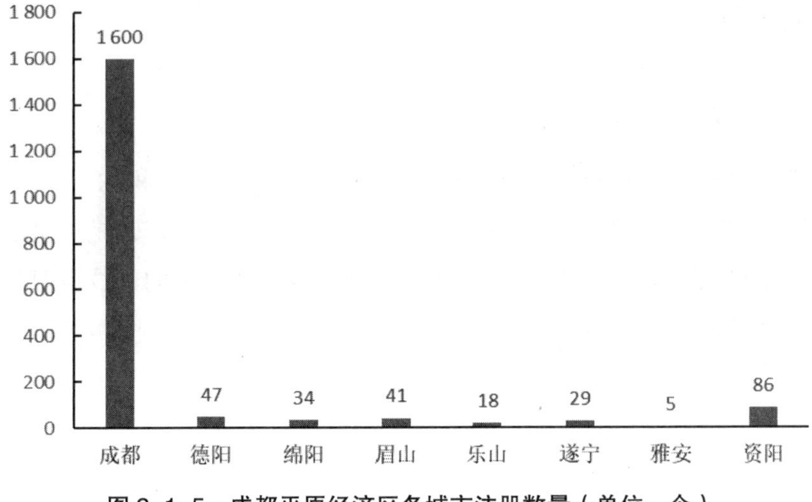

图 2–1–5　成都平原经济区各城市注册数量（单位：个）

四川省医疗器械上市企业情况见表 2–1–3。

表 2–1–3　上市企业情况

企业名称	备案或注册	注册资本 / 万元	成立日期	所属城市	所属区县	参保人数 / 人	企业规模	国标行业门类
迈克生物股份有限公司	既有注册证又有备案号	61 246.959	1994 年 10 月 20 日	成都市	郫都区	670	大型	制造业
成都天奥电子股份有限公司	只有注册证	27 495.904	2004 年 1 月 4 日	成都市	金牛区	566	大型	科学研究和技术服务业
四川侨源气体股份有限公司	只有注册证	40 010	2002 年 9 月 10 日	成都市	都江堰市	228	中型	制造业
四川千里倍益康医疗科技股份有限公司	只有注册证	4 865	2006 年 3 月 3 日	成都市	成华区	184	中型	制造业

资料来源：根据国家药品监督管理局网站和企查查数据整理。

二、川南经济区

（一）概况

川南经济区全域总面积 3.50 万 km^2，占四川省国土面积的 7.2%。一共包括了 4 个城市，分别是内江市、宜宾市、泸州市和自贡市，是川渝滇黔接合部区域的经济中心，现代产业创新发展示范区，四川南向开放重要门户，长江上游绿色发展示范区。

（二）医疗器械生产企业概况

川南经济区所拥有的医疗器械生产企业一共有 32 家，分布在各地级市的数量差距并不大。其中，泸州最多，有 10 家。川南经济区没有大规模的企业，中小规模的企业有 17 家，微型企业有 15 家。在这些企业中，只有备案号的医疗器械生产企业有 9 家，只有注册证的医疗器械生产企业有 15 家，备案号和注册证都具有的医疗器械生产企业有 8 家。见表 2–1–4。

表 2–1–4　川南经济区各城市医疗器械生产企业概况　（单位：家）

城市	企业数量	企业规模 / 大	企业规模 / 中小	企业规模 / 微	只有备案号	只有注册证 / 个	备案号与注册证都具有
内江	8	0	2	6	6	1	1
自贡	5	0	0	5	1	1	3
宜宾	9	0	7	2	2	5	2
泸州	10	0	8	2	0	8	2
总和	32	0	17	15	9	15	8

资料来源：根据国家药品监督管理局网站和企查查数据整理。

川南经济区中医疗器械生产企业数量的分布就较为均衡，泸州领先共有 10 家，其次是宜宾、内江和自贡分别有 9 家、8 家和 5 家。见图 2–1–6。

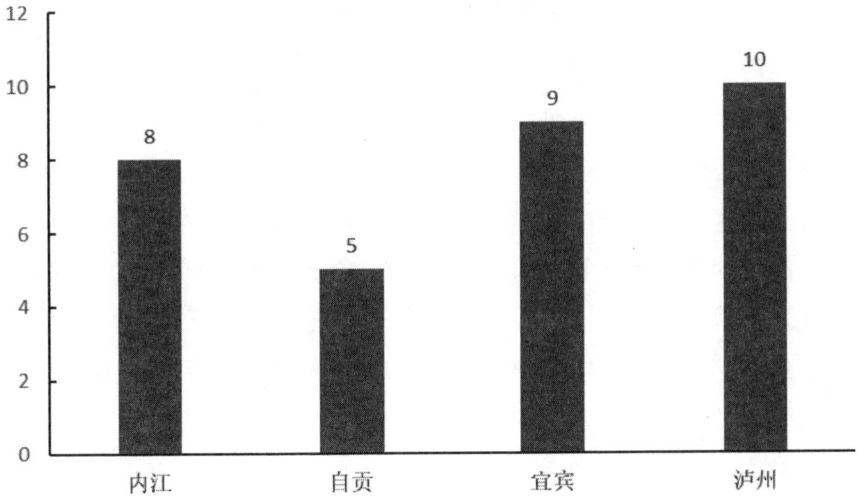

图 2–1–6　川南经济区各城市医疗器械生产企业数量（单位：家）

川南经济区的医疗器械生产企业的规模主要以中小微型企业为主，没有大型规模企业。自贡只有微型医疗器械生产企业，一共有 5 家。宜宾和泸州的医疗器械生产企业中小型居多，分别有 7 家和 8 家，微型企业两市都只有 2 家。内江则是微型规模企业居多共有 6 家，而中小型企业只有 2 家。见图 2–1–7。

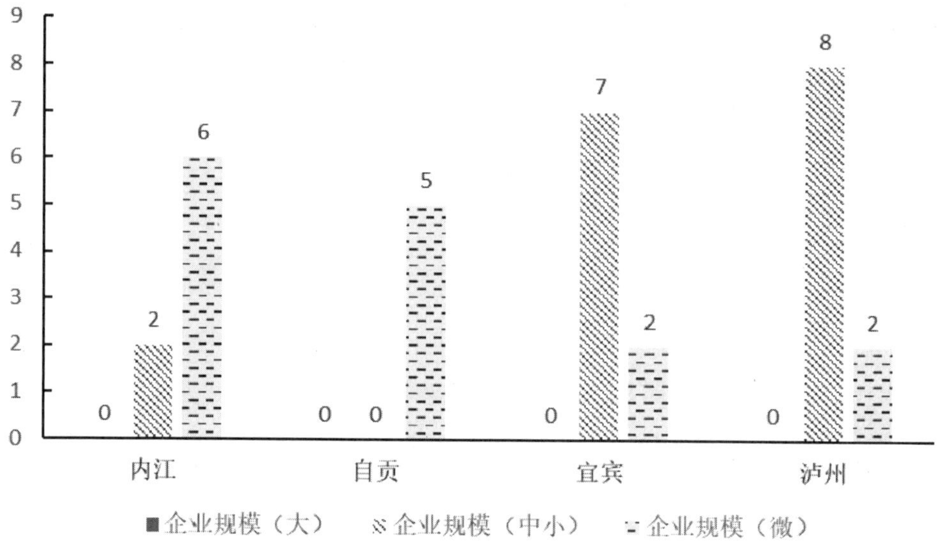

图 2–1–7　川南经济区各城市医疗器械生产企业规模分布（单位：家）

川南经济区内只生产第一类医疗器械的企业一共有 9 家，集中分布在内江，一共有 6 家；泸州没有可以生产第一类医疗器的企业。只有可以生产第二类、第三类医疗器械的企业，一共有 17 家，多数分布在泸州，共有 8 家，宜宾 5 家。在这个经济区域内，三种类型的医疗器械都可生产的企业较少，分别是：泸州和宜宾各 2 家，内江和自贡各 1 家。在各地级市的分布上，差异并不大。见图 2–1–8。

川南经济区的医疗器械生产企业多以中小微型为主，所以除宜宾外，其他三市企业的注册资本区间多在 1 000 万元以内，内江最多，有 7 家，自贡和泸州共有 4 家。分布在宜宾的医疗器械生产企业注册资本区间集中在 1 000 万 ~ 5 000 万元，共有 7 家，而自贡和内江只有 1 家，泸州有 3 家。注册资本在 5 000 万元以上的企业在自贡和内江没有分布，而在宜宾有 1 家，泸州有 3 家。可以看到在泸州的分布更为均匀。见图 2–1–9。

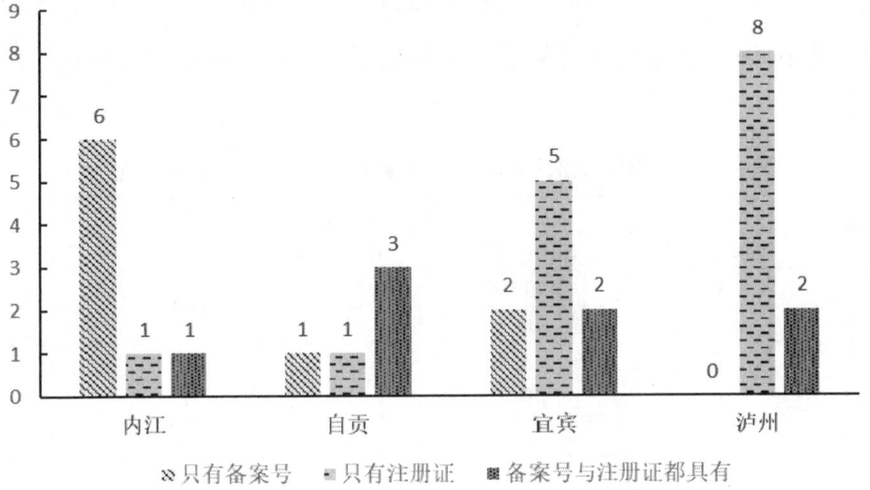

图 2–1–8　川南经济区可生产第一类、第二类、第三类产品医疗器械生产企业数量（单位：家）

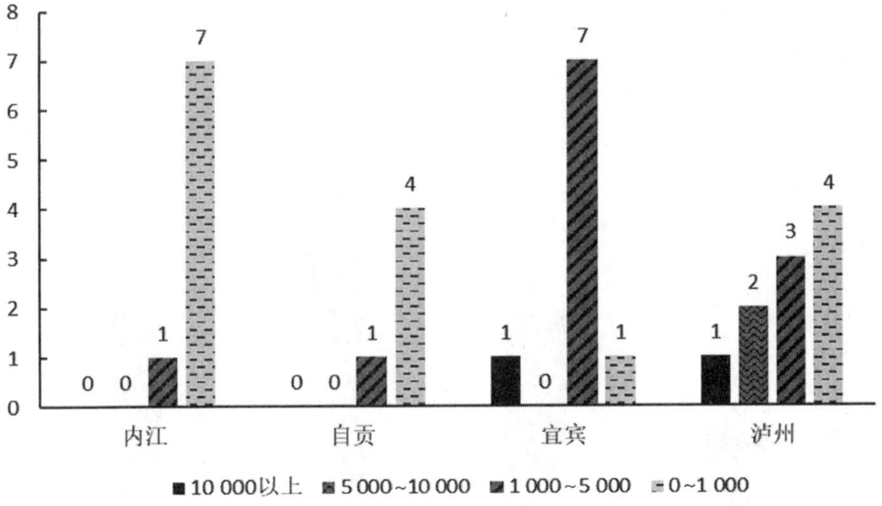

图 2–1–9　川南经济区各城市医疗器械生产企业注册资本情况（单位：万元）

除未公布参保人数的企业 11 家外，参保人数在 50 人以下的医疗器械生产企业共有 15 家，泸州有 7 家，自贡和内江各有 2 家，宜宾有 4 家。没有参保人数在 500 人以上的医疗器械生产企业，这也是由于没有大规模的企业分布在宜宾的原因。宜宾的医疗器械生产企业参保人数除未公布之外，全都在 50 以下；参保人数在 100 ~ 500 人的企业，内江有 1 家，宜宾有 3 家；参保人数在 50 ~ 100 的企业除了泸州有 2 家之外，其他城市无分布。见表 2-1-5。

表 2-1-5　川南经济区各城市医疗器械生产企业参保人数情况

城市	参保人数 / 人				
	500 以上	100 ~ 500	50 ~ 100	0 ~ 50	未公布
内江	0	1	0	2	5
自贡	0	0	0	2	3
宜宾	0	3	0	4	2
泸州	0	0	2	7	1
总和	0	4	2	15	11

资料来源：根据企查查数据整理。

川南经济区可以生产第一类医疗器械生产企业的备案号共有 16 个。其中，分布在内江的最多有 6 个，其次是宜宾和自贡有 4 个，而泸州只有 2 个。从整体上看拥有备案的医疗器械生产企业数量在川南经济区的分布还是比较均匀的。见图 2-1-10。

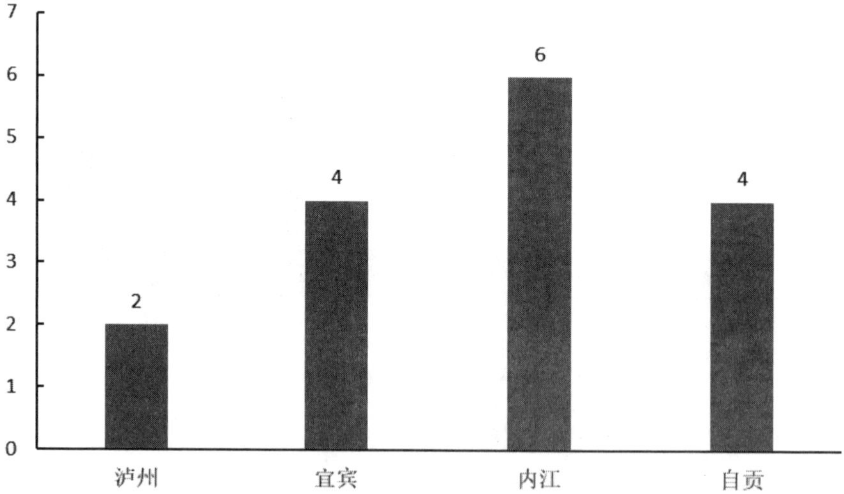

图 2-1-10　川南经济区各城市医疗器械生产企业备案号数量（单位：个）

川南经济区的各城市医疗器械生产企业注册证数量一共有 92 个。其中，泸州最多，共有 42 个，占本区域的 46%；其次是宜宾，共有 26 个占 28%；最后是内江和自贡，分别有 10 个和 14 个。从整体上看，拥有注册证的医疗器械生产企业并没有这个地区拥有备案号的企业分布均匀。还是有较小的差距。见图 2-1-11。

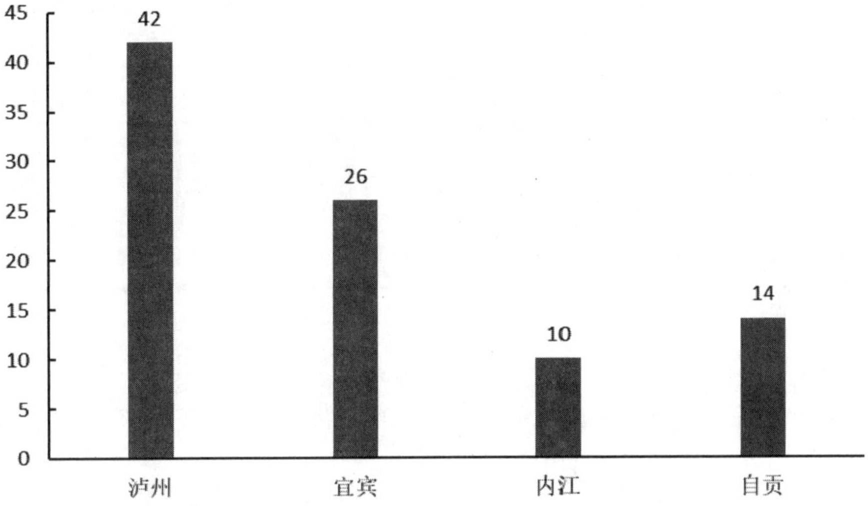

图 2-1-11　川南经济区各城市医疗器械生产企业注册证数量（单位：个）

三、川东北经济区

（一）概况

川东北经济区包含南充市、达州市、广安市、广元市、巴中市。5 个市是川渝陕甘接合部区域经济中心，东向北向出川综合交通枢纽，成渝地区双城经济圈北翼新兴增长极，高品质生活宜居地，革命老区振兴发展示范区。

（二）医疗器械生产企业概况

川东北经济区各城市医疗器械生产企业共有 44 家，企业规模分布集中在中小微型企业。其中，大规模的企业只有 1 家，中小规模和微型规模的企业分别有 20 家和 25 家。只有备案号的企业有 17 家，只有注册证的企业有

27 家，但是没有备案号和注册证都拥有的企业。见表 2–1–6。

表 2–1–6　川东北经济区各城市医疗器械生产企业概况　（单位：家）

城市	企业数量	企业规模 / 大	企业规模 / 中小	企业规模 / 微	只有备案号	只有注册证 / 个	备案号与注册证都具有
南充	18	0	5	13	6	12	0
达州	8	0	4	4	2	6	0
广安	6	0	3	3	4	2	0
广元	9	1	5	3	3	6	0
巴中	3	0	3	0	2	1	0
总和	44	1	20	23	17	27	0

资料来源：根据国家药品监督管理局网站和企查查数据整理。

川东北经济区各城市医疗器械生产企业大多数分布在南充，共有 18 家，其他 4 个地级市就较少。广元和达州分别有 9 家和 8 家，广安有 6 家，而巴中仅仅只有 3 家。见图 2–1–12。

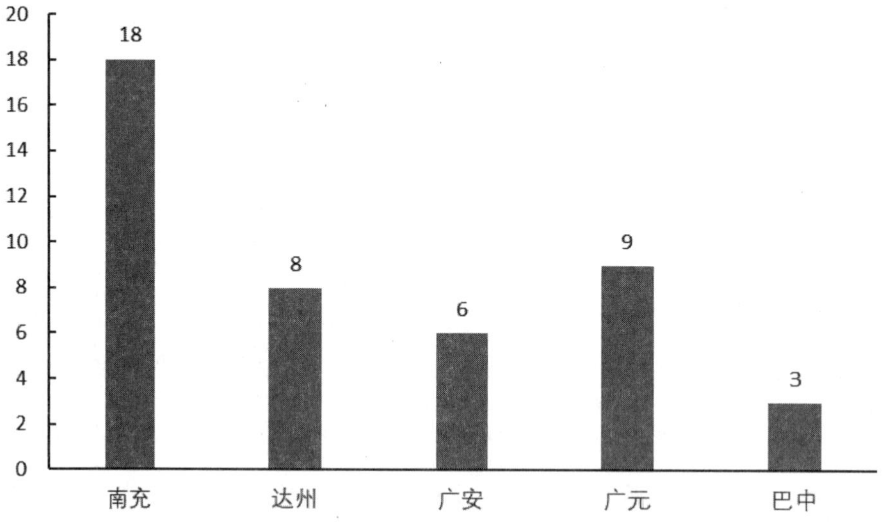

图 2–1–12　川东北地区各城市医疗器械生产企业数量（单位：家）

根据图 2–1–13 可以看到，除了广元市有 1 家大规模的医疗器械生产企业之外，其他地级市没有大规模的医疗器械生产企业，南充市的医疗器械生产企业多数是微型企业，占本市医疗器械生产企业数量的 72%；巴中只有中小规模的企业；广安、广元和达州的医疗器械生产企业规模在中小型和微型中的分布就比较平均。

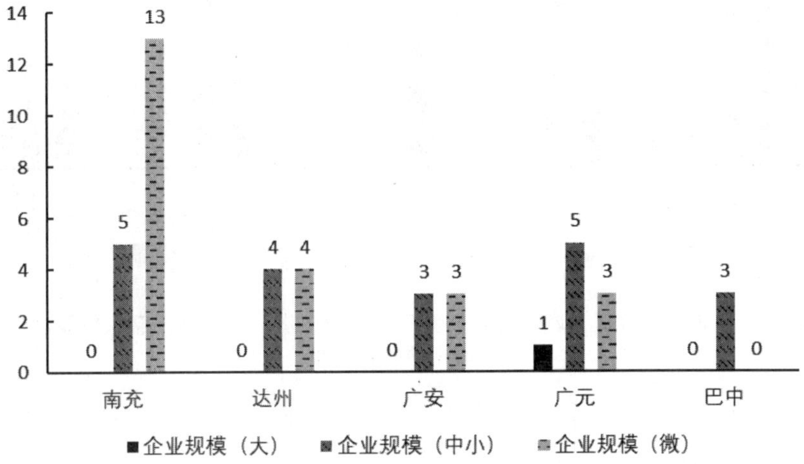

图 2–1–13 川东北经济区各城市医疗器械生产企业规模分布（单位：家）

在川东北经济区里的各地级市中，只可以生产第二类、第三类医疗器械企业的数量占据多数。其中，南充有 12 家，是只可以生产第一类医疗器械企业数量的 2 倍；广元和达州有 6 家，都比只可以生产第一类医疗器械企业的数量多；但是广安和巴中则相反。同时，在这个经济片区里没有既可以生产第一类又可以生产第二类、第三类医疗器械企业。见图 2–1–14。

由于川东北经济区中小微型企业偏多，该经济区的企业注册资本区间主要在 5 000 万元以内。其中，南充有 17 家企业几乎全部注册资本在 1 000 万元以内，这和这个地级市有很多的微型企业相关。巴中的 3 家医疗器械生产企业的注册资本全在 1 000 万 ~ 5 000 万元。广元和广安分别有 1 家医疗器械生产企业的注册资本在 5 000 万 ~ 10 000 万元。达州的医疗器械生产企业的注册资本跟企业的规模分布高度关联，在 1 000 万元以内和 1 000 万 ~ 5 000 万元的企业各有 4 家。见图 2–1–15。

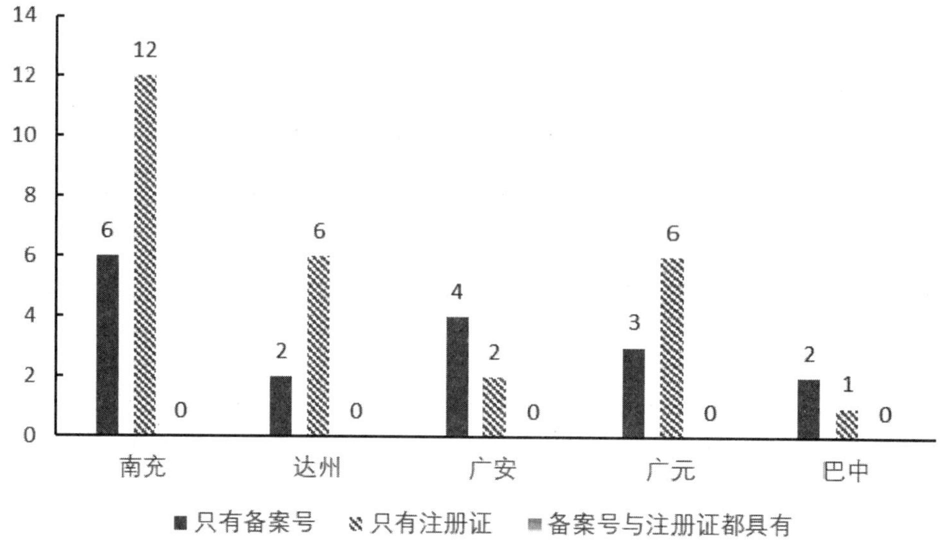

图 2-1-14　川东北经济区各城市可生产第一类、第二类、第三类产品医疗器械生产企业数量（单位：家）

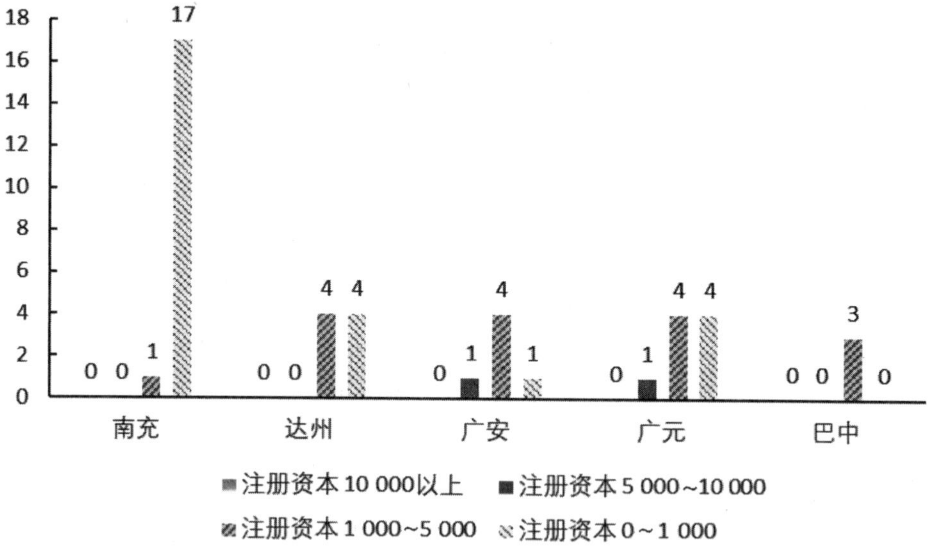

图 2-1-15　川东北经济区各城市医疗器械生产企业注册资本（单位：家，注册资本万元）

除未公布的 22 家企业外，川东北经济区的医疗器械生产企业的参保人数集中分布在 50 人以下，其余 3 个区间段各有 1 家企业。而且参保人数分布在 100 人以上的 2 家企业都是在广元注册的。见表 2–1–7。

表 2–1–7　川东北经济区各城市医疗器械生产企业参保人数

城市	参保人数 / 人				
	500 以上	100 ~ 500	50 ~ 100	0 ~ 50	未公布
南充	0	0	1	7	10
达州	0	0	0	4	4
广安	0	0	0	2	4
广元	1	1	0	4	3
巴中	0	0	0	2	1
总计	1	1	1	19	22

资料来源：根据企查查数据整理。

医疗器械生产企业备案号数量在这 5 个地级市都只有个位数。其中，南充最多，有 6 个，其次是广安，有 4 个，最后依次是广元、达州和巴中，分别有 3 个、2 个和 2 个。这也是与南充拥有医疗器械生产企业数量最多相联系的。

医疗器械生产企业注册证数量南充和广元最多，分别有 28 个和 20 个，而其他 3 个地级市只仅仅有个位数，达州有 9 个，广元和巴中分别有 3 个和 2 个。广元市医疗器械生产企业所拥有的注册证数量是远远高于备案号的。由此也可以看出，广元市的医疗器械生产企业多数是以生产第二类、第三类医疗器械企业为主的。见图 2–1–16 ~ 图 2–1–17。

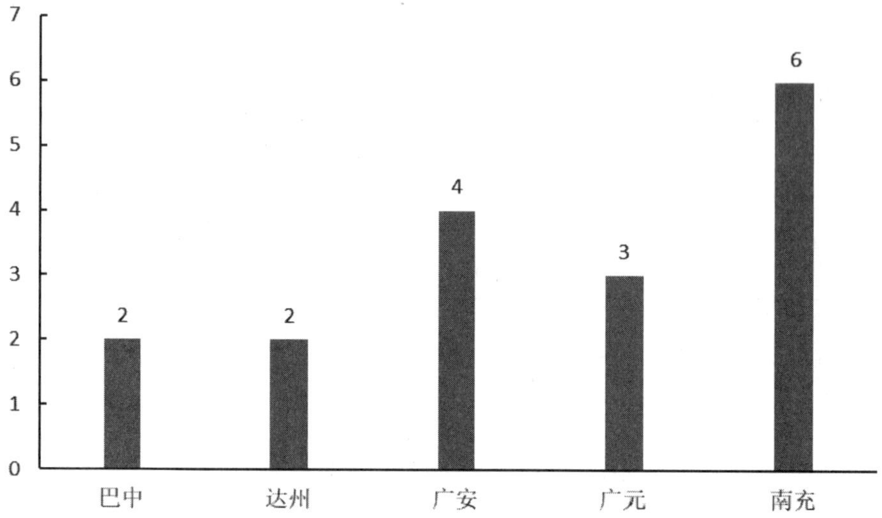

图 2-1-16　川东北经济区各城市医疗器械生产企业备案号数量（单位：个）

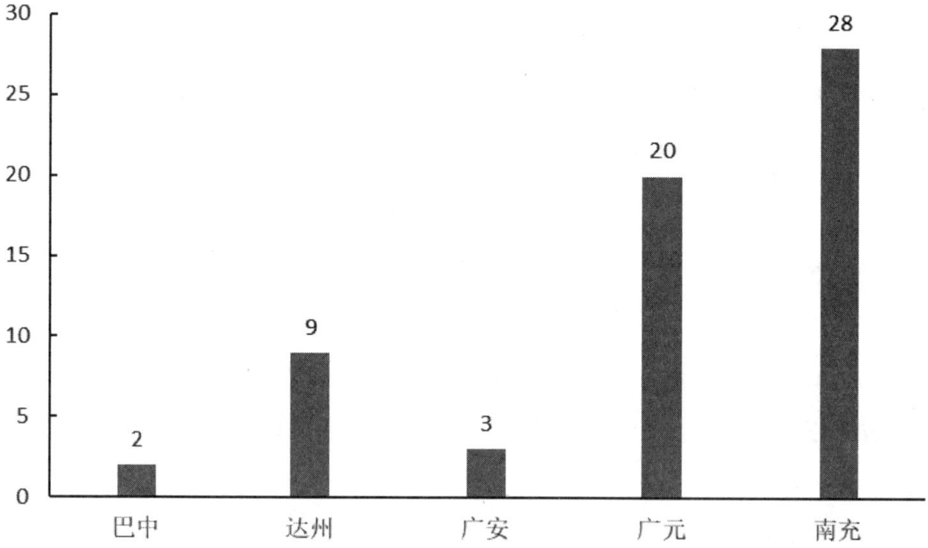

图 2-1-17　川东北经济区各城市医疗器械生产企业注册证数量（单位：个）

四、攀西经济区

（一）概况

攀西经济区包括攀枝花市和凉山彝族自治州（简称凉山州）2个市（州），22个县（市、区），区域面积约6.8万km^2，是国家战略资源创新开发试验区，全国重要的清洁能源基地，全国优质特色农产品基地，阳光康养旅游目的地。

（二）医疗器械生产企业概况

攀西经济区的医疗器械生产企业数量只有6家，有5家在攀枝花。没有大规模的企业，中小规模和微型企业各有3家。凉山州的医疗器械生产企业是中小规模的，只可以生产第二类、第三类的医疗器械；攀枝花有2家中小规模和3家微型企业，其中有4家都只可以生产第二类、第三类医疗器械，有1家只可以生产第一类医疗器械的企业。这个地区没有第一类、第二类、第三类医疗器械都可以生产的企业。见表2–1–8。

凉山州虽然只有1家医疗器械生产企业，但是这家企业的注册资本在10 000万元以上。其余企业在攀枝花，注册区间多数是在1 000万元以内，有3家企业，分布在1 000万～5 000万元、5 000万～10 000万元的企业各有1家。见表2–1–9。

表2–1–8　攀西经济区各州、市医疗器械生产企业概况　（单位：家）

州、市	凉山州	攀枝花	总和
企业数量	1	5	6
企业规模 / 大	0	0	0
企业规模 / 中小	1	2	3
企业规模 / 微	0	3	3
只有备案号	0	1	1
只有注册证	1	4	5
备案号与注册证都具有	0	0	0

资料来源：根据国家药品监督管理局网站和企查查数据整理。

表 2-1-9　攀西经济区各州、市医疗器械生产企业注册资本

州、市	注册资本 / 万元			
	10 000 以上	5 000 ~ 10 000	1 000 ~ 5 000	0 ~ 1 000
凉山州 / 家	1	0	0	0
攀枝花 / 家	0	1	1	3

资料来源：根据企查查数据整理。

除去未公布参保人数的 2 家企业，攀枝花的医疗器械生产企业参保人数都在 50 以下。而凉山州的医疗器械生产企业有 260 人，可以看出，虽然凉山州的医疗器械生产企业只有 1 个，但是它的规模较大。见表 2-1-10。

表 2-1-10　攀西经济区各州、市医疗器械生产企业参保人数

州、市	参保人数 / 人				
	500 以上	100 ~ 500	50 ~ 100	0 ~ 50	未公布
凉山州 / 家	0	1	0	0	0
攀枝花 / 家	0	0	0	3	2

资料来源：根据企查查数据整理。

攀西经济区医疗器械生产企业的数量较少，拥有的注册证数量和备案号数量也就较少，分别有 8 个和 1 个。其中，在攀枝花的企业所拥有的注册证数量有 7 个，凉山州有 1 个。只有攀枝花的 1 家企业有备案号。见表 2-1-11。

表 2-1-11　攀西经济区各州、市产品备案和注册数量　（单位：个）

州、市	备案数量	注册证数量
凉山州	0	1
攀枝花	1	7

资料来源：根据国家药品监督管理局网站数据整理。

五、川西北生态示范区

（一）概况

川西北生态示范区包括阿坝藏族羌族自治州（简称阿坝州）和甘孜藏族

自治州（简称甘孜州），是全国民族团结进步示范区、国家生态文明建设示范区、国际生态文化旅游目的地、现代高原特色农牧业基地、国家重要清洁能源基地。

（二）医疗器械生产企业概况

川西北生态示范区只有2家医疗器械生产企业，甘孜州和阿坝州各1家，阿坝州的是微型企业，只可以生产第一类医疗器械；甘孜州的是中小规模的企业，同样也是只可以生产第一类医疗器械。见表2-1-12。

表2-1-12 川西北生态示范区各州医疗器械生产企业概况 （单位：家）

州	阿坝州	甘孜州	总和
企业数量	1	1	2
企业规模 / 大	0	0	0
企业规模 / 中小	0	1	1
企业规模 / 微	1	0	1
只有备案号	1	1	2
只有注册证	0	0	0
备案号与注册证都具有	0	0	0

资料来源：根据国家药品监督管理局网站和企查查数据整理。

阿坝州的医疗器械生产企业未公布参保人数，其注册资本在1 000万元以下。甘孜州的企业参保人数有4人，其注册资本在1 000万～5 000万元。见表2-1-13。

表2-1-13 川西北生态示范区各州医疗器械生产企业注册资本情况

州		阿坝州	甘孜州
注册资本 / 万元	10 000以上	0	0
	5 000 ～ 10 000	0	0
	1 000 ～ 5 000	0	1
	0 ～ 1 000	1	0

川西北生态示范区里的医疗器械企业没有注册证，不可以生产第二类、第三类医疗器械，全都只可以生产第一类医疗器械，其数量在甘孜州和阿坝州也各有 1 家。见表 2–1–14。

表 2–1–14 川西北生态示范区各州医疗器械企业参保人数情况

州		阿坝州 / 家	甘孜州 / 家
参保人数 / 人	500 以上	0	0
	100 ~ 500	0	0
	50 ~ 100	0	0
	0 ~ 50	0	1
	未公布	1	0

资料来源：根据国家药品监督管理局网站和企查查数据整理。

六、四川省五大经济区（生态示范区）医疗器械生产企业总览

（一）企业数量

截至 2022 年底四川省的医疗器械生产企业共有 633 家，其中成都平原经济区共 549 家，占总数的 87%；其次是川南和川东北经济区分别有 32 家和 44 家，占总数的 5% 和 7%；而攀西地区和川西北生态示范区仅仅只有 6 家和 2 家。可以看出，医疗器械生产企业在四川省各经济区的分布是极不均衡的。这可能是跟当地政府的政策吸引力度、人才资源方面的相关优势以及是否形成了强大的产业集聚和集群有关。也可能跟每个地区的相关优势产业相关，比如川西北生态示范区，它的主力在畜牧业、农业、旅游业等而非制造业。见图 2–1–18。

（二）规模分布

在企业规模的分布上，成都平原经济区可以生产的第一类、第二类、第三类医疗器械的企业规模分布都遥遥领先，但是大规模的医疗器械生产企业仍然较少，多数还是以中小规模企业为主。川南和川东北经济区的医疗器

械生产企业规模分布相差无几，但是川东北经济区有1家大规模的企业。见图 2-1-19。

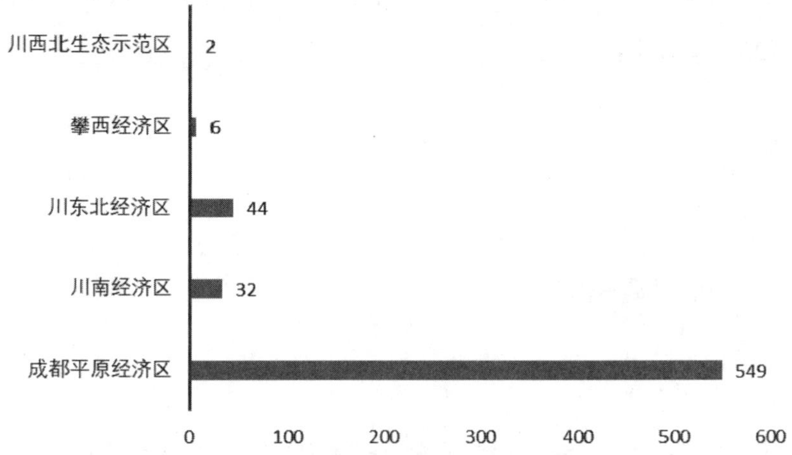

图 2-1-18 五大经济区（生态示范区）医疗器械生产企业数量（单位：家）

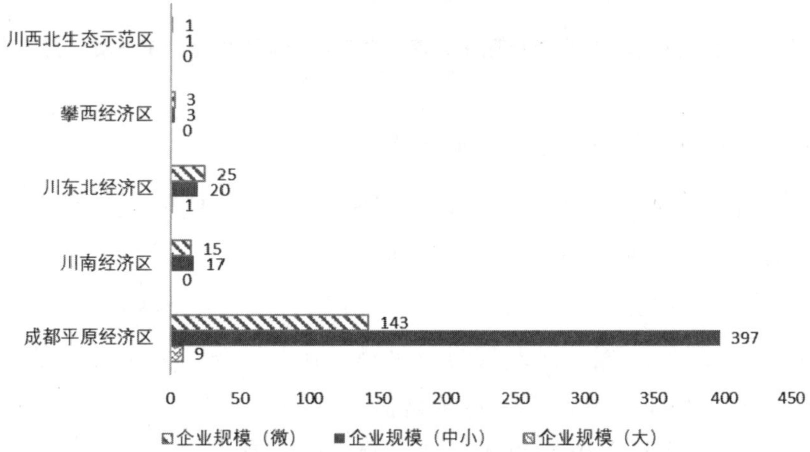

图 2-1-19 五大经济区（生态示范区）医疗器械生产企业规模分布（单位：家）

（三）可以生产一、二、三类医疗器械生产企业数量

成都平原经济区的企业数量就占据了87%，可以生产一、二、三类医疗器械的企业数量都远远高于其他经济区。除了成都平原经济区外，其他经济区的医疗器械企业都可以生产第一类、第二类、第三类产品的企业较

少，除川南经济区有 8 家企业都可以生产外，其他三个区没有。从整体上看，五大经济区（生态示范区）的企业只可以生产第二、三类的医疗器械占据多数，成都平原经济区更是高达 269 家，与此同时，都可以生产的企业也有 123 家。见图 2-1-20。

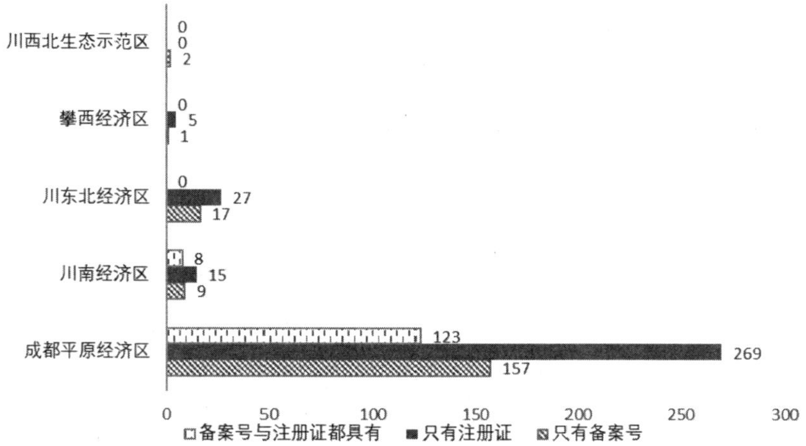

图 2-1-20　五大经济区（生态示范区）医疗器械生产企业可以生产第一类、第二类、第三类产品情况（单位：家）

（四）注册资本和参保人数的区间分布

五大经济区（生态示范区）的医疗器械生产企业的注册资本集中分布于 5 000 万元以下，成都市有 484 家。注册资本在 10 000 万元以上的企业在成都平原经济区有 29 家，在攀西经济区也有 1 家，川南经济区有 2 家。

除开 126 家未公布参保人数的企业外，五大经济区企业的参保人数集中分布在 50 人以下。在成都平原经济区，参保人数在 50 ~ 500 的企业仍然较多，但是在 500 人以上的企业只有 11 家，川东北经济区有 1 家。见图 2-1-21。

（五）拥有的备案号和注册证数量

整体上看，除了川西北生态示范区外，其他经济区都是注册证的数量远高于备案号的数量。从拥有的备案号和注册证数量来看，成都平原经济区遥遥领先，注册证数量成都平原经济区有 1 860 个，备案号数量有 285 个。见图 2-1-22。

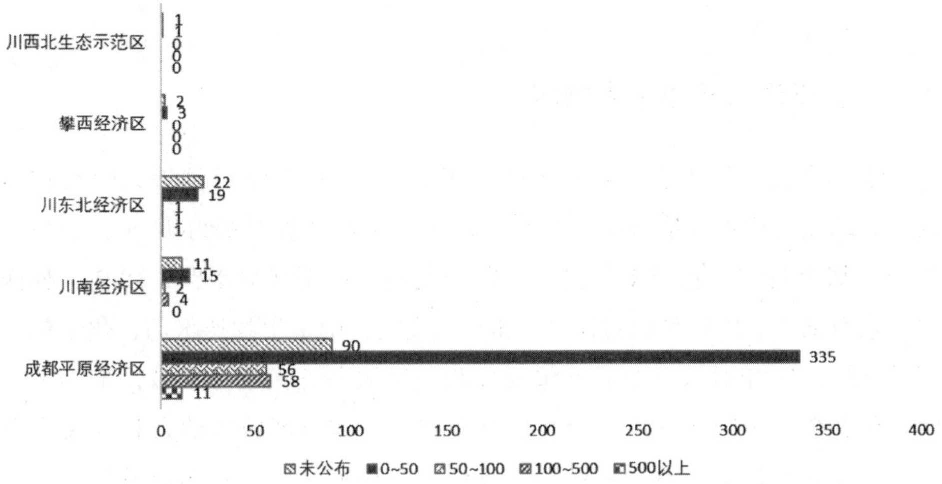

图 2-1-21　五大经济区医疗器械生产企业参保人数情况（单位：人）

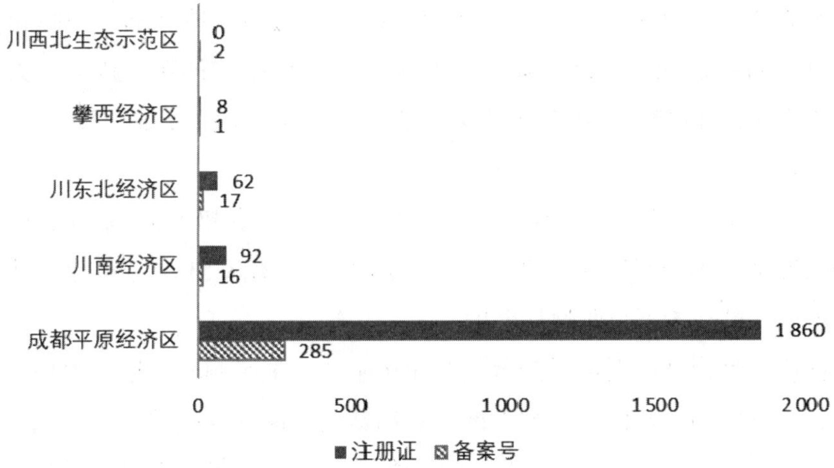

图 2-1-22　五大经济区（生态示范区）医疗器械生产企业注册证和备案号数量（单位：个）

第二节 四川省医疗器械产业的园区分布

一、成都天府国际生物城

成都高新区管委会、双流区政府于2016年3月14日签署共建合作协议，启动建设成都天府国际生物城。国际生物城规划面积约44平方公里，位于成都市西南，北至正公路、生物城北路，南至区界南路，西临区界西路，东至锦江。国际生物城围绕“5+N”模式，确定生物技术药、化学创新药、高性能医疗器械、专业外包服务和健康服务五大细分领域，推动产业链、创新链、供应链深度融合，提升现代产业体系区域带动力和发展竞争力。加快建设形成全球生物医药供应链服务中心、全球新药研发外包服务交易中心、药物及医疗器械国际临床研究服务中心、生物技术药物全球外包生产中心、天府国际医疗中心等五大中心功能，努力建设成为全球生物医药创新创业人才栖息地、世界级生物医药创新与智造之都、国际化健康生活魅力新城、融入全球产业链高端和价值链核心的创新实践区。力争到2035年实现全口径总产出超过5 000亿元、新增人口超过20万人、企业超过3万家。

截至目前，生物城累计落户项目200个，总投资超1 200亿元，聚集诺奖团队5个，国家级院士团队4个，高层次人才团队51个，产业人才超过10 000人。推动5家企业顺利上市。

目前，生物城已引进国药蓉生、苑东生物、汇宇制药、迈克生物、欧林生物、一桥生物、威斯克、纳米维景等创新药、医疗器械重大产业化项目；华西海圻、先导药物、查士利华、欧陆集团、赛默飞等重大科创平台项目；华西国际肿瘤治疗中心、四川省妇女儿童中心、京东方数字医学中心等高端健康服务项目，构筑起面向全球、服务全球、融入全球的国际化生物医药产业生态圈。

此外，生物城已打造总规模超70亿元的“1+2+X”产业基金生态群，并通过“Bio品种贷”等8个创新金融产品，有效解决了不同发展阶段企业的融资难题，充分发挥了基金带动产业发展的关键作用；聚力创新驱动发展，生物城构建了覆盖全生命周期的109个科研型功能平台，为企业提供完善的“一站式”创新服务体系，帮助企业加速实现研发到应用的成果转化，并成功推动成都成为了国内第四个具备生物制品保税进口服务能力的口岸。

二、成都未来医学城

成都未来医学城规划范围面积14.79平方公里，规划开发面积6.52平方公里，落位于成都东部新区南端西侧紧临三岔湖，东距天府国际机场12公里，北距三岔TOD约8公里，南侧以自然水系为界，园区内丘谷相依，河湖相拥，生态本底优渥。未来医学城坚定实施建圈强链战略，对标全球先进医学园区，构建产业生态圈，重点围绕新技术、新产业、新业态、新模式，精准锁定先进医疗技术、高性能医疗器械、健康管理与高端医疗消费三大专业领域、12个细分赛道。

未来医学城以病人需求为中心，临床医疗运用为创新原点，赋能国家医学中心创新成果就地转化，构建“医”“教”“研”“产”全链条创新发展体系，围绕生命健康领域的“国之重器”——国家医学中心，在1平方公里范围内，重点打造了4大功能平台，围绕临床需求、开展临床试验、提供应用场景的四川大学华西东部医院；发挥学科交叉融合优势，提供国际化和专业化人才支撑的四川大学华西东部医学院；与国家医学中心一体化发展，为临床医学研究提供实验室验证的天府锦城实验室；为临床研究成果提供工程化、产业化服务，提升科技成果就地转化率的先进医疗成果转化中心。

未来医学城以医疗为核、转化为魂、产业为翼，以健康消费新生活场景构筑城市设计和建筑形象为本底，立足于打造世界级未来医疗技术医教研产创新转化示范区、最具活力医疗健康创新创业人才栖息地、国际化高端医疗消费目的地。

三、成都医学城

成都医学城划分 A、B 两区，规划形成“一区两翼”格局。A 区规划面积 27.8 km^2，以药明康德为核心打造高品质智造空间。B 区规划面积 5.5 km^2，以三医创新中心为核心打造高品质科创空间。

成都医学城在全国率先提出“三医融合”发展理念，聘请国际知名机构麦肯锡和 BCG 编制产业功能区发展规划；准确把握全球健康产业五大发展趋势，确定 8 个产业方向 17 个细分领域，推动“三医 + 大数据 /AI”集群成链。

成都医学城坚持把创新作为引领高质量发展的第一动力，把高品质科创空间作为创新的第一阵地，促进创新链交融延伸和生态圈共生共荣。

近年来，成都医学城美誉度、知名度不断提升，先后被评为优秀省级开发区、省级高新技术产业园区、四川省院士（专家）产业园，被德勤、生物谷评为“中国生物医药最具潜力园区”“中国生物医药最具特色园区”，被 CHC（稻君医疗咨询）、中信证券评为“中国最佳医疗健康产业园区”“中国最佳医疗健康产业园区 TOP 10”，荣获“2020 十大最具投资价值园区”“2020 投资发展环境质量十佳园区”称号，三医研发小镇被国家发改委评选为“第二轮全国特色小镇”，2022 年 1 月，入选国家新型工业化产业示范基地。

成都医学城三医创新中心（1 ～ 4 期）位于温江区永宁街道，成都医学城 B 区核心区范围，属于清水河高新技术产业走廊温江永宁片区，项目临近成都四环路（绕城高速），交通便捷，区位优势明显。重点引入医疗器械、精准医疗、生物技术药、现代中药、创新化学药、健康管理等产业，主要聚集医学研究、分子影像、大数据、个性化治疗等方向的产业企业，构建以总部基地、创业苗圃、产业孵化器、产业加速器、特色医疗区组成的生物医学产业生态链园区，吸引生物医学相关联企业入驻，为企业提供政务、融资、人才、行业信息、技术指导和专业公共实验室平台的六大服务，助力企业发展。其中三医创新中心一、二期由本地民营企业成都连康投资有限公司投资运营，三医创新中心一、二期由成都连康投资有限公司投资建设和专业化运营，三期由九联投资自行运营，四期委托外部机构实施专业化运营，是成都市科技局评定的高品质科创空间专业化运营机构。三医创新中心一、二期占地 189 亩*，载体面积 32 万 m^2，总投资 25 亿元，其中一期定位精准医学产业园，占地 87 亩，规划建筑面积约 15.6 万 m^2；二期定位智慧医疗产业园，占地 102 亩，规划建筑面积约为 16.7 万 m^2，二期新规划有 11 万 m^2 高品质独栋定制产业载体，由 3 500 m^2 独栋 BHI 企业总部、7 500 m^2 独栋 BIO 研发中心、高端医疗服务区、特色商业街区组成。自 2013 年至今，累计入驻 160 多家中小企业，其中包括小巨人企业、总部上市企业、高新技术企业、专精特新中小企业、科技型中小企业，新经济示范企业、创新型中小企业。截至目前，园区已获得“国家级科技企业孵化器”“国家级小型微型企业创业创新示范基地”“成都市级创业苗圃”“成都市专业特色楼宇”“三医检验检测服务外包公共服务平台（成都市 66 个功能区中 8 大服务贸易公共平台）”“2017 十大蓉漂之家”“2019 菁蓉创孵之星”“全国 100 家特色空间”“成都市产业贡献特别奖”、科技部技术创业协会颁发的 2021 年度“科技创业孵化贡献奖”、成都市人社局 5 部门授牌“2021 年成都市创业（孵化）基地”等荣誉称号，是成都市专业医学标杆园区。三医创新中心三、四期由地方国有公司九联投资建设，三期定位中国西部生物医学创新中心，占地 111.7 亩，建筑面积约 19.7 万 m^2，由九联投资自行管理运营，四期定位中瑞（成都）低碳生物医学产业园，占地 72 亩，建筑面积约 13.6 万 m^2，委托外部机构运营。

四、成都国际医药港

成都国际医药港于 2014 年 1 月 10 日落户致和镇，该镇有优越的地理位

*1 亩＝1/15 公顷。

置，是彭州市向南发展的主区域，也是彭州市的工业开发区所在地，同时也是成都市半小时经济圈的发展区域。境内有两个大型水力发电站——太平电站（地处棋盘工业区）、致和电站（地处彭州工业开发区），装机总容量7 070千瓦，年发电量3 200万千瓦时。致和境内有大小变电站2个，为工农业和第三产业的发展提供了能源保障。天然气管道铺设到位，能保证企业发展用气。

2014年落户的成都国际医药港总投资60亿元，总占地1 120亩，总建筑面积168万平方米。项目全部竣工并投入运营后，预计年营业额将达到600亿～800亿元，年上缴税金约12亿元，可提供就业岗位10 000余个。该园区一共有87家企业。

五、电子科大科技园

电子科大科技园（天府园）（以下简称“园区”）是推动电子科技大学科技成果转化、创业企业孵化、创新创业人才培养的科技创新平台，是成都市校院企地合作的先行者和开拓者。园区位于天府新区双流辖区，占地460亩，规划建筑面积60万平方米，总投资约40亿元，主要布局集成电路、通信与物联网、人工智能与大数据等高技术产业，构建集创业苗圃、孵化器、加速器、产业园为一体的完整科技产业的生态链，吸引以电子信息产业关联性企业为主的科技创新企业入驻，打造中国一流的电子信息科技园。

（一）一校三园

自2001年科技部、教育部批复电子科技大学成立“国家大学科技园”以来，电子科大科技园遵循“一校多园”战略，在成都的东、西、南三点布局。1998年沙河科技园，2008年西区科技园，2015年电子科大科技园（天府园），三园并举，共襄发展。

（二）发展模式

园区采取“一体两翼”运营模式。“一体两翼”中的“一体”即指“载体建设、招商与运营”，两翼分别是“产业投资”与“科技服务”。载体建设、招商与运营：围绕“开放式创新”和“创造交流的空间”，将建筑融入优美的环境中，吸引全世界的顶级人才到园区工作，创造一种开放的创新型工作环境。产业投资：对接学校的技术成果和社会资本，搭建资本与技术有机结合的平台，以股权投资推动成果转化。科技服务：根据园区产业特性和实际需求，我们构建起公共技术平台、大企业服务、金融资本、人才培育、政策扶持、品牌服务、综合保障七大服务体系，为园区产业蓬勃发展保驾护航。

（三）园区荣誉

截至目前，园区已先后获得国家级科技企业孵化器、国家小型微型企业创业创新示范基地、四川省技术转移示范机构、省级科技企业孵化器、成都市专业（特色）楼宇等品牌及荣誉称号 30 余项。

（四）服务平台

园区通过七大服务平台助力企业高速发展。公共技术服务平台助力企业产品化和成果转化、PCB 布线、制版芯片、元器件代理、分销射频微系统集成、射频芯片封装、测试筛选 SMT 贴片；大企业服务平台促进大中小企业融通发展、产业技术研究院产学研联合实验室技术对接、市场对接、上下游产业链对接；产业活动人才培育建设平台助力创新人才集聚高地、产教融合基地、联合实践基地、定制化校园招聘实习、实训、定向培养；科创金融“服贷投”为核心的基础金融体系为企业提供债权服务、科创贷、天使投资 VC 投资、FA 服务；推进政策落地，助力企业发展，通过资质申报、项目申报、人才补贴、研发资助、场地补贴实现政策扶持；品牌服务协同提升企业品牌效应，包括媒体发布、媒体对接、品牌咨询等内容；综合服务实现企业“安居”、员工“乐业”，通过工商注册、财税服务、法律咨询、知识产权、资质办理、双创活动、物业活动等不断完善生活配套设施。

六、中国牙谷产业园

中国牙谷产业园位于资阳高新区雁南湖片区，距天府国际机场 18 km、15 分钟地铁到达，距成都主城区 78 km、22 分钟高铁直达，距重庆主城区 195 km、50 分钟高铁直达。是资阳市贯彻落实四川省委、省政府决策部署，深化供给侧结构性改革、推动经济高质量发展的重点项目。坚持“政府引导、市场运作”，围绕“培育创造口腔民族品牌”发展目标，以“产学研销医养”全产业链为内涵，以“口腔 +”医疗器械、生物医药产业为外延，构建国际口腔全链式生态系统。按照产业集聚区、科教研发区、国际交流区、生活配套区、医康养综合体“一体四区”功能板块布局，全力推进“一园一校一馆一镇”项目建设，打造国内领先世界一流、不可复制不可替代的“产学研销医养”全链口腔基地。

中国牙谷产业园紧紧围绕“审批最快、成本最低、服务最优”，推动口腔营商环境优化改革，打造全国最优口腔产业营商环境。对外建立“检验检测联盟”，对内建强检测平台，搭建有源 + 无源口腔医疗器械检测平台；畅通审评审批绿色通道，实现一类产品备案办事不出园、二类产品审评审批不排队、三类产品沟通协调畅通办。从免、奖、补三个方面降低企业开办成本，免去企业检验检测、注册认证、厂房租金等，发放产品注册奖励、科技创新奖励、升规入库奖励等，给予装修、展会、要素等补贴。与韩国牙科器材产业协会、国家卫健委国际交流与合作中心等机构建立合作，构建“全球伙伴 + 国际平台 + 领军企业”发展模式。

中国牙谷产业园从无到有、从有到优，实现“一年起步、三年建成、五年成谷、六年蝶变”，已成为全国最大的口腔医疗器械产业集聚地。规划建设面积 6 km^2，规划和建设面积全球第一；引进国内外知名口腔企业项目 100 余个，产品涵盖口腔设备 4 大类 60 余个、口腔材料 5 大类 100 余种，爱齐、盈纬达、博恩、新骅光等 40 余户企业 200 余个产品投放市场，产业链完整度全球第一；隐形矫治器年产量达 5 500 万片，居全球第一。2022 年实现产值 30 亿元，同比增长 50%。预计到 2025 年，入驻企业超过 200 户，产值超过 100 亿元，培育民族品牌企业超过 50 户，上市公司 3 户以上，全力打造全球口腔产业“第四极”。

七、秦巴生物医药产业园

秦巴生物医药产业园始建于 2009 年，地处广元经济开发区盘龙镇，位于广元市主城区西部，是川陕甘接合部唯一生物医药园区。园区东依广元动车快运物流基地（广元动车所），北靠天曌山国家森林公园，南接陵宝二线，西临盘龙空港物流产业园和石龙工业园，总体规划面积约 9.6 km^2，已建成面积约 3.6 km^2。距离广元市城区 4 km，距广元火车站 5 km，距广元机场 1.5 km，距 G5 京昆高速陵江出口不到 1 km，西二环东西贯通园区。

（一）园区发展目标

园区按照“园在山中、厂在林中、和谐共融”的理念，在高效集约利用土地的情况下，依托 AAAA 级旅游景区天曌山国家森林公园良好的自然生态环境，充分利用高铁快运物流基地和西二环的交通优势，提出了以发展“五药”产业链为主（道地中药材种植、医疗器械制造、医药衍生品、医药贸易、医疗康养），加以检验检测、科技研发配合为辅的全产业链发展战略规划思路。到 2025 年，园区将努力建成中国第一个“山水园林式生物医药产业示范园区”和“中国生物医药产业最具特色园区”，全力打造百亿级生物医药产业集群。

（二）园区入驻企业情况

园区已入驻企业 60 余家，其中豪运药业、国药集团、中方制药等龙头企业发展运行良好。园区企业获得国家药品批文品种 300 余个，已形成了“清脑复神液”“布洛芬缓释悬浮液”“蚕茸柱天胶囊”“阿昔莫司胶囊”等一批骨干医药品种。自去年成立指挥部以来，通过摸清广元及周边道地中药材资源基本情况，全国制药企业原材料需求状况，制作了招商作战图，以药材加工、医药制造、医疗器械、医药贸易、医药康养等为目标实施精准招商，成功引进了长元医疗器械生产、济广制药中药提取、浙江盛凯医用耗材生产等项目 15 个，总投资 21.34 亿元。其中，招引医药和医疗器械产业项目 10 个，年内开工建设 10 个，竣工项目 8 个，实现了园区自 2012 年以来近 10 年来生物医药产业项目“零引进”的突破。

（三）园区现有可利用土地和厂房情况

一是园区有可直接利用国有存量土地约 116 亩，可间接利用土地（企业闲置用地）210 余亩，正式报征土地 310 余亩。二是园区已建有标准化厂房面积约 15 万 m^2，企业租用厂房可实现“拎包入住”。目前，园区正大力实施园区拓展计划，加快推进基础设施配套项目建设，计划在 2023 年完成园区道路建设 2.5 km，职工倒班房 8 000 m^2 建设，标准化厂房 2 万 m^2 建设。

（四）服务保障措施情况

按照“领导牵建、政园合一、扁平管理、聚力攻坚”的思路，创新“一个发展规划、一张产业链规划培育图、一个项目和产业攻坚行动总指挥部、一个链长制、一个研究院、一个项目攻坚战斗堡垒、一个考核机制”的“七个一”产业推进机制，实行领导力量、工作力量向园区项目聚集，运用系统性思维推动生物医药产业高质量发展。一是专人服务。指挥部落实专人组成全程代办工作专班，全天候、全过程为招商项目落地提供证照代办服务。二是制定清单。积极对接区级部门，为每个招商项目量身定制代办事项清单，细化工作方流程，明确办理时限。三是上门服务。按照政府全过程代办、驻企服务要求，主动登门为企业提供“妈妈式”服务，上门帮办、跟踪督办，全力营造亲商、爱商、护商的新型政商关系。目前，园区道路破损、道路清扫保洁不及时、劳资矛盾纠纷化解不及时等一大批长期影响企业生产和园区环境的问题得到化解，园区企业生产经营外部环境得到根本性改善，亲商、爱商、护商的良好营商环境氛围已形成。

八、川东北（南充）医药产业园区

川东北（南充）医药产业园区位于南充市现代物流园区（南充市临江新区高坪片区），是2020年经南充市政府批准打造的战略性新兴产业园区，占地总面积120亩，建筑面积12万m^2，修建了办公场所、厂房、物流中心、体检中心、康复中心，以医学检验和医疗器械等核心产业为载体，配套设施包含食堂及员工宿舍。

（一）聚焦产业

园区建设聚焦于医学检验，医疗器械，体检、康复中心，物流配送和健康产业链等五大方向。目前，园区拟引进以国药集团四川南充医疗器械有限公司、金域医学南充检验中心等为代表的一批地区行业领先企业，形成以供应链管理、销售、办公、储存于一体的产业集群。

（二）发展愿景

致力于打造现代物流、仓储、集配、医疗大数据（医药、医保、医疗）信息中心。

（三）项目优势

园区拟定于2024年6月开始运营，拥有多栋适合健康产业的厂房载体，预计承载企业上百家，总产值达100亿元。园区位置交通优势明显，30分钟交通圈可达物流港口及高坪机场。

第二章　四川省重点产业

第一节　医用影像诊断设备及治疗设备市场状况及发展趋势

医学影像设备是指通过借助于某种介质（如 X 射线、电磁场、超声波等）与人体相互作用，把人体内部组织器官结构、密度以影像方式予以表现，供诊断医师进行判断，从而对人体健康状况进行评价，在临床诊疗中具有不可或缺的作用。临床常用的医疗影像设备包括 X 射线成像设备、超声诊断设备、核医学以及磁共振成像设备等。

现代医学影像设备可分为两大类，医学影像诊断设备和医学影像治疗设备。

一、市场基本状况

医学影像设备市场是医疗器械行业中技术壁垒最高、市场规模最大的细分市场之一，2021 年全球市场规模达到 458 亿美元。随着医学影像设备技术的持续发展，相关产品的推陈出新以及产品性能的更新迭代，使医学影像设备诊断的效率和准确性不断提高，临床诊断对影像设备的需求不断增长，2022 年市场规模近 500 亿美元。

自2012年医改以来，国家相关部门连续出台了一系列的医疗行业相关政策，旨在优化医疗服务水平、鼓励分级诊疗实施、推动医疗资源下沉，这为影像设备销售开辟了新的市场空间。2021年我国医学影像设备市场约为523.7亿元，在市场需求及政策红利的双轮驱动下，2022年这一市场超过550亿元。

目前全球医学影像行业呈现GE医疗、飞利浦医疗、西门子医疗“三巨头”竞争的格局；国内医学影像行业由上海联影医疗科技股份有限公司、深圳迈瑞生物医疗电子股份有限公司领跑；四川省医学影像行业有奥泰医疗系统有限责任公司、成都利尼科医学技术发展有限公司、明峰医疗系统股份有限公司等代表企业。

目前较为常用的医疗影像诊断用设备按照影像信息的载体来区分主要有以下几种类型：

（一）X线设备

X线设备包括常规X线设备和X-CT设备，显示的是脏器的形态，对于脏器功能和动态方面的检测较差，此类设备主要有常规X线机、数字X线机以及X-CT设备等。

电子计算机X线断层扫描（CT）是利用X射线对人体进行断层扫描后，由探测器收到的模拟信号转变成数字信号，再经由电子计算机计算出每个像素的衰减系数后重建图像而显示出人体各部位的断层结构的装置。

计算机X线摄影（CR）是将X线摄像信息记录在image plate上，替代了胶片，可重复使用，也不需要冲印，所以也成了干板。干板通过激光读取装置读取，由计算机精确计算处理后得到的高清数字图像转换，在荧屏上显示出灰阶图像，有利于观察不同的组织结构。CR的诞生避免了胶片冲印带来的环境污染、降低了成本、大大提高了图像清晰度。

直接数字化X射线摄影（DR）是利用电子技术将X线信息的其他载体转变为电子载体，X线摄像信息被探测器直接接受并转化成数字化信号，获得X线衰减值的数字矩阵经计算机处理后重建成图像。CR图像数据可利用计算机进行进一步的处理、显示、传输和储存且分辨率高于普通 X 线照片，诊断信息丰富，能更有效地使用诊断信息、提高利用率及提升 X 线摄影检查的诊断价值。

2020 年 CT 市场规模达到约 173 亿元，同比增长 46.85%。2020 年《新型冠状病毒肺炎诊疗方案（试行第七版）》明确肺炎影像学特征作为诊断标准，通过 CT 影像进行新冠病毒筛查成为医院诊断的必要方式，促使中国 CT 市场迎来较快增长。2021 年中国 CT 市场规模达到约 158.4 亿元，2022 年达到 174.5 亿元。见图 2-2-1。

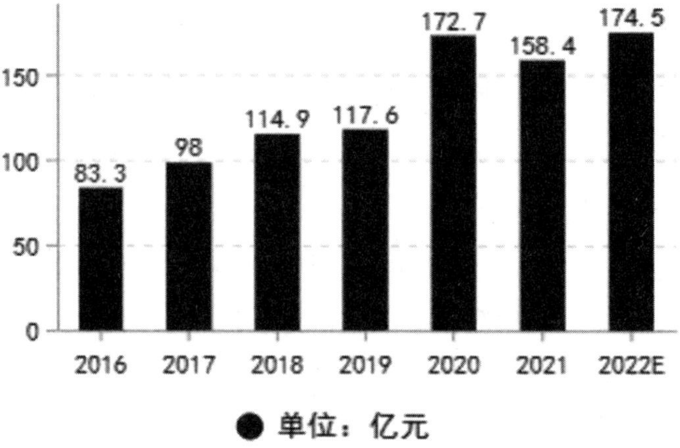

图 2-2-1　2016—2022 年中国 CT 设备市场规模预测趋势图

数据来源：中商情报网（www.askci.com）。

卫健委 2018 年发布《关于发布大型医用设备配置许可管理目录（2018 年）的通知》，将 PET/CT 由甲类设备调整为乙类设备，配置证的审批权由卫健委下放到省级卫生部门，医疗机构配置 PET/CT 具有较大的自主选择权，全国装机量有望较快增加，中国 PET/CT 市场仍处于发展早期，整体增长率较高。

2021 年中国 PET/CT 市场规模约为 16.1 亿元，同比增长 21.97%，2022 年中国 PET/CT 市场规模达 19 亿元。见图 2-2-2。

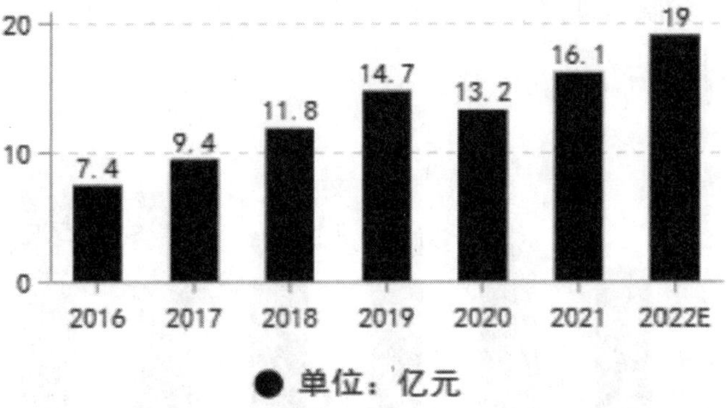

图 2-2-2　2016—2022 年中国 PET/CT 设备市场规模预测趋势图

数据来源：中商情报网（www.askci.com）。

（二）磁共振成像设备

磁共振成像（MRI）是利用射频电磁波对置于磁场中含有自旋不为零的原子核的物质进行激发，发生磁共振，用感应线圈采集磁共振信号，按一定数学方法进行处理而建立的一种数字图像。其具有能完全自由地按照要求选择层面；非常清楚地显示脑灰质与白质；较清晰的反映受检体生理、生化特征信息；能提供关于内部器官或细胞新陈代谢方面信息；无电离辐射等优势。缺点是与 X-CT 相比成像时间较长、植入金属的病人，特别是植入心脏起搏器的病人不能够进行 MRI 检查；设备购置与运行的费用较高。

近年来，随着全球主要国家不断加大 MRI 领域的技术与研发投入，系统的新性能不断提高，应用领域不断拓展，市场规模持续扩大。中国 MRI 市场规模从 2017 年的 22.9 亿美元增长至 2020 年的 25.5 亿美元，年均复合增长率达 3.65%，2022 年达 30.1 亿美元。见图 2-2-3。

（三）超声设备

诊断用超声设备可分为利用超声回波的 USG 设备和利用超声透射的超声 CT 两大类。USG 设备中根据显示方式不同可分为 A 型（幅度显示）、B 型（切面显示）、C 型（亮度显示）、M 型（运动显示）、P 型（平面目标显示）等。目前医疗机构使用最多的是 B 型 USG 设备，俗称 B 超。临床上

USG 设备在甲状腺、乳房、心血管、肝脏、胆囊、泌尿科以及妇科等方向的诊断有其独到之处。

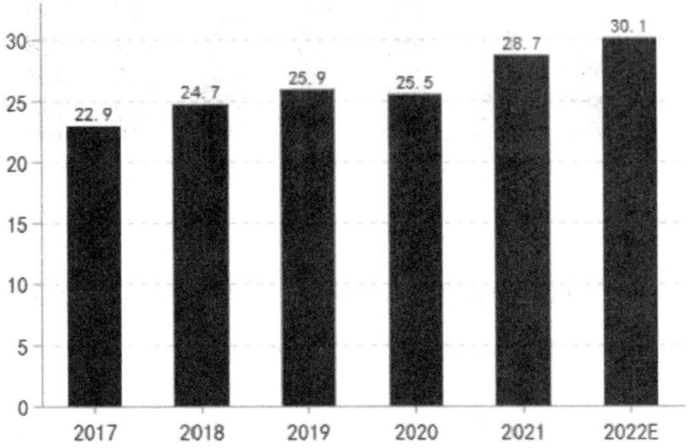

图 2-2-3　2016—2022 年中国 MRI 市场规模预测趋势图（单位：亿美元）

数据来源：中商情报网（www.askci.com）。

一方面，人口老龄化、健康意识提升带来需求增长；另一方面，超声技术与其他医学影像融合、应用场景技术革新等创新因素开辟出新的市场空间。2020 年中国超声设备市场规模为 99.2 亿元，2030 年预计将增长至 216.2 亿元。见图 2-2-4。

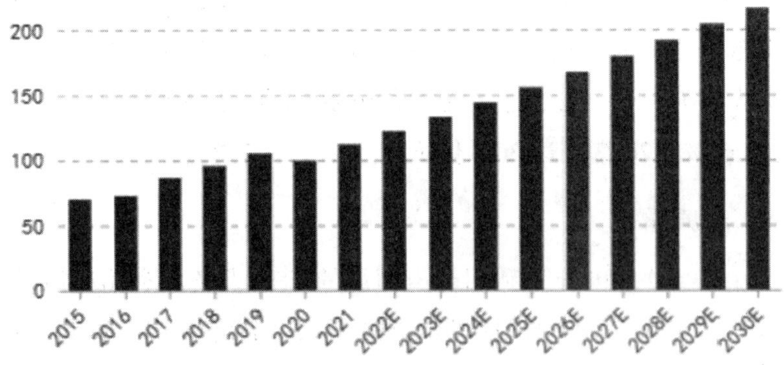

图 2-2-4　2015—2030 年中国超声设备市场规模及预测图（单位：亿元）

数据来源：中商情报网（www.askci.com）。

（四）核医学设备

核医学设备是通过测量人体某一器官或组织对标记有放射性核素药物的选择性吸收、储聚和排泄等代谢功能，实现人体功能成像。主要有 γ 相机、单光子发射型 CT（single photon emission CT SPECT）和正电子发射型 CT（positive emission CT，PET），与 X 线成像口服硫酸钡的区别在于核医学成像只需极低浓度的放射性物质，相比之下 X 线成像具有更高的分辨力和低量子噪声。

（五）热成像设备

热成像设备是通过测量体表的红外信号和体内的微波信号实现人体成像的设备。红外辐射能量与温度有关，因此也可以说热成像就是利用温度信息成像的设备。人体温度的分布对于了解人体生理状况、诊断疾病具有重要意义，利用热成像可以评估血流分布是否正常、评价交感神经系统活动、研究皮下组织所增加的代谢热或动脉血流通过热传导使体温升高的情况。医用热成像设备一般包括红外成像、红外照相、红外摄像和光机扫描成像等，其中光机扫描热成像仪具有灵敏度高、空间分辨率高的优点，目前已应用于乳腺癌的普查和诊断、血管瘤以及妊娠早期诊断等。

但由于引起人体组织温度的异常分布有各种各样的原因，因此热成像设备所提供的信息仅供诊断参考，不能作用诊断依据。

（六）光学成像设备（医用内镜）

前五种医学影像设备都能在某种程度上显示人体的内部组织形态，但显示结果是间接的、非直观的。内镜是目前真正能做到直观的仪器，能够通过人眼直接看到人体内脏器官的组织形态，大大提高了诊断的准确性。

医用内镜的种类很多，目前临床使用较多的是光导纤维内镜，电子内镜也在发展中，电子内镜功能比光导纤维多，最大的特点是采用电荷耦合器将观察到的物像由光信号转化成电信号并传输到视频中心进行处理，达到最终显示目的。传输到监视器的图像还可以储存并用打印机打印，或是传输到另一场所进行同时观察。USG 内镜是将 US 探头和内镜连在一起，在内镜引导下将 US 探头送入体内进行扫描，得到更准确的信息用于诊断。

中国医用内镜市场一直由多家国际医疗器械巨头主导。受益于国内企业不断提升的技术水平、持续增加的人才及资本资源，以及倡导国产品牌替代国际品牌的政府行业支持政策，预期国内医用内镜市场按高于国际品牌的增长率增长。

中国的医用内镜市场与全球医用内镜市场相比以较高的增长率增长，并预期维持较高的增长率。2020 年，中国的医用内镜市场规模为 231 亿元，于 2022 年增至 278 亿元左右。见图 2-2-5。

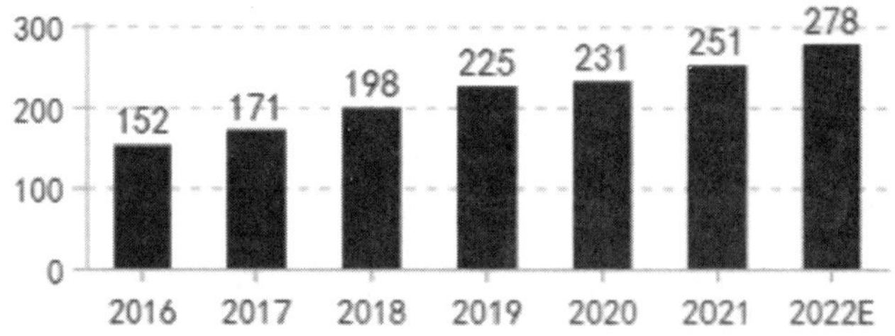

图 2-2-5　2016—2022 年中国医用内镜市场规模预测趋势图（单位：亿元）

数据来源：中商情报网（www.askci.com）。

目前较为常用的医学影像治疗用设备分为以下两类：

（一）介入放射学设备

所谓介入放射学系统就是借助高精度计算机化的影像仪器的观察，通过导管深入体内对疾病直接进行诊断与治疗的一种新型设备与技术。介入性导管根据用途可分为两类，即诊断用导管和治疗用导管及其附件。前者包括心血管、脑血管造影导管，肝、肾、胰、脾等内脏器官用导管十余种。后者如消化道治疗导管、肿瘤化疗用导管、射频消融导管、溶栓导管、二尖瓣球囊扩张导管等。其附件有血管内支架、导丝等。

（二）立体定向放射外科设备

立体定向放射外科或称立体定向放射治疗，是利用现代 X-CT 设备、MRI 设备或 DSA 设备加上立体定向头架装置对颅内病变区做高精度定位，经过专门治疗计划系统做出最优化治疗计划，运用边缘尖锐的小截面光子束以等中心照射方式聚焦于病变区，按治疗计划做单平面或多个非共面的单次或多次剂量照射。不再将病变切除而是用放射线杀死肿瘤细胞的方式，由病人平卧在治疗床上专用计算机进行剂量计算后完成治疗。

立体定向放射外科具有易选择合适剂量进行照射；肿瘤受到最大剂量照射但周围正常组织受影响较少；符合现代放射治疗发展的高剂量、高精度、高疗效、低损伤的主流方向的优势。放射治疗发展至今，伴随着影像技术的进步发展，21 世纪的放射治疗已经全面地进入了影像引导放射治疗（image guide radiation therapy，IGRT）时代。影像引导放射治疗是在直线加速器上配备有 X 线、CT 等成像系统，引入了主动呼吸门控系统（active breathing control system，ABC），是一种四维的放射治疗技术，它在三维放疗技术的基础上加入了时间因子概念，在患者进行治疗前、治疗中和治疗后利用各种先进的影像设备对肿瘤及正常器官进行实时监控，通过影像引导可以减小摆位误差和器官生理运动对肿瘤靶区的影响，让放射线紧跟肿瘤靶区实现真正意义的精确放疗。随着放疗新技术的应用，放疗的适应证更为广泛和有效。

目前世界上医用电子直线加速器的生产份额主要由美国瓦里安和瑞典医科达两家跨国公司占据。目前，我国医用电子直线加速器行业市场集中度较高，其中，医科达、瓦里安占据国内 79.6% 的市场份额，属于第一梯队；而本土企业以医用直线加速管为突破口，逐步掌握核心部件的生产技术，推动相关产品国产化，属于第二梯队。我国生产医用电子直线加速器的企业主要包括成都利尼科、山东新华、上海联影、苏州雷泰、广东中能、江苏海明、东软医疗，共 7 家企业。见表 2-2-1。

表 2-2-1　国产医用电子直线加速器生产企业一览表

序号	企业名称	所属地	产品名称	产品级别
1	成都利尼科医学技术发展有限公司	四川省成都市	AccStar 医用电子直线加速器	中能
2	山东新华医疗器械股份有限公司	山东省淄博市	XHA 1400 医用电子直线加速器	中能
3	上海联影医疗科技股份有限公司	上海市	诊断级 CT 与直加一体化	中能
4	苏州雷泰医疗科技有限公司	江苏省苏州市	VenusX 医用电子直线加速器	低能
5	中能医用加速器系统（广东）有限公司	广东省东莞市	SPACO OMX6i 医用直线加速器	低能
6	江苏海明医疗器械有限公司	江苏省扬州市	HM-J-16-I 型医用电子直线加速器	低能
7	东软医疗系统股份有限公司	辽宁省沈阳市	NM SR600 医用电子直线加速器	低能

二、市场发展趋势

随着我国经济高速发展、人口老龄化问题加重，民众健康意识的提高，医疗保健服务的需求持续增加，国内市场对高品质医学影像的需求相应快速增长。同时，自 2012 年医改以来，国家相关部门连续出台了一系列的医疗行业相关政策，旨在优化医疗服务水平、鼓励分级诊疗实施、推动医疗资源下沉，这为影像设备销售开辟了新的市场空间。在市场需求及政策红利的双轮驱动下，我国医学影像设备市场将持续增长，2020 年市场规模已达到 537 亿元，预计 2030 年市场规模将接近 1 100 亿元，年均复合增长率预计将达到 7.3%。见图 2-2-6。

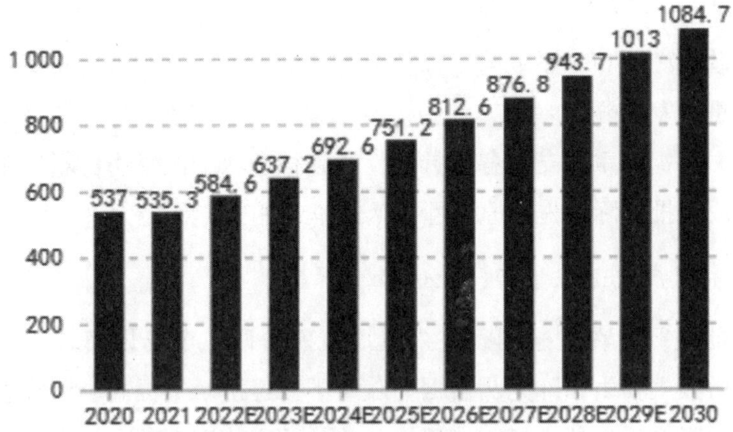

图 2-2-6　2020—2030 年中全国医学影像市场规模（单位：亿元）

数据来源：中商情报网（www.askci.com）。

老龄化趋势、慢性病增加。20 世纪以来，人口平均寿命的提高、计划生育政策造成的人口年龄结构变化，我国老龄化问题日益严重；同时，随着老龄化程度加深，叠加现代人不良的生活习惯和环境污染等原因，我国慢性病患率持续升高。因此，我国医疗服务的需求显著上升，从而带来大量的医学影像检查需求。见图 2-2-7。

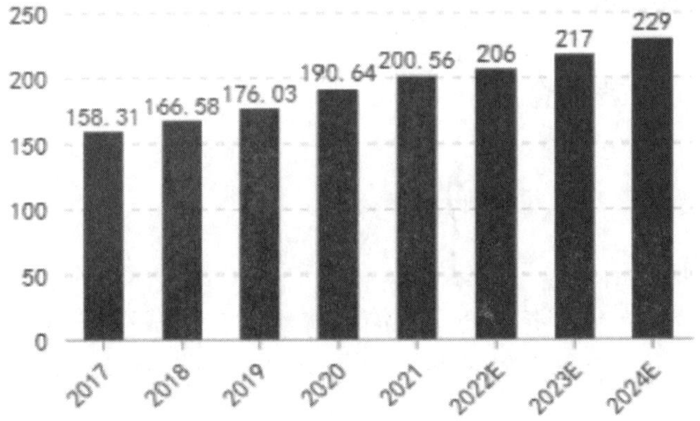

图 2-2-7　2017—2024 年我国 65 岁以上人口数量及预测（单位：百万人）

数据来源：中商情报网（www.askci.com）。

（一）政策利好行业发展

中国政府已颁布一系列与医疗行业有关的政策，这些政策将医疗成像服务指定为重点发展领域。2021年卫健委下发《“十四五”国家临床专科能力建设规划》，提出重点支持各省针对性加强检验科、医学影像科等平台专科建设，形成一批国际领先的原创性技术，推动相关专科能力进入国际前列。

（二）国产化进程推动行业进步

医疗器械行业在发达国家进入发展成熟阶段，市场规模较大但增速有限，市场份额主要由国际龙头占据。随着国家经济水平提高、医疗卫生支出增加，医学影像设备的市场需求逐步释放，孕育着巨大的市场发展空间。在此背景下，越来越多的国内品牌商进军海外市场，实现了业务拓展和盈利增长。

（三）低市场渗透率推动行业增长

与发达国家相比，中国医学影像设备渗透率仍然较低，具有巨大的市场成长空间。近年来，随着社会医疗卫生资金投入持续加大，居民支付能力增强，人口老龄化趋势加剧，居民的医疗服务需求不断增长，促进我国医学影像设备行业长期发展。

三、四川代表性企业

（一）奥泰医疗系统有限责任公司

1. 企业简介

奥泰医疗系统有限责任公司（简称奥泰医疗）成立于2005年，是一家立足中国、展望世界的高科技医学影像技术公司。着力于研发、制造和销售医用超导磁共振医学成像系统、CT、数字化X射线成像系统（DR）、彩超、PET-MR等高端医学影像诊断设备核心部件等，提供“互联网+人工智能”的医学影像服务。

奥泰医疗在迅速发展的过程中获得不少荣誉。2006年，被纳入四川省重点技术创新项目；2007年，被评为中国最具投资价值前50强的第八位；2010年，被列入成都市科技攻关计划重大专项、四川省科技支撑计划项目；2011年，被列入四川省重大技术装备创新研制项目、四川省战略性新兴产品计划项目、国家“十二五”科技支撑计划大型医疗设备专项，同年入选四川省顶尖创新创业团队“创业邦”中国年度创新成长企业100强；2012年，获得四川省战略性新兴产业发展促进专项、四川省重大科技成果转化专项；2013年，获得国家高性能医学诊疗设备专项等荣誉，四川省委组织部首批“顶尖团队支持计划”和成都市委组织部首批“顶尖创新创业计划”项目支持。

奥泰医疗是中国超导磁共振的领航者。该公司为中国最大的超导MRI技术和产品解决方案提供商，年产超导磁共振整机设备可达到100台套，是目前国际先进水平的高场磁共振系统工程、生产和服务中心之一。持续的技术研发和创造，系列产品线的延伸，庞大的用户基础，使奥泰医疗成为全球第四家、亚洲第一家同时掌握大孔径超导磁体和超导磁共振成像整机系统技术的公司。该公司所有制造和检测工作严格按照国际工业标准及多国医疗设备法规的质量控制流程执行，通过ISO9001国际质量管理体系和ISO13485医疗器械国际质量管理体系认证。

奥泰医疗拥有较强的研发实力。从研发人才看，核心技术和管理团队由90余名磁共振科技和产业界知名专家组成，其中国家级高级人才2人、国家高端外国专家1人、四川省省级高级人才4人、海外留学归国专家和外籍专家50名余。从研发平台看，公司已成立四川省博士后科研工作站、四川省企业技术中心、四川省重点实验室等多个科技创新平台，承载着国家高性能医疗器械应用示范项目等多个重大科技创新项目，并在北京和美国克里夫兰也建立了研发平台。从研发成果看，公司2007年在超导磁体和超导磁共振机的关键技术领域实现创新突破，成功攻破了国际医疗龙头在中国30多年的技术、工艺和市场的垄断，促进了中国超导磁共振的突破式发展。此外，还获得了90多项国家发明专利等知识产权，累计150

多项专利技术。

奥泰医疗坚持影像诊断设备技术创新，高度重视客户要求，不断提高客户满意度。凭借领先的临床性能、稳定的产品质量和高性价比，奥泰医疗将致力于成为全球 MRI 工程、生产和服务领域中的领导者，将国际先进的超导磁共振技术与中国优秀的加工制造能力融为一体，为全球市场提供高性价比的超导磁共振成像技术和产品解决方案，从而帮助更多的中国医院用上国际水平的超导磁共振，降低医学影像诊断成本，造福患者，将中国创造的超导磁共振推向世界，为世界医疗健康事业发展和全球人类疾病诊断做出积极贡献。

2. 市场开拓

奥泰医疗的市场发展网络丰富，其主要运营中心位于美国克利夫兰和中国成都，在北京、杭州、郑州等地都设有分公司或办事处。公司研制的医用超导磁共振等高性能医疗器械已成功进入四川大学华西医院、北京 301 医院、中南大学湘雅医院、华中科技大学同济医学院附属协和医院、四川省人民医院、郑州大学附属郑州市中心医院等国内外 300 余家医疗机构。与此同时，奥泰医疗还拥有广阔的海外市场，生产的产品能够出口到美国、英国、欧盟、东南亚、中东、中亚等地。

3. 主要产品

奥泰医疗是一家全球领先的医学影像技术及产品解决方案供应商，其产品特色鲜明。奥泰医疗自主创新的全功能一体化扫描 MRI 系统产品，Centauri 1.5T 是国内第一台完全具有自主知识产权的超导磁共振医学成像系统。该产品采用奥泰医疗自主研发生产的国内首创零液氦消耗大孔径超导磁体，多通道实时影像数据采集系统、全视野 16 通道 Orion 射频线圈，配置独特的断采用电保护技术，支持丰富的高级临床应用，提供智能化友好图形用户界面、扫描工作流管理方案和售后服务。作为具有世界顶尖技术的国家科技成果，奥泰 Centauri 1.5T 超导磁共振已经通过美国 FDA、中国 SFDA、欧盟 CE 和俄罗斯 SFDA 产品注册和认证。

（二）成都利尼科医学技术发展有限公司

1. 公司简介

该公司成立于2007年，坐落于成都市温江区成都医学城，是一家专业从事放疗设备医用电子直线加速器研发生产的高新技术企业。公司自成立之初即开始研发肿瘤放射治疗设备医用电子直线加速器，产品AccStar医用电子直线加速器于2013年取得国家药监局注册许可证，2016年入选国家工信部与卫健委在四川大学华西医院指定的“国家高端医疗设备应用示范基地”，并获得包括四川大学华西医院在内的数十家用户认可。目前，公司已经成为国内主要的放疗设备供应商和服务商，也是中国中西部地区医用电子直线加速器研发生产的高新技术企业。

2. 创新产品

利尼科基于长期的技术积累和不断的研发创新，业务涵盖放疗设备、软件开发和培训服务等。2022年，利尼科“高端影像、放射治疗大型医用加速器设备及关键零部件研制”项目被列入国家“十四五”规划《纲要》重大项目。项目总投资1.8亿元，项目周期3年（2022—2024），主要建设磁共振引导的医用直线加速器、加速器核心部件驻波加速管、多页光栅、加速器图像引导EPID、CBCT、加速器放疗计划系统、加速器远程智能系统、互联网医院平台建设等。

（三）明峰医疗系统股份有限公司

明峰医疗系统股份有限公司（简称明峰医疗）是专注于CT、PET-CT等高端医学影像设备的研发、生产、销售和售后于一体的高科技企业，总部位于浙江杭州，在美国俄亥俄州Solon设有研发中心。明峰医疗的核心技术团队由国家级高层次人才领衔，先后承担国家科技部、发改委、工信部多个“十二五”支撑项目和“十三五”国家重点专项的研发工作，拥有数百项世界领先的专利技术。已经实现了医学影像设备从基础医疗实用型到中高端、超高端临床兼顾科研的全系列完整布局。目前已在全球60多个国家的1 000多家医院实现了装机。

明峰医疗掌握自主核心技术，打破了国际垄断，荣获中国医疗器械领军品牌、国家高新技术企业、浙江省“专精特新”企业、高性能医学影像系统浙江省工程研究中心、浙江省科学技术进步奖、浙江省 CT 及分子影像技术重点实验室等荣誉称号。

四川明峰医疗科技有限公司是明峰医疗全资子公司，2018 年 1 月 5 日成立，公司专注于医学影像设备的研发、制造、销售和服务，覆盖产品包括 CT、PET-CT、移动 CT 等。公司在成都中德国际精工产业功能区建立了 9 000 余 m^2 的研发、制造基地。公司目前注册完成一款 PET-CT 产品和多款 CT 产品。注册产品已经在国内注册产品已经在国内多家医院装机使用。产品性能和稳定性都得到了客户认可。

第二节　四川省体外诊断产业市场状况及发展趋势

体外诊断（简称 IVD）是指在人体之外，通过对人体样本（血液、体液、组织等）进行检测而获取临床诊断信息，进而判断疾病或机体功能的产品和服务。体外诊断服务需要依靠诊断仪器（设备）、配套诊断试剂及耗材构成的体外诊断产品解决方案。

根据我国国家药品监督管理局颁布的《医疗器械监督管理条例》和《医疗器械分类目录》，体外诊断设备属于医疗器械中的临床检验分析仪器类，分类码为 22；根据《体外诊断试剂注册与备案管理办法》，体外诊断试剂按照医疗器械进行管理，分类码为 6840。

一、市场基本状况

（一）市场需求

随着人们越来越关心自己的健康，对于预测疾病风险、管理健康和慢性疾病等方面都有更高的要求。体外诊断作为一种重要的疾病诊断手段，需求也在不断增加。由于精准医疗领域的发展和新型冠状病毒（简称新冠）疫情的影响，近年来中国体外诊断市场规模持续扩大，增长速度也很快。2019年，中国体外诊断市场规模达为864亿元；2020年，中国体外诊断市场规模达到了1 043亿元同比增长了20.72%；2021年，中国体外诊断市场规模达到了1 243亿元，同比增长了19.18%；2022年，中国体外诊断市场规模达到了1 460亿元，同比增长了17.46%。

IVD设备的单价通常比较高，但在行业中有低价销售设备带动试剂销售的模式；而IVD试剂是一种易耗品，单价相对较低但使用频率高，加之有些试剂还可以单独使用，所以IVD试剂的市场规模相对更大、种类更多；2021年，中国IVD设备和试剂的市场份额分别占35.49%和64.51%[1]；其中，2021年中国IVD试剂各细分市场份额中占比最高的是分子诊断类试剂（29.9%），其次是免疫诊断类试剂（27.8%），两者合计占比达到57.7%。见图2–2–8和图2–2–9。

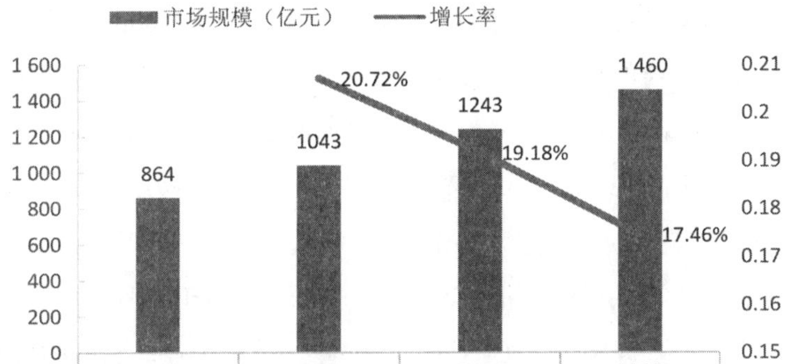

	2019	2020	2021	2022
市场规模（亿元）	864	1 043	1 243	1 460
增长率		20.72%	19.18%	17.46%

图2–2–8　2019—2022年中国体外诊断市场规模统计

数据来源：Frost & Sullivan。

［1］中国医疗器械行业发展报告（2022）。

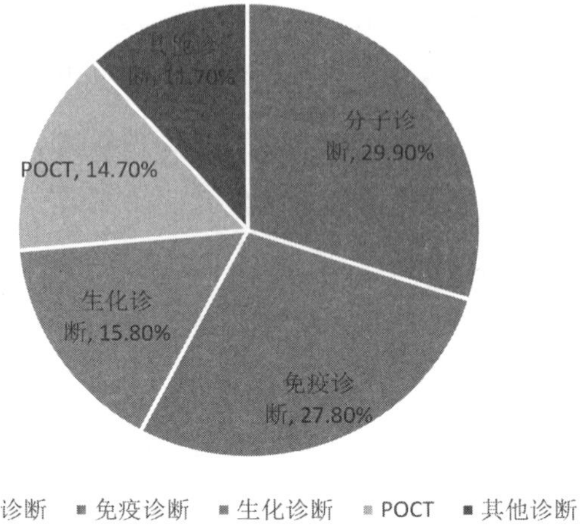

图 2-2-9 2021 年中国体外诊断试剂行业细分市场份额占比统计

数据来源：智研咨询。

（二）生产企业

中国体外诊断行业呈现进口品牌与本土品牌同台竞争的局面。中国体外诊断行业中，罗氏、雅培等大型外国品牌企业工艺技术水平较高，体外诊断业务布局更为全面，具备较优的产品结构。它们较早开展全球化营销，品牌和渠道建设程度更高，具备较强的全球影响力和更好的营销表现，属于体外诊断第一梯队。迈瑞医疗、科华生物、万孚生物、安图生物、迈克生物、新产业等本土品牌企业在体外诊断细分领域得到较好发展，并凭借优质的产品及高质量服务，在中国市场销售表现良好。但它们的全球影响力偏弱，市场占有率不及第一梯队企业，竞争实力稍弱，属于体外诊断第二梯队。此外，国内还有众多规模、实力不等的其他体外诊断企业。它们的技术水平、产品开发、市场及品牌建设能力更弱，国际竞争实力较弱，属于体外诊断第三梯队。

四川省拥有体外诊断注册证 1 369 个[1]，其中体外诊断试剂 1 224 个，临床检验器械 95 个，采样设备和器具 50 个；相应地，拥有体外诊断试剂注

［1］根据行业惯例和四川省企业分布特点，本节中的体外诊断器械主要指《医疗器械分类目录》临床检验器械（22）子目录《 体外诊断试剂分类子目录》（6840）下的体外诊断设备与产品；考虑到采样设备和器具（11）二级目录中的产品与检验分析仪等产品在功能和原理上存在较大差异，本节对采样设备和器具（11）注册企业单列分析。

册证的企业有 60 家，拥有临床检验器械注册证的企业有 29 家，拥有采样设备和器具注册证的企业有 23 家；由于部分企业既有体外诊断试剂、临床检验器械和采样设备和器具，全部体外诊断器械企业有 85 家。

从城市分布来看，无论是体外诊断试剂还是体外诊断设备，成都有明显的产业集聚效应。全部 29 家持有临床检验器械注册证的企业中，仅有 1 家来自成都以外（资阳市 1 家，持有 1 个注册证）；全部 34 家持有体外诊断试剂注册证的企业中，仅有 3 家来自成都以外（广元市 1 家，持有 9 个注册证；绵阳市 1 家，持有 2 个注册证；内江市 1 家，持有 1 个注册证）。

四川省临床检验器械注册证数量排名前十的企业名单见表 2-2-2。其中，迈克医疗电子有限公司拥有 19 个临床检验器械注册证，成都博奥晶芯生物科技有限公司拥有 12 个临床检验器械注册证，四川新健康成生物股份有限公司拥有 8 个临床检验器械注册证；前三大企业总计拥有 39 个注册证，占四川省该行业注册证数量的 41.05%。见表 2-2-2。

表 2-2-2　四川省临床检验器械注册证数量排名前十的企业

公司名称	成立日期	所属城市	注册证数 / 个	注册资本 / 万元	实缴资本 / 万元
迈克医疗电子有限公司	2 012 年 2 月 20 日	成都市	19	10 000	10 000
成都博奥晶芯生物科技有限公司	2011 年 5 月 26 日	成都市	12	10 000	10 000
四川新健康成生物股份有限公司	2007 年 1 月 10 日	成都市	8	6 500	4 849.898 1
四川沃文特生物技术有限公司	2011 年 6 月 30 日	成都市	8	5 000	5 000
四川蜀科仪器有限公司	2010 年 4 月 22 日	成都市	5	600	600
成都恩普生医疗科技有限公司	2007 年 11 月 30 日	成都市	5	2 000	2 000
四川微康朴澜医疗科技有限责任公司	2019 年 2 月 21 日	成都市	4	1 500	1 500
四川嘉利克斯科技有限公司	2015 年 12 月 9 日	成都市	4	100	
成都斯马特科技有限公司	2 012 年 8 月 30 日	成都市	4	1 347.596 6	1 347.596 6

数据来源：国家药品监督管理局、天眼查；数据检索截止日期 2023 年 4 月 30 日。

四川省体外诊断试剂注册证数量排名前十的企业中（见表 2-2-3），迈克生物股份有限公司拥有 449 个体外诊断试剂注册证，四川沃文特生物技术有限公司拥有 153 个体外诊断试剂注册证，四川新健康成生物股份有限公司拥有 128 个体外诊断试剂注册证。前三大企业总计拥有 730 个注册证，占四川省该行业注册证数量的 59.64%。

表 2-2-3　四川省体外诊断试剂注册证数量排名前十的企业

公司名称	成立日期	所属城市	注册证数 / 个	注册资本 / 万元	实缴资本 / 万元
迈克生物股份有限公司	1994 年 10 月 20 日	成都市	449	61 246.959	4 411.73
四川沃文特生物技术有限公司	2011 年 6 月 30 日	成都市	153	5 000	5 000
四川新健康成生物股份有限公司	2007 年 1 月 10 日	成都市	128	6 500	4 849.898 1
四川携光生物技术有限公司	2018 年 1 月 17 日	成都市	54	2 051.260 7	1 694.916 7
成都新百基生物科技有限公司	2014 年 3 月 21 日	成都市	46	100	100
成都普利泰生物科技有限公司	2015 年 4 月 7 日	成都市	37	1 000	1 000
成都瑞琦医疗科技有限责任公司	1998 年 7 月 13 日	成都市	36	1 000	—
成都诺和生物科技有限公司	2014 年 11 月 13 日	成都市	35	555.5	140.55
四川好培养生物工程有限公司	2011 年 1 月 28 日	成都市	24	1 000	1 000

数据来源：国家药品监督管理局、天眼查；数据检索截止日期为 2023 年 4 月 30 日。

四川省采样器具与设备注册证数量排名前十的企业中，成都瑞琦医疗科技有限责任公司拥有 8 个采样器具与设备注册证，成都普什医药塑料包装有限公司拥有 5 个采样器具与设备注册证，四川双陆医疗器械有限公司拥有 4 个采样器具与设备。前三大企业总计拥有 17 个注册证，占四川省该行业注册证数量的 34%。

从企业拥有的注册证数量分布来看，无论是体外诊断试剂、临床检验器械还是采样设备和器具，均存在明显的分布异质性。拥有体外诊断试剂注册证的 60 家企业中，注册证最多的企业是迈克生物股份有限公司，该公司持有 449 个；每家企业平均拥有注册证 20.4 个，但是约 50% 的企业只拥有不超过 3 个注册证。拥有临床检验器械注册证的 29 家企业中，注册证最多的企业是迈克医疗电子有限公司，该公司持有 19 个；每家企业平均拥有 3.28 个注册证，但是约 50% 的企业只拥有 1 个注册证。拥有采样器具与设备注册证的 23 家企业中，注册证最多的企业是成都瑞琦医疗科技有限责任公司，该公司持有 8 个；每家企业平均拥有 2.17 个注册证，但是约 50% 的企业只拥有 1 个注册证。见表 2–2–4。

表 2–2–4 四川省采样器具与设备注册证数量排名前十的企业

公司名称	成立日期	所属城市	注册证数 / 个	注册资本 / 万元	实缴资本 / 万元
成都瑞琦医疗科技有限责任公司	1998 年 7 月 13 日	成都市	8	1 000	
成都普什医药塑料包装有限公司	2006 年 3 月 16 日	成都市	5	35 000	35 000
四川双陆医疗器械有限公司	1999 年 10 月 13 日	眉山市	4	2 000	2 000
成都市新津事丰医疗器械有限公司	1998 年 7 月 8 日	成都市	4	4 078.683 2	4 078.683 2
四川新健康成生物股份有限公司	2007 年 1 月 10 日	成都市	3	6 500	4 849.898 1
迈克生物股份有限公司	1994 年 10 月 20 日	成都市	3	61 246.959	4 411.73
四川鑫翔跃医疗科技发展有限公司	2022 年 9 月 19 日	成都市	2	500	
四川新世纪医用高分子制品有限公司	1997 年 9 月 29 日	成都市	2	2 666	300
四川好培养生物工程有限公司	2011 年 1 月 28 日	成都市	2	1 000	1 000

数据来源：国家药品监督管理局、天眼查；数据检索截止日期为 2023 年 4 月 30 日。

从人员规模来看，拥有临床检验器械的 29 家企业中，参保人数最多的企业是迈克医疗电子有限公司，参保员工数达到 760；每家企业平均拥有 115.8 名参保员工，但是 50% 的企业参保员工数不超过 40 人。拥有体外诊断试剂注册证的 60 家企业中，参保人数最多的企业是迈克医疗电子有限公司（参保人数 760 人）和迈克生物股份有限公司（参保人数 670 人）；每家企业平均拥有 70.4 名参保员工，但是 50% 的企业拥有的参保员工数小于 20 人。根据天眼查工商系统查询得到 23 家拥有采样器具与设备注册证企业的参保人数，从人员规模来看，人员规模最大的企业是成都市新津事丰医疗器械有限公司，参保员工数达到 732；每家企业平均拥有 138.95 名参保员工，但是 50% 的企业拥有的参保员工数小于 27 人。

临床检验器械要求的投资规模较大。根据天眼查工商系统查询结果，四川省 29 家临床检验器械注册企业中，实缴资本最多的企业是赛雷纳（中国）医疗科技有限公司，实缴资本达到 14 407 万元；企业平均实缴资本达 2 501 万元，50% 的企业实缴资本超过 1 000 万元。行业中拥有 5 000 万元以上实缴资本的企业有，四川沃文特生物技术有限公司、成都博奥晶芯生物科技有限公司、迈克医疗电子有限公司和赛雷纳（中国）医疗科技有限公司。

体外诊断试剂需要一定的投资规模。根据天眼查工商系统查询结果，四川省 60 家体外诊断试剂注册企业中，实缴资本最多的企业是迈克医疗电子有限公司和成都博奥晶芯生物科技有限公司，实缴资本达到 10 000 万元；企业平均实缴资本达 1 764 万元，50% 的企业实缴资本超过 950 万元。行业中拥有 5 000 万元以上实缴资本的企业有，迈克医疗电子有限公司、成都博奥晶芯生物科技有限公司、成都华神生物技术有限责任公司、四川护家卫士生物医药科技有限公司、尚诚怡美（成都）生物科技有限公司和四川沃文特生物技术有限公司。

采样器具与设备的投资规模相对较大。根据天眼查工商系统查询结果，拥有数据的四川省 15 家体外诊断试剂注册企业中，实缴资本最多的企业是成都普什医药塑料包装有限公司，实缴资本达到 35 000 万元；企业平均实缴资本达 4 263 万元，50% 的企业实缴资本超过 2 000 万元。行业中拥有 4 000

万元以上实缴资本的企业有，成都普什医药塑料包装有限公司、四川沃文特生物技术有限公司、四川新健康成生物股份有限公司、迈克生物股份有限公司和成都市新津事丰医疗器械有限公司。

2023 年 3 月成都市医疗器械行业协会课题组面向四川省医疗器械企业开展了问卷调查，其中 23 家体外诊断注册企业参与了调查。根据调查企业返回的数据，2022 年度四川省体外诊断注册企业销售收入前五强分别是：迈克生物股份有限公司（36.08 亿元），成都市新津事丰医疗器械有限公司（6.02 亿元），四川沃文特生物技术有限公司（5.83 亿元），成都瑞琦医疗科技有限责任公司（3.55 亿元），成都普什医药塑料包装有限公司（2.04 亿元）。

四川省体外诊断行业近年来取得较快的成长，全行业销售收入从 2019 年的 46.89 亿元，提升到 2022 年的 60.41 亿元，行业年复合增长率达到 8.81%。企业平均年销售收入从 2019 年的 2.13 亿元，提升到 2022 年的 2.63 亿元，企业年复合增长率达到 7.28%。

各企业间的销售收入增长率呈现较大的差异。2019—2022 年，全部被调查企业中增长速度最快的 5 家企业是，尚诚怡美（成都）生物科技有限公司 1 062.60%，成都朴华科技有限公司 365.93%，成都瀚辰光翼生物工程有限公司 196.27%，成都新澳冠医疗器械有限公司 186.51%，四川携光生物技术有限公司 115.75%。

（三）创新能力

四川省体外诊断行业中 41 家企业总计拥有授权专利 2 620 项。其中，发明专利 1 023 项，实用新型专利 1 493 项，外观设计专利 104 项。

在 29 家持有临床检验器械注册证的企业中，13 家企业拥有 1 720 件专利。持有专利数量最多的是迈克生物，旗下的迈克医疗电子有限公司和迈克生物股份有限公司合计持有专利 641 件，其中发明专利 359 件；四川沃文特生物技术有限公司 270 件，思澜科技（成都）有限公司 147 件，四川新健康成生物股份有限公司 113 件，成都恩普生医疗科技有限公司 111 件，成都斯马特科技有限公司 108 件。这些企业构成了四川省临床检验器械技术创新的主力军。见表 2-2-5。

表 2-2-5　四川省临床检验器械注册企业创新情况

企业名称	发明专利	实用新型专利	外观专利	专利总计	临床检验器械注册号数
迈克医疗电子有限公司	218	187	38	443	19
四川沃文特生物技术有限公司	123	143	4	270	9
迈克生物股份有限公司	141	37	20	198	4
思澜科技（成都）有限公司	74	64	9	147	1
四川新健康成生物股份有限公司	55	54	4	113	11
成都恩普生医疗科技有限公司	36	71	4	111	5
成都斯马特科技有限公司	25	81	2	108	4
成都普什医药塑料包装有限公司	7	39	0	46	5
成都艾科斯伦医疗科技有限公司	16	26	3	45	2
成都万众壹芯生物科技有限公司	26	16	0	42	1
成都微瑞生物科技有限公司	27	12	0	39	1
成都博奥晶芯生物科技有限公司	25	11	1	37	12
四川携光生物技术有限公司	21	13	0	34	2
四川微康朴澜医疗科技有限责任公司	14	16	0	30	4
成都爱兴生物科技有限公司	17	12	1	30	1
成都朴华科技有限公司	13	11	1	25	2
四川好培养生物工程有限公司	0	16	2	18	3
成都宜乐芯生物科技有限公司	5	9	0	14	3
赛雷纳（中国）医疗科技有限公司	7	4	1	12	1

数据来源：国家药品监督管理局、天眼查；数据检索截止日期为 2023 年 4 月 30 日。

在 60 家持有体外诊断试剂注册证的企业中，31 家企业拥有 1 677 件专利。持有专利数量最多的是迈克生物，旗下的迈克医疗电子有限公司和迈克生物股份有限公司合计持有专利 641 件，其中发明专利 359 件；之后是四川沃文特生物技术有限公司 270 件，四川新健康成生物股份有限公司 113 件，成都恩普生医疗科技有限公司 111 件。可以发现体外诊断试剂中的创新领先者与临床检验器械中的领先者存在一定程度的重合，这一方面表明体外诊断试剂和临床检验器械两个领域存在较紧密的联系，另一方面也表明技术创新能力能够助力企业成为既能提供诊断试剂又能提供诊断设备体外诊断解决方案。见表 2-2-6。

表 2-2-6　四川省体外诊断试剂注册企业创新情况

企业名称	发明专利	实用新型专利	外观专利	专利总计	体外诊断试剂注册号数
迈克医疗电子有限公司	218	187	38	443	2
四川沃文特生物技术有限公司	123	143	4	270	153
迈克生物股份有限公司	141	37	20	198	449
四川新健康成生物股份有限公司	55	54	4	113	128
成都恩普生医疗科技有限公司	36	71	4	111	1
成都艾伟孚生物科技有限公司	24	21	0	45	2
成都艾科斯伦医疗科技有限公司	16	26	3	45	23
成都博奥晶芯生物科技有限公司	25	11	1	37	23
四川携光生物技术有限公司	21	13	0	34	54
成都赛普克生物科技股份有限公司	4	29	0	33	3
成都瑞琦医疗科技有限责任公司	5	26	0	31	36
四川微康朴澜医疗科技有限责任公司	14	16	0	30	17
成都爱兴生物科技有限公司	17	12	1	30	15
成都迪康中科生物医学材料有限公司	22	7	0	29	1
成都创宜生物科技有限公司	25	2	1	28	2
成都普利泰生物科技有限公司	17	9	0	26	37
成都汇瑞新元生物科技有限责任公司	2	24	0	26	5

续表

企业名称	发明专利	实用新型专利	外观专利	专利总计	体外诊断试剂注册号数
成都朴华科技有限公司	13	11	1	25	12
成都华神生物技术有限责任公司	3	18	1	22	1
四川好培养生物工程有限公司	0	16	2	18	24
成都宜乐芯生物科技有限公司	5	9	0	14	3
成都协和生物技术有限责任公司	5	8	1	14	7
四川博飞珂生物科技有限公司	1	12	0	13	9
成都恩普瑞生物工程有限公司	2	10	0	12	3
成都和同易创生物科技有限公司	7	0	0	7	1
成都凡迪医疗器械有限公司	5	2	0	7	3
四川奥博生物医学电子有限公司	2	2	1	5	2
四川诺瀚康科技有限公司	1	3	0	4	8
成都泰莱医学检验实验室有限公司	3	0	0	3	5
成都思瑞迪医疗科技有限公司	3	0	0	3	12
成都诺和生物科技有限公司	1	0	0	1	35

数据来源：国家药品监督管理局、天眼查；数据检索截止日期为 2023 年 4 月 30 日。

在 23 家持有采样器具与设备注册证的企业中，10 家企业拥有 1 250 件专利。持有专利数量最多的是成都市新津事丰医疗器械有限公司，持有专利 486 件；四川沃文特生物技术有限公司 270 件；迈克生物股份有限公司 198 件；综合性体外诊断设备和试剂生产商的专利远多于专业化采样器具制造企业。见表 2–2–7。

表 2–2–7　四川省采样器具与设备注册企业创新情况

公司名称	发明专利数	实用新型专利数	外观设计专利数	专利总数	注册证编号
成都市新津事丰医疗器械有限公司	10	444	32	486	4
四川沃文特生物技术有限公司	4	143	123	270	1

续表

公司名称	发明专利数	实用新型专利数	外观设计专利数	专利总数	注册证编号
迈克生物股份有限公司	20	37	141	198	3
四川新健康成生物股份有限公司	4	54	55	113	3
成都普什医药塑料包装有限公司	0	39	7	46	5
四川双陆医疗器械有限公司	0	36	3	39	4
成都瑞琦医疗科技有限责任公司	0	26	5	31	8
成都朴华科技有限公司	1	11	13	25	1
成都沃达惠康科技股份有限公司	0	18	6	24	1
四川好培养生物工程有限公司	2	16	0	18	2

数据来源：国家药品监督管理局、天眼查；数据检索截止日期为 2023 年 4 月 30 日。

（四）主要产品

目前四川省体外诊断注册企业进入的产品领域，既包括临床检验器械也包括体外诊断试剂。四川省临床检验器械中具有代表性产品是迈克生物的全自动化学发光免疫分析仪、沃文特生物的自动粪便处理分析系统多道电生理记录仪、博奥晶芯生物的全自动核酸分析仪、恩普生医疗的尿液分析仪、新健康成生物的荧光免疫分析仪、斯马特科技的全自动生化分析仪，以及四川蜀科仪器有限公司和四川嘉利克斯科技有限公司生产的各类离心机；采样器具与设备中具有代表性的产品有成都瑞琦医疗科技有限责任公司，成都普什医药塑料包装有限公司，四川双陆医疗器械有限公司等生产的各类采样管。

（五）进出口贸易

我国体外诊断行业发展较快，但起步较晚，诊断试剂及设备类型的多样性、产品性能、品牌知名度与国外同行业仍有一定差距，因此，中国每年仍需要从美国、德国、日本等体外诊断强国进口大量体外诊断产品。2022 年，中国体外诊断产品进口额为 1 425.02 亿元。见图 2–2–10。

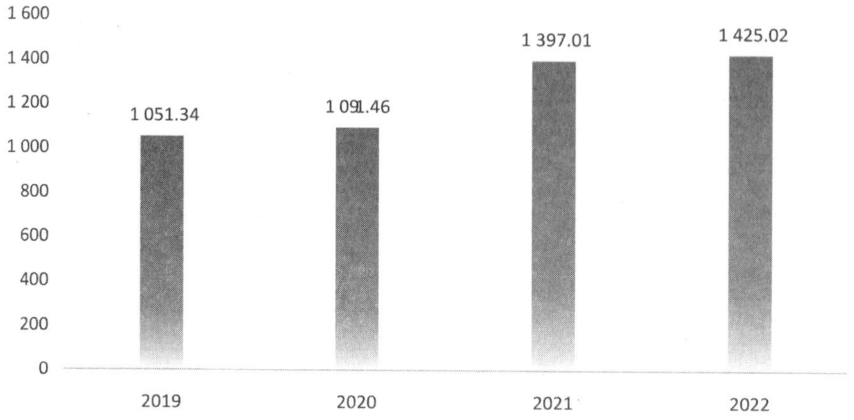

图 2-2-10　2019—2022 年中国体外诊断产品（含试剂和设备）进口额统计（单位：亿元）

数据来源：众成数科基于中国海关总署数据归类统计。

随着体外诊断行业企业持续加大技术和产品研发投入，我国企业体外诊断产品的种类和质量得到快速提升。凭借低价策略和强化渠道覆盖能力等方式，我国企业持续提升产品竞争力，助力海外业务的发展，使体外诊断产品出口取得较快增长。尤其是受新冠疫情影响，新冠检测类产品迅速打开全球各国市场，带动中国体外诊断出口额大幅提升。其中，2019 年，中国体外诊断出口额为 293.72 亿元；2022 年，中国体外诊断出口额为 1 002.41 亿元。见图 2-2-11。

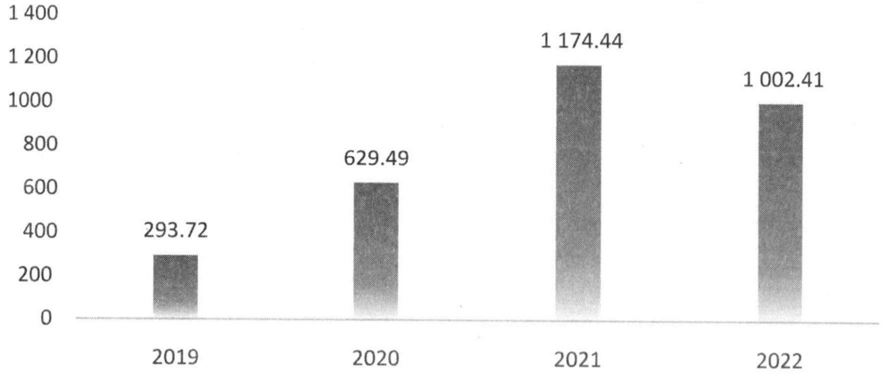

图 2-2-11　2019—2022 年中国体外诊断产品（含试剂和设备）出口额统计（单位：亿元）

数据来源：众成数科基于中国海关总署数据归类统计。

二、市场发展趋势

（一）国产品牌取得技术突破，进口替代成为未来趋势

国内体外诊断公司在多个细分领域实现了技术突破。在部分领域，它们已经依靠产品较高的性价比占据了大部分市场份额。但在一些技术壁垒较高的领域，如高端生化仪器、高端化学发光仪器、全实验室自动化流水线等，进口产品仍占据了大部分市场份额。近年来，随着国内电子、机械等产业链的长足发展，我国本土企业在一些高端设备技术上已经取得突破。高性价比的优势在国内市场上也将更为凸显，体外诊断进口替代逐步成为行业发展的必然趋势。

（二）医学检验自动化趋势明显

体外诊断涉及各种生物、化学、物理反应过程和多个操作步骤。全实验室自动化流水线是未来医学检验自动化解决方案的主流趋势。在体外诊断试剂行业发展初期，基本上所有操作均需人工完成，耗时长、标准性差、误差大。随着技术进步，半自动化诊断仪器上市，部分操作流程由机器自动完成，相比全手工分析仪器，大幅提升了检验效率。全实验室自动化流水线是将多个自动化分析仪和样本分析前后处理设备利用轨道自动机械传输系统有机串联起来，并通过智能信息管理软件系统进行控制的一整套硬软件系统。相对于传统单台仪器，全实验室自动化流水线在缩短检验结果回报时间（TAT）、降低临床检测差错率、提高生物防护水平及节约成本等方面具有明显优势。未来随着医疗机构对检验效率、安全性、成本、质量等方面的追求，医学检验领域的自动化程度将越来越高。

（三）整体解决方案的服务能力是未来行业竞争的关键

我国体外诊断行业经过数十年发展，临床需求不断增长，已成为临床诊断主要途径之一。对大型医疗机构而言，通常会采购多种技术的诊断产品满足不同检测项目需求。由于面临同时向数十家供应商采购数十种诊断仪器、

数百种诊断试剂的情况，医疗机构的供应链管理难度、成本较大。在此背景下，如果企业拥有多种诊断技术平台及丰富的检测项目菜单，并具备为医疗机构提供整体解决方案的服务能力，则将具备更强的市场竞争力并抢占更大市场份额。

（四）医药产品集采将进一步推动体外诊断行业整合

随着各类带量采购、挂网联动等集采政策地广泛出台和实施，国内体外诊断产业整合将会加速。体外诊断集采政策进一步扩大实施，首先会压低产品销售价格，降低国内体外诊断市场规模增长速度，激化体外诊断行业内竞争。预期未来体外诊断行业内企业在收入规模和利润上的分化将逐步放大，行业集中度将进一步提高；一些规模较小、竞争力较弱的企业可能会逐步退出市场；那些具有更强竞争力和资源优势的企业可能会脱颖而出，实现产业整合。

三、四川省代表性企业

（一）迈克生物股份有限公司

迈克生物股份有限公司（简称迈克生物）成立于1994年，2015年于深圳证券交易所创业板上市，专注于体外诊断产品的研究、生产、销售和相关服务。公司拥有国际一流的体外诊断产品研发团队，现已具备研发制造体外诊断设备、试剂、校准品和质控品的系统化专业能力，完成从生物原材料、医学实验室产品到专业化服务的全产业链发展布局。

1. 企业简介

迈克生物以“科技服务人类健康”为使命，坚持量值溯源能力及医学实验室建设能力的提升，把为客户提供优质的产品作为企业的尊严和责任，将人类生命健康事业作为企业不断前进的动力和方向。历经20余年的不懈努力，迈克生物已初步形成全产品战略布局，拥有的体外诊断产品能够覆盖满足医学实验室90%以上需求，跻身国内体外诊断企业领军企业行列。同时，迈克生物还是体外诊断行业标准的制定者，与国际标准物质委员会（IRMM）合作，参与完成了 LD1、CK-MM、ALT、AMY 四项国际标准物质的有证定值，完成了包含肌酐、孕酮、雌二醇等 200 余项国家标准物质的赋值。

2. 市场开拓

公司现拥有 19 家全资或控股子公司以及 17 个地区办事处，其中 13 家子公司为国内各主要省、区的贸易类公司，其中 6 家研发生产类全资子公司分别在成都、杭州、北京和美国规划相应研发职能，公司 9 大产品平台的产能集中设计在成都。目前，公司自主产品的用户已经覆盖全国 8 000 余家各级医院，二级和三级医院产品覆盖率分别达到 24% 和 57%，自主产品在国内三级以上医院的高端市场日益具备与国际品牌相竞争的实力，进口替代空间广阔。公司高度重视海外市场的渠道建设，现已与 490 余家经销商建立合作，产品涉足 117 个国家和地区，海外市场将成为公司市场拓展最为重要的区域之一。

公司具备专业的人才队伍和高效的组织体系，能为客户提供全方位的优质服务。拥有专业技术人员 1 560 人，其中专业客户服务人员（包含产品培训人员、售后工程师等）537 人，覆盖除省会城市外 60% 以上二线城市，能够让客户在最短时间内感受到贴心的服务。公司已建成标准化仓库 18 座，覆盖全国各省份（除港、澳、台），能够在全国范围内实现产品快速送达的业务能力。2021 年公司销售诊断试剂 397.01 万盒；销售大型诊断设备 2 022 台，实现营业收入 39.81 亿元；2022 年公司销售诊断试剂 599.24 万盒，销售大型诊断设备 3 315 台，实现营业收入 36.08 亿元。

3. 主要产品

迈克生物坚定不移地贯彻“全产品线、全产业链”战略布局，建立了包括生化、免疫、血细胞、凝血、尿液、分子、血型、病理、POCT 的 8+1 产品平台，其中重点产品平台实现了产品的系列化、系统化和自动化。公司自主研发生产的体外诊断产品已经取得注册证书 464 项，其中生化诊断产品 124 项，免疫诊断产品 193 项，其他诊断产品 147 项；在生化、免疫、血细胞、凝血、分子板块实现系列化、系统化产品，具备全自动生化免疫流水线和血液流水线等自动化整体解决方案。迈克生物秉承“传统产品构建基础，创新产品赢得未来”的产品战略思维，推出 D600 全自动数字 PCR 分析系统，现已进入高校、海外、疾控及其他科研市场，未来将通过对数字 PCR 技术的持续应用开发，推动临床新应用场景的实现。

（二）成都瑞琦医疗科技有限责任公司

成都瑞琦医疗科技有限公司（简称瑞琦科技）成立于 1998 年，主要致力于医学标本采集系统、微生物检测系统、生物技术和信息技术等产品的研发、生产、销售和服务，提供医院后台的精细化和智能化解决方案，以及医疗健康领域创业投资孵化。2013 年完成股份制改造，2014 年 8 月挂牌上市（证券代码：831079）。公司经营范围包括医疗器械研发、维修、租赁和咨询服务，生产、销售医疗器械等；并且经营进料加工和“三来一补”业务等。

1. 企业简介

为了促进我国医疗技术水平的不断提高，瑞琦科技秉承“瑞琦科技，人人受益”的理念，竭诚为广大用户提供优质的产品和服务，为许多用户和患者都带来了健康和财富。公司建立了规范的质量管理体系并保持良好运行，已通过 ISO13485 医疗器械质量管理体系认证及产品 CE 认证。2022 年 5 月，公司成为国家级重点支持专精特新“小巨人”企业。公司数年来先后荣获“国家高新技术企业”“战略性新兴产业 50 强”“优秀高新技术企业”“最具社会责任感企业”“中国名企”“四川省优秀私营企业”“中国互联网中国信用企业认证体系示范单位”等光荣称号；连续两年被授予“高新区工业企业纳税百强”，连续 4 年被评为“纳税大户”，产品被授予成都市“名优产品”。瑞琦科技在标本采集细分领域名列中西部第一名，全国前四名。

2. 市场开拓

瑞琦科技秉承“客户的事是头等大事”的观念，推行“客户至上”的服务理念。经过 20 多年的发展，销售网络遍及全球，公司已建立高效的销售队伍和全国销售网点，目前在全国覆盖终端医院用户 3 000 余家，其中大型三甲医院近 200 家，并出口 60 多个国家，出口占比 20% 左右。目前，瑞琦科技已生产销售超过 4 亿套真空采血管，在海外销售市场也取得了长足发展。产品远销 90 多个国家和地区，在亚洲、非洲、欧洲和美洲等地享有盛誉。瑞琦科技凭借先进的医疗技术和经验，为广大患者提供了最具价值的产品和服务，成为四川省真空采血管行业的领军者。主要致力于医疗健康领域产品的研发、生产、销售和服务，为医疗机构提供一站式样本采集系统产品供应服务和全过程解决方案。2022 年营业收入约 3.5 亿元，较上一年度增长 55%，产值约 3.7 亿元左右。

3. 主要产品

公司注重技术研发和产品迭代升级，已获专利 60 项，其中发明专利 9 项，实用新型专利 35 项，外观设计专利 14 项，国际 PCT 专利 2 项。主要产品包括血液标本采集系列、智能采血管理系统、体液标本采集系列、微生物系列、全自动染色机、实验室耗材系列、实验室辅助仪器等。广泛用于医院、疾病控制、血站、体检中心、卫生保健、药械制造、科研、教学、军事等诸多领域。公司拥有快速分血、类血管内壁处理等专利技术，可以有效地防止标本分析前的变异，产品涵盖耗材及配套智能化设备，可提供一站式服务。经过 20 多年的技术积累，瑞琦科技生产技术先进，质量稳定，交货期早，深受市场好评。

第三节　四川省医疗器械消毒灭菌器械市场状况及发展趋势

医疗器械消毒灭菌器械指用于对医疗器械、器具和物品进行消毒和灭菌处理，使其达到使用标准的专用仪器设备，是医疗服务体系、公共卫生体系中最为重要的基础装备和必配产品。医疗器械的消毒灭菌是预防和控制医院内感染，保证医疗质量的关键措施之一。在医院的三大感染控制中心，即“消毒供应中心”“手术部供应室”以及“病区清洗消毒间”中，“消毒供应中心”“手术部供应室”主要针对的就是医疗器械的消毒灭菌。

按照我国最新的医疗器械分类目录，医疗器械消毒灭菌器械指的是不接触人体的、用于医疗器械消毒灭菌的医疗器械，包括湿热消毒灭菌设备、干热消毒灭菌设备、化学消毒灭菌设备、紫外线消毒设备和清洗消毒设备等五个一级产品类别，未包含以“无源医疗器械或部件 + 化学消毒剂”组合形式的专用消毒器械。

一、市场基本状况

（一）市场需求

在医疗支出增加、医院数量及消毒灭菌要求不断增加背景下，全球消毒灭菌设备市场发展态势良好。在新冠疫情期间，患者治疗过程中所重复使用的呼吸机、吸痰机、输液泵等多种设备都需要严格消毒灭菌，这刺激了医疗器械消毒灭菌产业的市场需求扩张。根据 Grand View Research 的研究，2021 年全球医疗器械清洁市场规模为 195 亿美元；其中，消毒部分（包括消毒设备和消毒剂）主导了医疗器械清洗市场，并占据了最大的收入份额，即 52.3%，大约为 102 亿美元；预计到 2030 年，医疗器械清洗市场将达到 474 亿美元，年复合增长率为 10.5%[1]。

21 世纪以来，我国医疗器械消毒灭菌设备发展势头较好，市场需求呈现不断增长趋势。一方面，随着国家对医疗体系的支持力度加大，我国一些非公立医疗机构及基层医疗卫生机构数量逐年增长，而且设备配置水平越来越高，这直接带动了医疗器械消毒灭菌设备产业市场规模的增长。另一方面，随着我国人口老龄化的加重，慢性病患者数量越来越多，同时外科手术的需求也逐年递增，因此，医院的医疗设备数量和重复使用次数必然随之增长，这为医疗器械消毒灭菌设备行业的发展打开了广阔的市场需求。据专业

[1] 数据来自于 Grand View Research 的市场分析报告（报告 ID：GVR-2-68 038-450-5）网址 https://www.grandviewresearch.com/industry-analysis/medical-device-cleaning-market]。

机构测算，2013—2019 年，我国医用和其他领域用的消毒灭菌设备行业市场规模从 138 亿元左右增长至 186 亿元左右，消毒设备产量达到了 1 676.6 万台（套），国内需求量为 1 427.6 万台（套）[1]。其中，医用或实验室用消毒设备产量占大部分。2019 年，医用或实验室用消毒设备产量 1 107.5 万台（套），国内需求量 920.4 万台（套），市场规模约 102.25 亿元。发生新冠疫情的 3 年期间，消毒灭菌设备行业保持了较快增长，2022 年市场规模增长至 219 亿元左右。预计至 2 026 年，该行业仍然保持快速增长，年复合增长率约 8%，市场规模增长至 298 亿元左右。

（二）生产企业

由于医疗器械消毒灭菌器械按第二类和第三类医疗器械管理，因此，生产企业需要获得相应的注册证。根据国家药品监督管理局网站公开数据，截至 2023 年 2 月，医疗器械消毒灭菌器械行业的国内注册企业共有 173 家，共拥有 352 个医疗器械消毒灭菌器械注册证。这些企业分布在 21 个省、自治区、直辖市，虽然地区分布广泛，但集中于浙江省、江苏省、广东省和山东省等地区。

四川省拥有医疗器械消毒灭菌器械注册证的企业比较少，总数共计 7 家，占国内该行业全部注册企业数量的约 4%。企业详细名单见表 2–2–8。其中，老肯医疗科技股份有限公司拥有 8 个医疗器械消毒灭菌器械注册证，这些企业拥有总计 17 个注册证，占该行业全部国内注册证数量的 4.8% 左右。从城市分布来看，这 7 家企业集中在成都市（6 家），只有 1 家位于遂宁市。除老肯医疗科技股份有限公司拥有港、澳、台投资外，其他企业无外商投资。

在表 2–2–8 所示 7 家企业中，仅有老肯医疗科技股份有限公司的人员规模超过 1 000 人。成都丹翔电器设备有限公司超过 100 人，其他 5 家企业的人员规模均小于 50 人。从人员规模来看，老肯医疗科技股份有限公司是四

[1] 数据来自于观研报告网报告（https://baogao.chinabaogao.com/yiliaoqixie/42 4 5984 2 4598.html）和智研咨询报告（https://www.chyxx.com/industry/20 2 008/88 7 702.html）。

川省在医疗器械消毒灭菌器械领域的带头企业。2022 年，老肯医疗科技股份有限公司实现营业收入 3.88 亿元。从实缴资本看，仅有老肯医疗科技股份有限公司和成都邦研科技有限公司超过 3 000 万元，另外 5 家企业均少于 1 500 万元。综合来看，目前四川省医疗器械消毒灭菌器械注册企业的规模较小，除老肯医疗科技股份有限公司为中型企业外，其他企业均为小型企业。

表 2-2-8　四川省医疗器械消毒灭菌器械注册企业明细

企业名称	注册证数量	城市	成立年份	实缴资本/万元	人员规模/人
老肯医疗科技股份有限公司	8	成都	1998	3 100	＞1 000
成都肯格王三氧电器设备有限公司	1	成都	1998	1 200	＜50
成都天田医疗电器科技有限公司	1	成都	2000	740	＜50
四川射洪通用医疗器械有限公司	2	遂宁	2002	281.920 5	＜50
四川新奥洁医疗器械有限公司	3	成都	2009	300	＜50
成都丹翔电器设备有限公司	1	成都	2011	1 000	100 ~ 199
成都邦研科技有限公司	1	成都	2014	5 000	＜50

数据来源：国家药品监督管理局、企查查。

（三）创新能力

四川省内医疗器械消毒灭菌器械注册企业总计拥有授权专利 381 项，软件著作权 51 项。其中，发明专利 115 项，实用新型专利 169 项，外观设计专利 91 项。见表 2-2-9。

无论是专利，还是软件著作权，老肯医疗科技股份有限公司获得的数量最多，贡献了绝大多数份额。特别是在含金量高的发明专利上，老肯医疗科技股份有限公司获得了 107 项，这显示出该公司具有比较强大的研发实力。成都邦研科技有限公司获得了 7 项发明专利和 3 项软件著作权，成都天田医疗电器科技有限公司获得了 1 项发明专利和 11 项软件著作权，这两家公司也具备了一定的研发实力。另外 4 家企业未能获得发明专利和软件著作权，在研发实力方面有待进一步提高。

表 2-2-9　四川省医疗器械消毒灭菌器械注册企业授权专利和软件著作权数量（单位：个）

企业名称	发明专利数量	实用新型专利	外观设计专利	专利总计	软件著作权
老肯医疗科技股份有限公司	107	129	84	326	37
成都肯格王三氧电器设备有限公司	—	—	—	—	—
成都天田医疗电器科技有限公司	1	12	2	15	11
四川射洪通用医疗器械有限公司	—	—	—	—	—
四川新奥洁医疗器械有限公司	—	12	3	15	—
成都丹翔电器设备有限公司	—	—	—	—	—
成都邦研科技有限公司	7	16	2	25	3
总计	115	169	91	381	51

注：授权专利和软件著作权数据来自于企查查网站，未区分是否与消毒灭菌有关。

目前，四川省内 7 家注册企业中有 4 家获得了省级以上的创新类荣誉资质。其中，老肯医疗科技股份有限公司获评国家级知识产权优势企业，并入选了第二批国家级专精特新“小巨人”企业。详见表 2-2-10。

表 2-2-10　四川省医疗器械消毒灭菌器械注册企业创新类荣誉资质

企业名称	荣誉资质
老肯医疗科技股份有限公司	高新技术企业（国家级） 知识产权优势企业（国家级） 服务型制造示范企业（省级） 第二批专精特新“小巨人”企业（国家级） 行业“小巨人”企业（省级）
成都肯格王三氧电器设备有限公司	无
成都天田医疗电器科技有限公司	高新技术企业（国家级）
四川射洪通用医疗器械有限公司	四川省 2022 年第 7 批入库科技型中小企业（省级）

续表

企业名称	荣誉资质
四川新奥洁医疗器械有限公司	无
成都丹翔电器设备有限公司	无
成都邦研科技有限公司	高新技术企业（国家级） 知识产权优势企业（市级）

注：企业荣誉资质来自于企查查网站和企业网站。

（四）主要产品

目前，四川省企业在医疗器械消毒灭菌器械方面的产品有内镜清洗设备（工作站）、各种类型的蒸汽灭菌器、清洗消毒机、过氧化氢低温等离子体灭菌器、酸性氧化电位水生成器、麻醉机、呼吸机内部回路消毒机等，在内镜清洗设备方面拥有的注册证相对较多。总体来看四川省在医疗器械消毒灭菌器械方面的产品种类还比较丰富。详细见表 2-2-11。

（五）进出口贸易

我国医疗器械消毒灭菌设备的成熟度比较高，进口依赖性低。持有进口消毒灭菌器械注册证的外资企业共有 30 家，基本上来自发达国家，其中来自美国的企业最多，为 9 家。从产品类别来看，进口医疗器械消毒灭菌器械主要涉及蒸汽灭菌器、过氧化氢低温等离子体灭菌器、清洗消毒（机）器等产品。进口产品的主要参与者包括：倍力曼股份公司（Belimed AG，瑞士）、高级灭菌产品公司（Advanced Sterilization Products，Inc.，美国）、史帝瑞公司（STERIS Corporation，美国）和洁定灭菌有限公司（Getinge Sterilization AB，瑞典）等，它们在中国拥有 5 个以上的医疗器械消毒灭菌器械进口注册证，显示了比较强的竞争力。这些公司也是该行业国际市场的主要参与者和领导者。

表 2-2-11　四川省医疗器械消毒灭菌器械主要产品

企业名称	注册证编号	产品名称
老肯医疗科技股份有限公司	川械注准 20162110020	小型蒸汽灭菌器
	川械注准 20192110001	过氧化氢低温等离子体灭菌器
	川械注准 20152110086	脉动真空压力蒸汽灭菌器
	川械注准 20182110004	内镜自动清洗消毒机
	川械注准 20212110146	全自动真空清洗消毒器
	川械注准 20152110163	医用全自动清洗消毒机
	川械注准 20182110165	大型医用全自动清洗消毒机
	川械注准 20202110037	内镜清洗工作站
成都肯格王三氧电器设备有限公司	川械注准 20162110165	内镜清洗设备
成都天田医疗电器科技有限公司	川械注准 20182110027	内镜清洗设备
四川射洪通用医疗器械有限公司	川械注准 20172110081	卧式矩形压力蒸汽灭菌器
四川新奥洁医疗器械有限公司	川械注准 20162110022	麻醉机、呼吸机内部回路消毒机
成都丹翔电器设备有限公司	川械注准 20212110168	内镜清洗设备
成都邦研科技有限公司	川械注准 20202110145	酸性氧化电位水生成器

在进出口数量和金额方面，2018—2022 年，全国消毒灭菌设备进出口数量和金额均呈现波动态势，没有明显增长或者下降趋势。2022 年，全国消毒灭菌设备出口数量接近 114 万台（套），总金额 9.39 亿元，单价仅 0.08 万元左右；进口数量为 3 845 台（套），总金额为 5.35 亿元，单价约 13.92 万元。详见表 2-2-12。得益于完善的制造业产业链以及庞大的国内需求和生产规模，我国在消毒灭菌设备制造方面拥有低成本优势，这使得我国成为全球最为主要的消毒灭菌设备出口国。但国内企业发展起步较晚，且大部分企业规模较小，技术实力相对不足，因此，国内企业出口的消毒灭菌设备主要为小型、中低端产品，虽然数量大，但单价低，而进口的消毒灭菌设备主要为相对高端的大型产品，虽然数量少，但单价是出口产品单价的上百倍。因此，我国消毒灭菌设备还需要加大技术研发，不断升级，进而实现进口替代。

表 2-2-12　2018—2022 年中国消毒灭菌设备产品（HS：84192000）进出口情况

进出口	年份	数量 /（台、套）	金额 / 亿元	单台套均价 / 万元
全国出口	2022	1 139 594	9.39	0.08
	2021	1 582 370	9.72	0.06
	2020	1 490 020	11.73	0.08
	2019	1 830 166	8.81	0.05
	2018	1 800 726	8.25	0.05
全国进口	2022	3 845	5.35	13.92
	2021	5 354	6.63	12.38
	2020	6 626	5.56	8.39
	2019	5 871	5.74	9.78
	2018	5 765	4.36	7.56

资料来源：中国海关统计数据在线查询平台。

四川省消毒灭菌设备进出口占全国的份额比较小。在过去 5 年，四川省消毒灭菌设备的进出口情况也很不稳定。2020 年出口数量和金额在近年中最高，之后两年均同比出现下降。2022 年，四川省仅出口了 1 154 台（套）消毒灭菌设备，金额为 423 万元左右，占全国的比重分别为 0.10% 和 0.45%。在进口方面，四川省的进口量和金额均不大，2019 年进口数量为 30 台（套），之后几年的进口数量均在个位数，占全国进口量的比重在 1% 以下。从出口产品的单台均价来看，四川省比全国平均水平高出了 10 倍以上，表明四川省出口产品相对全国平均水平更高端，但相比进口品来说仍然存在较大差距见表 2-2-13。

表 2-2-13　2018—2022 年四川省消毒灭菌设备产品（HS：84192000）进出口情况

进出口	年份	数量 /（台、套）	占全国比重 /%	金额 / 万元	占全国比重 /%	单台套均价 / 万元
出口	2022	1 154	0.10	422.84	0.45	0.37
	2021	6 745	0.43	2 122.26	2.18	0.31
	2020	26 179	1.76	8 493.72	7.24	0.32
	2019	14 331	0.78	2 757.41	3.13	0.19
	2018	6 814	0.38	1 432.96	1.74	0.21

续表

进出口	年份	数量/（台、套）	占全国比重/%	金额/万元	占全国比重/%	单台套均价/万元
进口	2022	5	0.13	27.00	0.05	5.40
	2021	6	0.11	21.55	0.03	3.59
	2020	8	0.12	440.52	0.79	55.07
	2019	30	0.51	2 975.45	5.18	99.18
	2018	16	0.28	59.26	0.14	3.70

资料来源：中国海关统计数据在线查询平台。

二、市场发展趋势

（一）智能化技术广泛应用

近年来，移动互联网、5G、云计算、物联网、人工智能技术与大数据平台等数字科技技术在医疗消毒灭菌领域得到了广泛应用，推动着医疗器械消毒灭菌器械向智能化、自动化、信息化、无人化等方向发展。智能化的清洗消毒灭菌设备能够在保证清洗、消毒、灭菌效果的前提下，通过高度的自动化和联网功能，实现多种软、硬件的无缝对接。依托智能化的清洗消毒灭菌设备建立的智慧化消毒供应中心能够实现对数据、资源进行实时监控、即时分析与智慧调度，改进了器械处理的质量和效率，有利于提高医院的感染控制水平。

（二）自主创新能力不断提高

目前，我国医疗器械消毒灭菌器械产品还处于跟随创新的发展阶段，自主创新能力较弱，中高端产品较少，企业研发投入和研发能力较为薄弱，缺乏核心技术，关键部件还依赖国外进口。随着未来我国医疗健康产业的快速发展，对消毒灭菌器械的需求快速增长，质量要求提高，这将推动消毒灭菌器械的生产企业加大研发投入，提高自主创新能力。

（三）生产商提供体系化的产品

虽然国内医疗器械消毒灭菌器械行业的市场规模在稳步增长，但市场竞争呈现增强的趋势。不少生产商在产品的体系化方面发力，通过产品竞争力的提高来应对日趋激烈的竞争，以及满足用户多样化的需求。一方面，生产商不断完善产品矩阵，从单一型号到多型号，从单一品类到多品类，从高端到中低端；另一方面，生产商从提供单品类产品到提供消毒供应中心的系统解决方案。

（四）生产商进军第三方服务

消毒供应工作传统上由医疗机构内部的消毒供应中心独立完成，而内部消毒供应中心的消毒控制技术水平参差不齐，经营管理成本较高。而且，随着医院患者数量、手术量及内设消毒供应中心承载的消毒灭菌任务日益增加，医疗机构内设消毒供应中心已不能满足其自身的需求。为解决医疗机构日益增长的消毒灭菌需求和受运营成本控制的驱动，越来越多的医疗机构开始寻求第三方专业消毒供应机构提供的外包服务。

目前，新华医疗、老肯医疗科技股份有限公司等企业利用自身在医疗器械消毒灭菌器械行业的产品优势，开始在全国范围内布局第三方消毒供应中心，同时提供消毒灭菌设备和第三方消毒服务。第三方消毒供应中心主要是面向没有建设消毒供应中心的医院，以及消毒供应中心面临改扩建需求的医院，为它们提供消毒外包服务，包括各类可重复使用的医疗器械、洁净手术衣、手术单等的清洗、消毒、灭菌、物流配送以及租赁服务等。

三、四川省代表性企业

老肯医疗科技股份有限公司

1. 企业简介

老肯医疗科技股份有限公司（以下简称“老肯医疗”）成立于1998年，位于四川省成都市，主要从事医院感染控制设备研发、生产和销售，提供消毒供应中心整体解决方案、感控耗材整体解决方案、医院消毒灭菌外包服务、空气消毒及物表消毒整体解决方案、内镜洗消整体解决方案、洁净工程整体解决方案及药房自动化整体解决方案等七大解决方案，是一家在医院感染控制领域具有独立提供完整产品体系结构和综合服务能力的企业。

老肯医疗在技术创新、知识产权方面所获荣誉较多，特别是国家级层面的荣誉较多，如国家级专精特新“小巨人”企业、国家高新技术企业、国家知识产权优势培育企业，这显示出老肯医疗是一家有着创新基因的医疗器械企业。在医用级空气消毒领域，老肯医疗技术积累雄厚，曾自主研发出了中国第一台臭氧消毒机、中国第一台动态空气消毒机、中国第一台具有自主知识产权的低温等离子体灭菌器以及中国第一台替代层流工程的层流机，其主打的“等离子型”空气消毒设备获得 6 项发明专利。不仅如此，老肯医疗同时也是国内首家取得欧盟 CE 认证、澳大利亚 TGA 认证的医用消毒灭菌企业[1]。

目前，老肯医疗已通过了 ISO9001 国际质量管理体系认证，获得 YY/T0287 医疗器械质量管理体系认证证书，并相继荣获“质量、信誉双保障荣誉”“打假保真质量承诺单位”“质量与诚信消费者满意单位”“AAA 级诚信企业”“中国医疗器械行业十大品牌”“中国品牌 500 强”“市场知名品牌”“招标与采购常务理事单位”以及“纳税先进企业”等荣誉。

2. 市场开拓

老肯医疗的空气消毒产品一直深受医疗机构欢迎，市场占有率高，曾连续 6 年被《中国医疗设备》等第三方机构评选为医疗机构市场占有率和售后服务满意度第一名。

近年来，老肯医疗市场销售额保持稳定增长，2019 年为 2.37 亿元，2022 年增长到 3.88 亿元，年均复合增长率达到了 21.24%。截至目前，老肯医疗的销售网络覆盖全国 31 个省、市、自治区，全球 51 个国家及地区，拥有 2 000 家的经销商，为全球超过 20 000 家医院提供过产品和服务。目前，老肯医疗过氧化氢低温等离子体灭菌设备等主打产品已出口至包括欧盟、俄罗斯、泰国、土耳其、澳大利亚、印度在内的多个国家和地区。未来，公司

[1] https://new.qq.com/rain/a/20220419A0ASAQ00.

将以中高端产品为主，为国际新兴乃至成熟市场提供更多、更先进的感染控制灭菌类产品。

老肯医疗是中国区域化消毒供应服务领域最早的践行者，是一家横跨医院感染（简称院感）设备研发制造、区域化消毒供应服务的平台型企业，具备该领域的核心专业运营管理能力。截至 2022 年底，老肯医疗已在全国范围内投建运营了 15 个区域化医疗消毒供应中心，其核心生产设备均由老肯医疗自主研发生产，包括高温灭菌设备、多类型低温灭菌设备、多类型清洗消毒设备等。未来 3 年，还将继续在全国重点地区建设区域化医疗消毒供应中心。

3. 主要产品

通过持续的技术研发推动产品迭代更新和市场领域延伸，老肯医疗的产品主要覆盖了供应室、内镜洗消以及空气消毒。在供应室方面，主要有各类型的清洗消毒机、医用器械干燥柜、过氧化氢低温等离子体灭菌器、脉动真空压力蒸汽灭菌器等产品，另外，还可以提供消毒供应中心可追溯管理信息系统。在空气消毒方面，主要有等离子空气消毒机、臭氧消毒机、医用空气净化消毒器等产品。在内镜洗消方面，主要有内镜清洗工作站、内镜清洗消毒机、内镜存储柜、内镜中心质量追溯管理系统等。

第四节　四川省心脏电生理器械市场状况及发展趋势

心律失常指心脏冲动的起源部位、心搏频率和节律以及冲动传导的任一环节发生异常。快速性心律失常是指心率大于 100 次 / 分，常见分类包括室上性心动过速、期前收缩、房颤等。临床上快速心律失常的治疗方法主要包括药物治疗和和非药物治疗。自 1987 年医学界应用导管消融手术（即心脏电生理手术）治疗快速性心律失常以来，心脏电生理手术在维持窦性心律和改善生活质量等方面明显优于抗心律失常药物治疗。心脏电生理手术已成为室上性心律失常的一线治疗手段，与药物治疗、外科手术相比，它可以明显降低房颤的复发率。

一般而言，电生理检查和心脏电生理手术应在心内科导管室进行，主要分为电生理检查、标测、消融治疗、电生理复查等几大环节。电生理手术涉及的医疗器械包括标测设备与耗材、消融设备与耗材两种类型，主要包括三维心脏电生理标测系统、多道电生理记录仪、射频消融仪、冷冻消融系统、灌注泵及导管类耗材。

一、市场基本状况

（一）市场需求

中国心律失常发病率高，室上性心动过速（简称室上速）与心房颤动（简称房颤）患者近 1 500 万人[1]。根据 Frost&Sullivan 数据，国内心律失常患者人数约为 3 000 万人。室上速、房颤是临床常见的快速性心律失常病症，其中室上速人群患病率约为 0.23%，2020 年国内室上速患者人数为 327.3 万人，预计到 2024 年患者人数增长至 348.3 万人，年复合增长率为 1.6%。房颤人群患病率约为 0.77%，2020 年中国房颤患者人数为 1 159.6 万人，预计到 2024 年患者人数增长至 1 260.2 万人，年复合增长率为 2.1%。

导管消融是室上速与房颤的一线治疗手段。心律失常的治疗方式包括药物治疗和非药物治疗，药物治疗根据作用机制可分为钠通道阻滞药、β 受体拮抗药、延长动作电位时程药以及钙通道阻滞药，非药物治疗包含导管射频消融、心脏电复律、心脏起搏治疗等手段。虽然药物治疗一般为首选治疗方案，但其只能在一定程度内控制心律，需要长期用药，并且伴有副作用。根据《2019ESC 室上性心动过速管理指南》《2020ESC/EACTS 心房颤动诊断及管理指南》等国内外指南，导管消融在治疗阵发性室上速多种适应证情形中的推荐等级达到Ⅰ和Ⅱa 级，且已逐渐成为房颤的一线治疗手段。

近年来，我国电生理手术量快速增长，驱动电生理器械市场快速扩容。根据 Frost&Sullivan 数据，2020 年中国快速性心律失常患者使用电生理手术

[1] 数据来自国元证券研究报告。

治疗的手术量为 21.2 万例，2015—2020 年复合增长率为 12.5%，预计 2024 年将达到 48.9 万例。中国电生理器械市场由进口厂商主导，国产化率不足 10%。根据 Frost&Sullivan 数据，中国心脏电生理器械市场仍以进口产品为主，强生、雅培等占据了市场的主要份额。以销售收入计算，2020 年中国电生理器械市场的前三名均为进口厂商，其中强生占据主导地位，2020 年国内心脏电生理器械销售额达到约 30.30 亿元，市场占有率为 58.8%，排名第一，其次是雅培和美敦力，分别占比 21.4% 和 6.7%。深圳惠泰医疗器械股份有限公司市场占有率在所有国内厂商中排名第一，占比 2.7%[1]。

尽管我国拥有庞大的快速性心律失常患者人数，但受限于快速性心律失常疾病早筛尚未推广、电生理手术难度较高等因素，快速性心律失常患者中接受心脏电生理手术治疗的比例较小。根据 Frost&Sullivan 数据，中国目前心脏电生理手术治疗量约为 128.5 台 / 百万人，而美国则达到了 1 302.3 台 / 百万人，中国心脏电生理手术渗透率仍然具有巨大的提升空间。以房颤消融手术渗透率为例，2020 年我国房颤患者达 1 159.6 万人，但对应房颤手术仅为 8.2 万台，渗透率极低[2]。

随着国内心律失常患者检出率的提高和术式的逐步成熟，心脏电生理手术的渗透率有望进一步增加。根据 Frost&Sullivan 调研数据，中国的电生理器械市场规模由 2015 年的 14.8 亿元增长至 2019 年的 46.7 亿元，复合年增长率为 33.2%。未来受人口老龄化加剧、心律失常患者人数增加以及消融手术普及和消融手术耗材产品升级等因素驱动，预计到 2024 年，中国电生理器械市场规模将达到 187.8 亿元，2019—2024 年年复合增长率为 32.1%。

（二）生产企业

按照我国最新的医疗器械分类目录，心脏电生理标测设备主要属于 07 医用诊察和监护器械大类 -03 生理参数分析测量设备（一级）02 心脏电生理标测设备（二级）（第三类器械）；心脏电生理标测耗材属于 07 医用诊察和监护器械大类 -10 附件、耗材（一级）02 电生理标测导管（二级）（第

[1] 数据来自国元证券研究报告。
[2] 数据来自东方证券研究报告。

三类器械）。根据技术路线，心脏电生理消融设备和耗材，可以分为射频消融类和冷冻消融类；前者主要属于 01 有源手术器械大类 –03 高频 / 射频手术设备及附件（一级）–02 射频消融设备（二级）（第三类器械）、04 高频 / 射频用电极及导管（二级）（第三类器械，其中电极为第二类器械）、05 射频消融设备用灌注泵（二级）（第二类器械）；后者主要属于 01 有源手术器械大类 –05 冷冻手术设备及附件（一级）–01 冷冻手术设备（第三类器械）、02 冷冻消融针及导管（二级）（第三类器械）。根据国家药监局的相关规定，心脏电生理设备和耗材按第三类或第二类医疗器械管理，生产企业需要获得相应的注册证。

根据国家药品监督管理局网站公开数据查询，截至 2023 年 4 月，心脏电生理医疗器械企业注册证 213 个，其中 44 家国内注册企业得到 111 个产品注册证，31 家海外企业获得 102 个产品注册证。在 44 家国内注册企业中，主要为内资企业，由境外和中国港、澳、台资本独资拥有或投资的企业为 13 家。根据天眼查网站查询数据，在 44 家注册企业中，有 3 家主板上市公司：上海微创电生理医疗科技股份有限公司、深圳惠泰医疗器械股份有限公司、乐普（北京）医疗器械股份有限公司。

心脏电生理医疗器械行业具有较大的市场集中度，前 10 大企业拥有的产品注册证数占全行业产品注册证数的 50%，前 5 大企业拥有的产品注册证数占全行业产品注册证数的 35% 。拥有最多产品注册证的前 5 家国内企业和前 5 家国外企业如表 2–2–14 和表 2–2–15 所示。

表 2–2–14　拥有最多心脏电生理注册证的前 5 家国外企业

国外前 5 家企业	注册证数 / 个
伯恩森斯韦伯斯特（以色列）有限责任公司	19
爱尔湾生物医学公司	11
波士顿科学公司	9
美敦力公司	8
圣犹达医疗用品有限公司	8

数据来源：使用标测、射频消融、灌注泵和电生理关键词在国家药监局网站检索获得数据；检索截止日期为 2023 年 4 月 30 日。

表 2-2-15 拥有最多心脏电生理注册证书的前 5 家国内企业

国内前 5 家企业	注册证数 / 个
上海微创电生理医疗科技股份有限公司	20
四川锦江电子医疗器械科技股份有限公司	16
心诺普医疗技术（北京）有限公司	6
深圳惠泰医疗器械股份有限公司	5
绵阳立德电子股份有限公司	5

数据来源：使用标测、射频消融、灌注泵和电生理关键词在国家药监局网站检索获得数据；检索截止日期为 2023 年 4 月 30 日。

从员工规模来看，参保人数超过 1 000 人的企业只有 1 家，为上市公司乐普（北京）医疗器械股份有限公司（1 923 人）。参保员工人数大于 200 人，但小于 1 000 人的中型企业有 5 家，分别是心诺普医疗技术（北京）有限公司、武汉半边天医疗技术发展有限公司、上海微创电生理医疗科技股份有限公司、四川锦江电子医疗器械科技股份有限公司、科塞尔医疗科技（苏州）有限公司。13 家企业参保员工人数大于 100 人，小于 200 人；12 家企业参保员工人数大于 30 人，小于 100 人；剩下 12 家企业参保员工人数小于 30 人。

国内 44 家心脏电生理医疗器械注册企业分布在 12 个省、自治区、直辖市，虽然地区分布广泛，但集中于少数地区。北京市、上海市、江苏省的注册企业数量最多，分别为 8 家、8 家、7 家，合计 23 家，合计占比约 52.3%。各省份拥有的注册证企业的数量见图 2-2-12 所示。

从注册证的地区分布来看，集中于上海市、四川省、北京市和江苏省，各拥有 33、22、17 和 12 个注册证，占比超过 75%。综合注册企业数量和注册证数量分布来看，上海市、北京市、四川省和江苏省都处于心脏电生理医疗器械行业的第一梯队。各省份拥有的注册证数量见图 2-2-13。

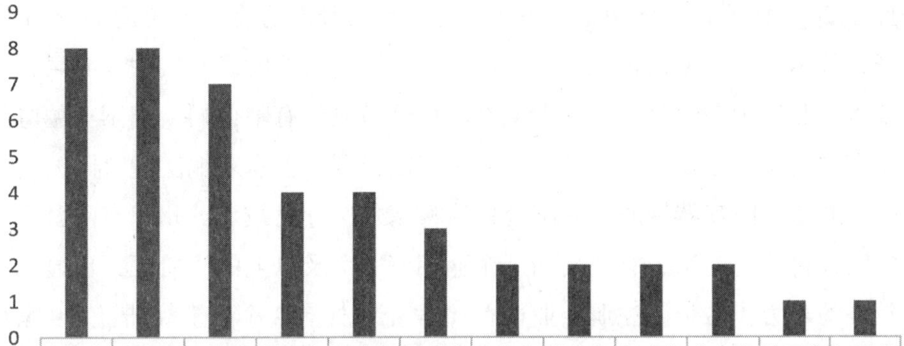

	上海市	北京市	江苏省	浙江省	湖南省	四川省	山东省	湖北省	河南省	广东省	陕西省	江西省
■汇总	8	8	7	4	4	3	2	2	2	2	1	1

图 2-2-12　全国心脏电生理医疗器械注册企业地区分布（单位：家）

数据来源：国家药品监督管理局，天眼查；数据检索截止日期为 2023 年 4 月 30 日。

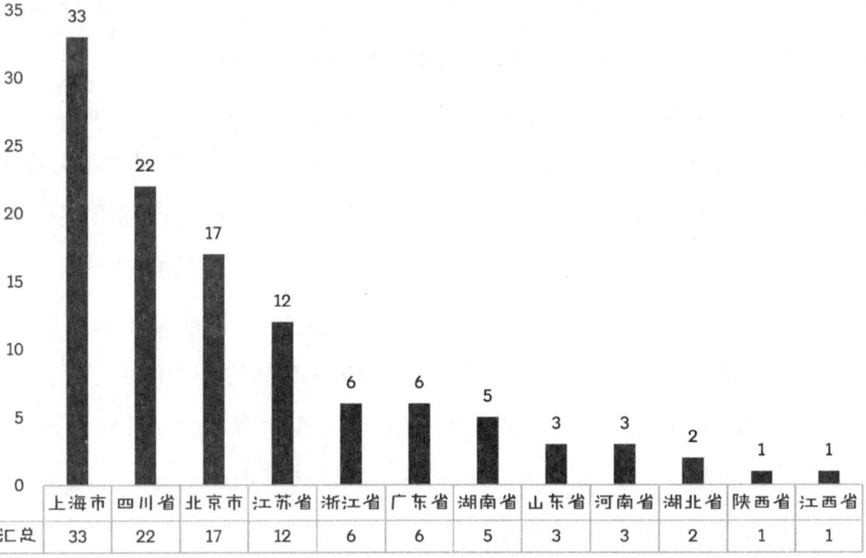

	上海市	四川省	北京市	江苏省	浙江省	广东省	湖南省	山东省	河南省	湖北省	陕西省	江西省
■汇总	33	22	17	12	6	6	5	3	3	2	1	1

图 2-2-13　全国心脏电生理医疗器械注册证分布（单位：个）

数据来源：国家药品监督管理，天眼查；数据检索截止日期为 2023 年 4 月 30 日。

在该行业所有国内注册企业中，上海微创电生理医疗科技股份有限公司拥有 20 个注册证、四川锦江电子医疗器械科技股份有限公司拥有 16 个注册证，显示出这两家公司在心脏电生理医疗器械行业的雄厚实力。心诺普医疗技术（北京）有限公司、深圳惠泰医疗器械股份有限公司、绵阳立德电子股份有限公司、迈德医疗科技（上海）有限公司、上海宏桐实业有限公司、乐普（北京）医疗器械股份有限公司、科塞尔医疗科技（苏州）有限公司、安隽医疗科技（南京）有限公司等企业拥有 3 个及以上的注册证，也显示出了较强的实力。在全部注册企业中，10 家企业拥有 2 个以上注册证，9 家企业拥有 2 个注册证，其他 25 家企业只拥有 1 个注册证。

四川省拥有心脏电生理器械注册证的企业仅有 2 家，占国内该行业全部注册企业数量的约 6.8%；其中，四川锦江电子医疗器械科技股份有限公司拥有 16 个心脏电生理器械注册证，绵阳立德电子股份有限公司拥有 5 个心脏电生理器械注册证；这两家企业的主营业务均为心脏电生理医疗器械，合计拥有 22 个注册证，占该行业全部国内注册证数量的 18%。

从城市分布来看，两家企业中，1 家注册于成都市，1 家注册于绵阳市。两家企业均为非主板上市股份有限公司，无外商投资。在表 2–2–16 所示 2 家企业中，从人员规模来看，四川锦江电子医疗器械科技股份有限公司属于中小企业，参保员工达到 200 人以上；绵阳立德电子股份有限公司属于小型企业，员工参保人数为 49 人。此外，两家企业均有 20 多年的技术积累，且已获得了一定的资本规模，两家企业的实缴资本都达到 3 000 万元以上，其中，四川锦江电子医疗器械科技股份有限公司实缴资本超过 7 000 万元。从人员规模、产品种类来看，锦江电子医疗器械科技股份有限公司是四川省在心脏电生理器械领域的龙头企业。

综合来看，虽然相比兄弟省、市四川省心脏电生理器械注册企业的数量较少，但四川锦江电子医疗器械科技股份有限公司是行业领军企业，具有较强的产品创新能力。

表 2-2-16　四川省心脏电生理器械注册企业

公司名称	注册资本 / 万元	实缴资本 / 万元	成立时间	所属城市	所属区县	参保人数 / 人
四川锦江电子医疗器械科技股份有限公司	7 587.738	7 587.738	2002	成都市	武侯区	318
绵阳立德电子股份有限公司	3 091	3 091.56	1999	绵阳市	—	49

数据来源：国家药品监督管理局、天眼查；数据检索截止日期为 2023 年 4 月 10 日。

（三）创新能力

四川省两家主营业务为心脏电生理器械的注册企业合计拥有授权专利 123 项，软件著作权 35 项。其中，发明专利 93 项，实用新型专利 29 项，外观设计专利 1 项。见表 2-2-17。

表 2-2-17　四川省心脏电生理器械企业创新情况　（单位：个）

企业名称	发明专利数量	实用新型专利	外观设计专利	专利总计	软件著作权
四川锦江电子医疗器械科技股份有限公司	90	22	1	113	27
绵阳立德电子股份有限公司	3	7	0	10	8

注：表中专利数指已授权专利数，未区分专利内容是否与心脏电生理的相关性；数据来自于企查查网站，数据检索截止日期为 2023 年 4 月 10 日。

无论是专利，还是软件著作权，四川锦江电子医疗器械科技股份有限公司的数量最多，贡献了绝大多数份额。特别是在含金量高的发明专利上，四川锦江电子医疗器械科技股份有限公司获得了 90 项发明专利、22 项实用新型专利、1 项外观设计专利和 27 项软件著作权，这显示出该公司具有强大的研发实力。绵阳立德电子股份有限公司获得了 3 项发明专利、7 项实用新型专利、8 项软件著作权，这表明企业具备较好的研发实力。

2 家主营心脏电生理器械的注册企业，均获得省级以上的创新类荣誉资质。其中，四川锦江电子医疗器械科技股份有限公司获评国家级知识产权优势企业。见表 2-2-18。

（四）主要产品

目前四川省心脏电生理器械注册企业进入的产品领域，既包括标测设备与耗材也包括消融设备与耗材。其中代表性的产品是三维心脏电生理标测系统、多道电生理记录仪、射频消融仪、灌注泵及导管类耗材。从总体来看，四川省心脏电生理器械注册企业的产品覆盖了心脏电生理手术治疗的全过程中所需器械。

表 2-2-18　四川省心脏电生理注册企业荣誉资质

企业名称	荣誉资质
四川锦江电子医疗器械科技股份有限公司	高新技术企业（国家级） 知识产权优势企业（国家级） 四川省科技进步二等奖（省级） 企业技术中心（省级） 专精特新中小企业（省级）
绵阳立德电子股份有限公司	高新技术企业（国家级） 科技型中小企业企业（国家级） 专精特新中小企业（省级） 企业技术中心（省级） 新三板上市企业

注：企业荣誉资质来自于企查查网站和企业网站。

二、市场发展趋势

（一）电生理手术渗透率低，行业发展空间大

随着人口老龄化加剧、心律失常患者人数增加以及电生理手术产品的普及和技术升级，弗若斯特沙利文分析预计到 2024 年电生理手术相关产品市场规模将超 200 亿元，而国内中金公司测算 2030 年中国心脏电生理市场可达 303.0 亿元。

（二）医保集采落地，国产品牌迎来发展机遇

国产电生理品牌上市晚于外资品牌，在技术上与进口厂家有一定差距，

目前电生理市场外资品牌占比约90%。2022年12月，以福建省牵头共27省电生理耗材联盟集采落地。此次集采共分为三大采购模式，组套采购模式、单件采购模式和配套采购模式。在组套采购模式下的产品技术壁垒较高，拟中选全部为外资品牌；在单件采购模式中，产品较为分散，基本呈现国产、外资分庭抗礼之势。在配套采购模式中，在拟中选数量上，国产企业除微电生理外，以外资为主。可以预计，随着电生理耗材集采的推开，国产品牌在单件采购模式中的比例将进一步放大。

（三）消融技术路线变迁，国产品牌有望打破市场格局

脉冲电场消融技术（PFA）利用电场与细胞的耦合作用，通过极短时间的高压强电场刺激，特异性地破坏特定细胞的细胞膜结构，进而完成对特定组织的选择性消融。相比射频和冷冻消融技术，PFA技术不仅能降低常规手术的操作难度，缩短医护人员的学习曲线，提升手术的成功率（100%肺静脉即刻隔离成功率）和安全性（非热消融和超强组织选择性，极低并发症发生率），PFA还是一种绿色电生理手术（可实现无X射线手术），具有更广的手术适应证（能适应于所有类型的心律失常手术）。目前国内企业（如四川锦江电子医疗器械科技股份有限公司）已成功研发出基于磁电定位三维的PFA消融系统，并已通过国家药品监督管理总局创新医疗器械特别审查批准，进入特别审查程序“绿色通道”。由于PFA消融属于新兴技术路线，国内外企业的技术差距小，PFA消融系统上市后国内企业有望实现对海外企业的弯道超车，打破心脏电生理市场格局。

三、四川省代表性企业

四川锦江电子医疗器械科技股份有限公司

四川锦江电子医疗器械科技股份有限公司（简称锦江电子）创立于2002年，公司专注于心脏电生理领域，坚持以科技创新为发展引擎，建立了完整的快速心律失常电生理产品解决方案。锦江电子产品覆盖磁电三维系

统、电生理多道记录仪、射频消融仪、PFA 消融系统、射频消融导管、电生理标测导管、针鞘类等全部电生理手术相关产品。

1. 企业简介

自成立以来，锦江电子始终以专业、专注的精神致力于电生理领域产品的研发、生产。公司研发成功的多道生理记录仪于 2007 年获得成都市科技进步三等奖，以及 3Ding 心脏三维标测系统于 2010 年获得四川省经信委重点创新项目。2010 年，新一代心脏射频消融仪被认定为成都市自主创新产品，获得成都市科技进步二等奖。LEAD-PTCA 电生理记录系统被认定为成都市自主创新产品。锦江电子拥有多项发明专利，是国家知识产权优势企业。

锦江电子不仅拥有雄厚的独立研发和制造能力，还具备全球科技资源整合能力。早在 2004 年，锦江电子即开始与全球知名电生理品牌合作，研发和生产多极放电射频消融仪，并按照 FDA 标准建设了研发、生产和质量管理体系。2011 年，锦江电子收购了美国的国际一流医疗器械公司 CARDIMA 资产，完整获得了 Pathfinder，Pathfinder mini 系列电生理诊断微型导管，Revelation 系列线绕多电极心脏射频消融导管，VUEPORT 和 NAVIPORT 系列导引导管，INTELLITEMP 8 通道射频能量分配设备和肺静脉外科消融系统等电生理设备的研发和生产能力。

以此为基础，锦江电子成功搭建了心脏电生理设备和耗材的完整技术平台，并进一步实现了复杂心律失常解决方案产品上的突破。2017 年，锦江电子研发出第二代磁电定位三维系统，2020 年研发出压力感知消融导管，2020 年底研发出基于磁电定位三维的 PFA 消融系统。

2. 市场开拓

自创立至今，锦江电子产品销往全国 31 个省、直辖市（不包括香港特别行政区、澳门特别行政区以及台湾地区），覆盖医院累计突破 1 600 家。其中，适用于描记心脏活动时人体体表心电图、心腔内的心电波形、测量心腔和血管内压力、发放刺激，以供临床诊断或电生理研究之用的多道生理记录仪，累计用户数已经达 1 064 家；用于经皮导管消融治疗快速心律失常心脏射频消融仪累计用户数已达 1 031 家。2022 年实现销售收入近 6 000 万元。

在提供创新产品的同时，锦江电子还注重为客户提供高质量的专业服务。针对客户在使用产品过程中遇到任何障碍和问题，锦江电子售后服务中心均可第一时间为客户提供帮助，必要时还将派专业工程师现场服务；针对锦江电子售出的任一款产品，锦江电子均提供终身服务；产品保修期内，为客户提供全免费服务；保修期外，为客户提供只收取成本费用的有偿服务。

3. 主要产品

目前，锦江电子的产品主要包括心脏三维标测系统、多道生理记录仪、心脏电生理刺激仪、心脏射频消融仪、冷盐水灌注泵、一次性使用固定弯 / 可调弯心脏电生理标测导管、一次性使用可调弯心脏射频消融导管、神经射频治疗仪等。

锦江电子在国内率先推出磁电定位三维 PFA 解决方案。相比射频和冷冻消融技术，PFA 技术不仅能降低常规手术的操作难度，缩短医护人员的学习曲线，提升手术成功率（100% 肺静脉即刻隔离成功率）和安全性（非热消融和超强组织选择性，极低并发症发生率）。

2020 年底，锦江电子成功研发了中国第一款基于磁电定位三维的 PFA 消融系统，并于 2021 年 4 月拿到国内首个 PFA 产品型检报告。2022 年 5 月 26 日，四川大学华西医院心内科使用锦江电子自主研发的全磁定位三维电生理标测系统介导下脉冲消融系统（LEAD –PFA），成功完成全球首例单大头脉冲消融治疗阵发性室上性心动过速手术。2022 年 6 月 10 日，锦江电子自主研发的“心脏脉冲电场消融设备”通过国家药品监督管理局（NMPA）创新医疗器械特别审查批准，进入特别审查程序“绿色通道”，预计将于 2023 年上市。

第五节　四川省齿科器械市场状况及发展趋势

针对患者的牙缺失问题，口腔临床修复中有两种常用的齿科器械[1]：定制义齿和固定义齿。义齿是由医生在患者口腔内取模后，向义齿制造企业下达生产订单并由其制作完成的医疗器械产品。

根据国家药品监督管理局颁布的《医疗器械分类规则》（药监局令第15号）及《医疗器械分类目录》，按照口腔科设备、口腔科器具和口腔科材料的预期用途，口腔科器械（17）子目录大类分为10个一级产品类别；按照产品组成成分和产品用途分为93个二级产品类别。根据行业惯例和四川省企业分布特点，本节中的齿科器械主要指《医疗器械分类目录》口腔科器械（17）子目录下的口腔义齿制造材料（06）二级目录中的医疗器械。

一、市场基本状况

（一）市场需求

根据灼识咨询报告，2020年美国牙科护理服务市场达到1 332亿美元，2030年有望达到1 636亿美元；相比之下，2020年我国国内市场规模为262亿美元，有望于2030年达到752亿美元，市场发展潜力巨大[2]。

近年来国内人口老龄化加速，口腔科疾病患病率随年龄增长而提高，境内口腔科相关医疗机构对义齿的需求快速增长。截至2019年末，国内总人

[1] 齿科器械是一个产业中对义齿的笼统称呼，并不是严格的医疗器械分类。在2017版的《医疗器械分类目录》中，口腔科器械（17）子目录大类按照口腔科设备、口腔科器具和口腔科材料的预期用途分为10个一级产品类别；按照产品组成成分和产品用途分为93个二级产品类别。根据行业惯例和四川省企业分布特点，本节中的齿科器械主要对应于2017版的《医疗器械分类目录》口腔科器械（17）子目录下的口腔义齿制造材料（06）、口腔植入及组织重建材料（08）中的医疗器械。

[2] 数据来自灼识咨询《全球及中国隐形矫治行业蓝皮书（2021）》和时代天使招股说明书。

口为 14 亿人，其中 65 岁以上人口达到 1.76 亿人，占比 12.57%[1]；而据第四次全国口腔健康流行病学调查报告显示，国内 65 ~ 74 岁老人患龋率高达 98%，老年人的口腔健康尤其是牙齿健康需求与日俱增，我国 37% 的成人和 86.1% 的老年人存在牙齿缺失。与此同时，在供给端，国内口腔卫生从业人员的数量和结构有了较大改善，口腔科医生（简称牙医）密度逐步增加。2018 年国内共拥有口腔科医生 21.73 万人，同比增长 14.49%，每百万人拥有牙医数 155.72 人，同比增长 13.66%。值得注意的是，国内每百万人拥有的牙医数量，远低于西方发达国家每百万人口 500 ~ 1 000 人的牙医数量，也低于文化相近的日本和韩国[2]。

随着我国国民对牙齿健康和美观的重视程度不断提升，各类义齿以及各类牙科医用材料也不断增多，市场规模呈现不断扩大的趋势。2015 年我国义齿及各类材料的市场规模为 54.1 亿元，增长率为 6.92%；2019 年我国义齿及各类材料的市场规模为 84.3 亿元，同比增长 12.25%[3]。

（二）生产企业

我国义齿制造企业数量众多，小型的本地化工厂主导了市场，市场呈现出较为分散的格局。据国家药监局数据统计，截至 2023 年 4 月，国内持有义齿产品注册证的企业达 2 559 家，总计持有 5 080 个有效义齿产品注册证。我国的义齿制造企业主要分布在以深圳为中心的珠三角区域。见图 2-2-14，广东省拥有义齿制造企业数量最多，达到 428 家，数量超过 100 家的省 / 直辖市有 7 个，分别为华东沿海的浙江、上海、江苏、山东、河北，东北的辽宁、黑龙江，以及华中地区的河南。

[1] 数据来自天风证券研究报告。
[2] 数据来自天风证券研究报告。
[3] 数据来自前瞻产业研究院与家鸿口腔招股说明书。

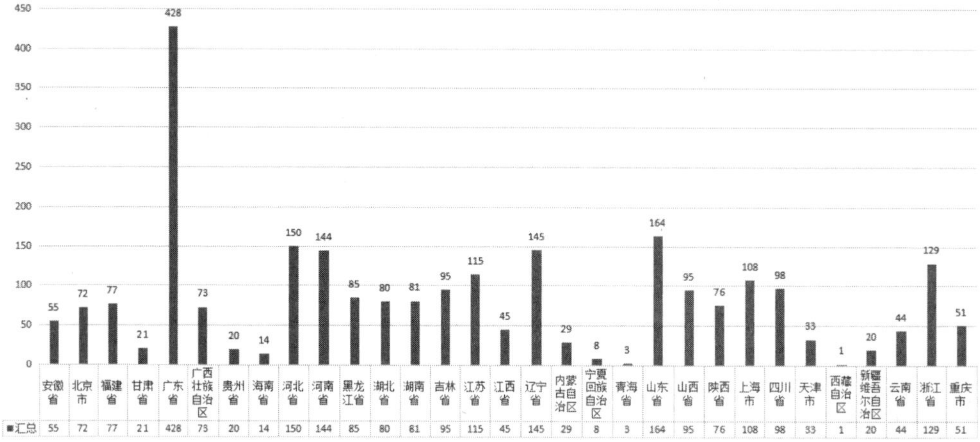

图 2-2-14　全国义齿制造企业分布（单位：家）

数据来源：国家药监局，数据检索截止日期为 2023 年 4 月 28 日。

四川省拥有定制式义齿注册证 178 个，持有定制式义齿的企业数共计 96 家。从 178 个定制式义齿注册证的城市分布来看，成都市拥有 121 个，南充市拥有 12 个，绵阳市和遂宁市拥有 8 个，资阳市、攀枝花市拥有 6 个，其他地区拥有量小于 5 个。见图 2-2-15。

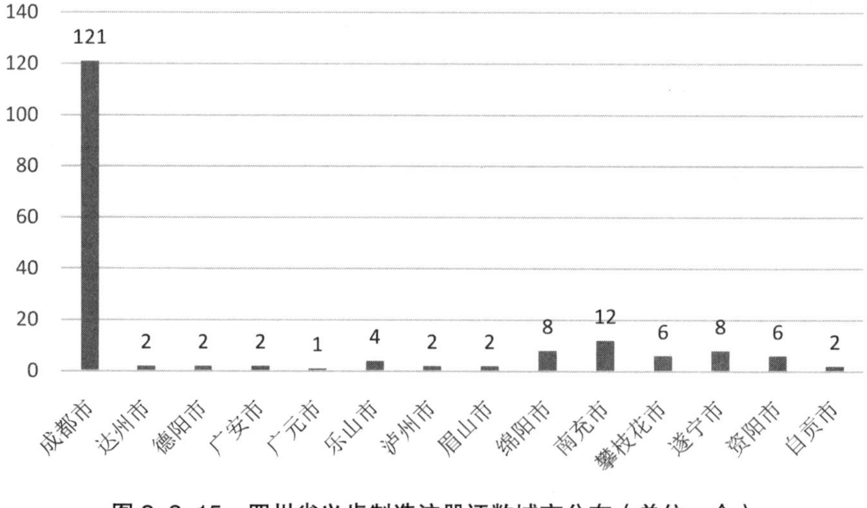

图 2-2-15　四川省义齿制造注册证数城市分布（单位：个）

数据来源：国家药品监督管理局、天眼查，数据检索截止日期为 2023 年 4 月 28 日。

从 96 家定制式义齿制造企业的城市分布来看，66 家注册于成都市，7 家注册于南充市，其余地区企业数少于 5 家。见图 2-2-16。

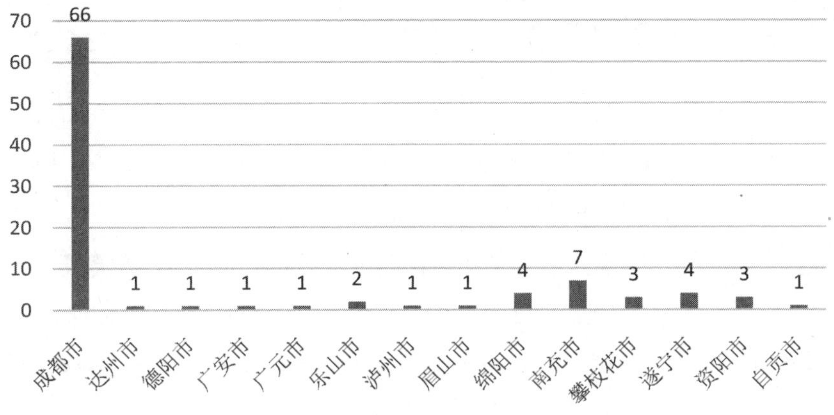

图 2-2-16　四川省义齿制造企业地区分布（单位：家）

数据来源：国家药监局、天眼查，数据检索截止日期为 2023 年 4 月 28 日。

从企业注册的公司类型来看，所有 97 家企业均为非上市公司，其中 96.9% 为有限责任公司，1.0% 为个体工商户，2.1% 为个人独资企业。

从注册资金来看，四川省义齿制造企业以中小企业为主。在天眼查工商系统中拥有实缴资本数据的 71 家公司，它们的平均实缴资本为 330 万元，其中 95% 的义齿制造企业的实缴资本小于 1 000 万元。行业中拥有 1 000 万元以上实缴资本的企业，有成都天齐增材智造有限责任公司、成都登特牙科技术开发有限公司、四川北极光口腔医疗器械有限公司和成都口口齿科技术有限公司。见表 2-2-19。

表 2-2-19　四川省义齿行业实缴注册资本最大的十家企业　（单位：万元）

公司名称	所属城市	注册资本	实缴资本
成都天齐增材智造有限责任公司	成都市	15 000	10 000
成都登特牙科技术开发有限公司	成都市	2 000	2 000
四川北极光口腔医疗器械有限公司	成都市	1 496.323 2	1 496.323 2
成都口口齿科技术有限公司	成都市	1 000	1 000
成都金典牙科技术开发有限公司	成都市	2 000	666.7

续表

公司名称	所属城市	注册资本	实缴资本
成都派瑞义齿科技发展有限公司	成都市	500	500
成都市精艺牙科技术开发有限公司	成都市	500	500
成都皓峰齿科技术有限责任公司	成都市	500	500
自贡市远川科技有限公司	自贡市	500	425.4
成都市艺境义齿技术有限公司	成都市	500	390

数据来源：国家药监局、天眼查；数据检索截止日期为 2023 年 4 月 28 日。

此外，从人员规模来看，四川省义齿制造企业的企业规模较小。在天眼查工商系统中拥有参保人数数据的 94 家公司，它们的平均参保人数为 35 人，其中 75% 的义齿制造企业的参保人数小于 43 人。行业中参保人数最多的 3 家企业为，成都登特牙科技术开发有限公司 378 人，成都口口齿科技术有限公司 361 人，成都派瑞义齿科技发展有限公司 139 人。见表 2–2–20。

表 2–2–20　四川省义齿行业参保人数最多的 10 家企业

公司名称	所属城市	参保人数
成都登特牙科技术开发有限公司	成都市	378
成都口口齿科技术有限公司	成都市	361
成都派瑞义齿科技发展有限公司	成都市	139
成都金典牙科技术开发有限公司	成都市	129
成都市宏盛义齿技术有限公司	成都市	114
成都琢美义齿技术有限公司	成都市	106
成都维登义齿科技有限公司	成都市	104
成都市精艺牙科技术开发有限公司	成都市	100
成都亚非齿科技术有限公司	成都市	98
四川北极光口腔医疗器械有限公司	成都市	92

数据来源：国家药监局、天眼查；数据检索截止日期为 2023 年 4 月 28 日。

2023 年 3 月课题组面向四川省医疗器械企业开展了问卷调查，其中 42 家义齿制造企业参与了调查。根据调查企业返回的数据，2022 年度四川省义齿制造企业销售收入前 5 强分别是：成都口口齿科技术有限公司（6 586 万元），成都派瑞义齿科技发展有限公司（2 569 万元），成都金典牙科技术开发有限公司（2 147 万元），成都市精艺牙科技术开发有限公司（1 727 万元），成都亚非齿科技术有限公司（1 725 万元）。见图 2-2-17。

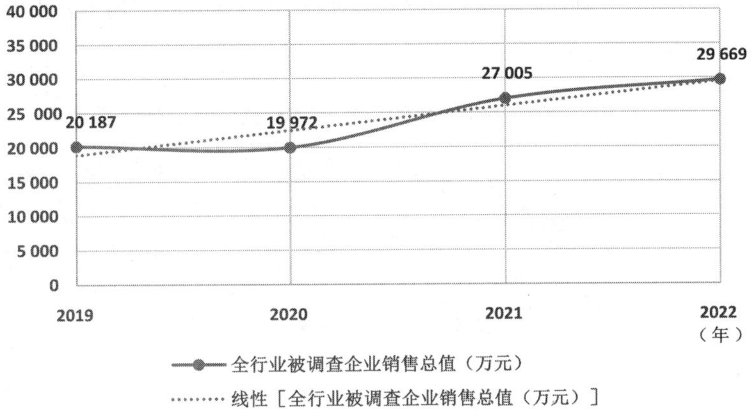

图 2-2-17　2019—2022 年四川省义齿制造企业年销售总值

数据来源：课题组调查。

四川省义齿行业企业近年来取得较快的成长，全行业销售收入从 2019 年的 2.02 亿元，提升到 2022 年的 2.97 亿元，年复合增长率达到 13.7%。企业平均年销售收入从 2019 年的 594 万元，提升到 2022 年的 706 万元 ，年复合增长率达到 5.9%。见图 2-2-18。

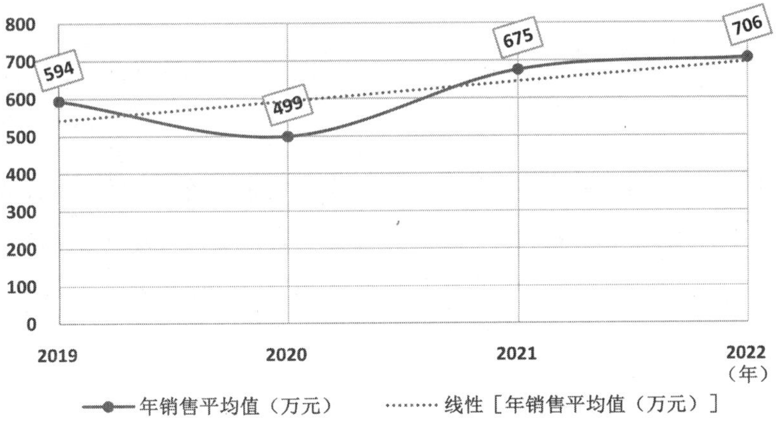

图 2-2-18　2019—2022 年四川省义齿制造企业年销售平均值

数据来源：课题组调查。

各企业间的销售收入水平和增长率呈现较大的差异。2019—2022年，全部被调查企业中增长速度最快的5家企业是，成都新大阪齿科技术发展有限公司为70.96%，成都派瑞义齿科技发展有限公司为39.42%，四川恒和鑫口腔科技有限公司为39.09%，成都维登义齿科技有限公司为33.07%，成都市牙立方义齿技术有限公司为25.25%。见表2-2-21。

表2-2-21　2019-2022年四川省义齿制造企业复合增长率

企业名称	所在城市	2019销售收入/万元	2022销售收入/万元	复合增长率/%
成都新大阪齿科技术发展有限公司	成都市	46	228	70.96
成都派瑞义齿科技发展有限公司	成都市	948	2 569	39.42
四川恒和鑫口腔科技有限公司	资阳市	304	818	39.09
成都维登义齿科技有限公司	成都市	460	1 084	33.07
成都市牙立方义齿技术有限公司	成都市	104	205	25.25
成都琢美义齿技术有限公司	成都市	533	1 043	25.08
成都金典牙科技术开发有限公司	成都市	1 106	2 147	24.74
成都蜀冠医疗器械有限公司	成都市	353	678	24.29
爱美励合成都医疗器械有限公司	成都市	254	483	23.98
四川北极光口腔医疗器械有限公司	成都市	64	108	19.06

数据来源：课题组调查。

此外，调查数据表明，四川省义齿行业领先企业阵营相对稳定，成都口口齿科技术有限公司、成都派瑞义齿科技发展有限公司、成都金典牙科技术开发有限公司、成都市精艺牙科技术开发有限公司、成都亚非齿科技术有限公司5家企业长期占据市场领先位置。

（三）创新能力

根据查询天眼查企业知识产权系统，四川省义齿行业注册企业中规模

（按参保人数）最大的 10 家企业，总计拥有授权专利 152 项，软件著作权 17 项。其中，发明专利 9 项，实用新型专利 138 项，外观设计专利 5 项。见表 2-2-22。

表 2-2-22　四川省义齿行业前 10 家企业授权专利和软件著作权数量　（单位：个）

公司名称	所属城市	发明专利数量	实用新型专利	外观设计专利	专利总计	软件著作权
成都登特牙科技术开发有限公司	成都市	9	10	0	19	0
成都口口齿科技术有限公司	成都市	0	27	0	27	0
成都派瑞义齿科技发展有限公司	成都市	0	16	0	16	0
成都金典牙科技术开发有限公司	成都市	0	12	0	12	0
成都市宏盛义齿技术有限公司	成都市	0	16	0	16	0
成都琢美义齿技术有限公司	成都市	0	15	0	15	0
成都维登义齿科技有限公司	成都市	0	15	0	15	0
成都市精艺牙科技术开发有限公司	成都市	0	8	0	8	7
成都亚非齿科技术有限公司	成都市	0	0	0	0	0
四川北极光口腔医疗器械有限公司	成都市	0	19	5	24	10

注：授权专利和软件著作权数据来自于天眼查网站，未区分是否与义齿的相关性；数据检索截止日期为 2023 年 4 月 28 日。

从专利构成可以发现，义齿行业企业均具备较强的研发产出，但产出类型以实用新型专利为主。其中，成都登特牙科技术开发有限公司是唯一一家拥有发明专利的义齿制造企业；而从实用新型专利数量来看，成都口口齿科技术有限公司拥有最多的数量，占前 10 家行业总量的 19.56%。

四川省义齿行业企业创新类荣誉资质见表 2-2-23。

表 2-2-23　四川省义齿行业企业创新类荣誉资质

公司名称	荣誉资质
成都登特牙科技术开发有限公司	科技型中小企业（国家级） 高新技术企业（国家级） 专精特新中小企业（省级） 企业技术中心（市级）
成都口口齿科技术有限公司	科技型中小企业（国家级） 高新技术企业（国家级） 专精特新中小企业（省级） 企业技术中心（市级）
成都派瑞义齿科技发展有限公司	科技型中小企业（国家级）
成都金典牙科技术开发有限公司	高新技术企业（国家级） 创新型中小企业（省级）
成都琢美义齿技术有限公司	高新技术企业（国家级） 创新型中小企业（省级）
四川北极光口腔医疗器械有限公司	高新技术企业（国家级） 创新型中小企业（省级）

注：企业荣誉资质来自于企查查网站和企业网站；数据检索截止日期为 2023 年 4 月 28 日。

（四）主要产品

四川省拥有定制式义齿注册证 178 个，持有定制式义齿的企业数共计 96 家。由于义齿属于定制完成的医疗器械产品，该行业绝大多数企业都拥有定制式固定义齿和定制式活动义齿 2 个注册证，同时拥有 2 个注册证的企业占全部企业的比重达 85.4%。

二、市场发展趋势

（一）计算机辅助设计 / 制造技术助推义齿制造工艺转型

计算机辅助设计 / 制造技术（CAD/CAM），其先通过计算机将数据分析、处理后，进而构造物体模型将其制作成型，该项技术为传统义齿的设计、加工及制作带来了诸多革新，使义齿制造向现代化生产加工制造格局发展。具体而言，CAD/CAM 技术在义齿制造行业的应用将带来如下影响：第一，精简义齿制造生产工序，大幅提高生产效率。CAD/CAM 技术可以将传统义齿制造所需的磨牙、取模、倒模、分模、刻蜡、铸造、烧模及上釉等近 20 道工序简化，在 3D 打印技术的配合下甚至可实现一步到位。第二，降低对高水平技师的依赖程度，大幅降低生产误差及人工成本。不同于劳动密集型的传统制作工艺吗，CAD/CAM 技术利用 3D 建模软件，精准地分析义齿模具数据并转化为加工参数，制作的义齿品质更高，人工成本更低。第三，提升义齿制造企业的设备利用率，拓宽义齿新材料应用。CAD/CAM 技术精简了义齿制造的流程和创新了加工工艺，企业需要配置的加工设备类型大幅减少，降低了义齿新材料（如氧化锆陶瓷和生物陶瓷）应用的技术门槛。

（二）数字化技术促进“患、医、技”三者数据信息交互

义齿行业义齿的定制及销售主要分为三个阶段：数据收集及印模制作阶段：患者到口腔诊所或牙科医院向牙医咨询，牙医根据患者牙齿数据，通过牙模或扫描的方式制取印模；数据应用及义齿制造阶段：义齿制造生产技师接收印模并根据印模数据将其生产制造成符合患者个性需求的义齿；数据反馈及义齿安装阶段：牙医接收加工生产的定制义齿，将其安装在患者口腔内，患者反馈义齿使用情况。

数字化技术可在上述三个阶段中集成数据信息，保持患者、牙医及技师三者信息的完整与连续，加强三者交互，降低沟通成本。不仅如此，数字化技术可以构建数据信息库，收集汇总庞大的数据量，高效及时地更新校准患者数据，利于义齿企业为患者及牙医提供更为妥帖及个性化的技术服务。

（三）齿科器械集中带量采购，将加剧行业竞争、促进市场整合

2022 年，国家组织口腔种植体系统集中带量采购，中选产品平均中选价格降至 900 余元，与此前中位采购价相比，平均降幅达 55%。部分省份（如浙江省）也对牙冠实施了价格联动挂网，单牙种植用全瓷牙冠平均挂网价格降至 356 元。

集中带量采购通过行政手段大幅压低药品、器械耗材的销售价格，补偿

给中标企业以较大的市场份额和较小的销售推广需求。一方面，更低的治疗成本将进一步普及定制义齿和种植义齿等口腔治疗技术，促进行业需求加速增长；另一方面，相比中标企业获得的大规模订单和规模经济，未中标企业将被迫在剩余较小市场份额中搏杀，面临较大的经营风险甚至是生存危机。

三、四川省代表性企业

成都口口齿科技术有限公司

成都口口齿科技术有限公司（简称口口齿科）成立于2004年，是一家专注于定制式口腔义齿研发制作、口腔医学教育与培训、技术咨询与成果转让和医疗器械销售的科技型企业。口口齿科拥有成都口口义齿制造有限公司、成都康为医疗器械有限公司、牙谷口口医疗技术有限公司3家全资子公司。2021年，口口齿科引入资阳高投集团牙谷有限责任公司暨资阳牙谷数字口腔技术中心进行股权重组，转制成为一家国有资本控股企业。

1. 企业简介

口口齿科依托雄厚的技术实力和高素质的管理团队，着力打造“专业权威、健康安全”的中国口腔义齿行业品牌。已通过ISO9001质量管理体系认证、美国FDA口腔义齿产品注册。从2004—2019年，口口齿科多次在国家级口腔义齿大赛中获奖，是中国西部地区自2005—2008年连续4年在口腔义齿制造比赛中获得大奖的企业，2006—2008年连续3年被成都高新技术产业开发区武侯科技园授予“创业新星企业”“快速成长企业”及“创业明星企业”荣誉称号。2007年，口口齿科在四川省义齿行业率先获得科技部火炬中心高新技术企业认定；2022年口口齿科被四川省经济和信息化厅认定为四川省专精特新企业。

口口齿科是中国西部唯一自2005—2008年连续4年在口腔义齿制造比赛获奖企业；2008年，公司入围“中国金牌制作中心”；2013年，荣获首届“VITA/TESCO维他丰达杯”全口义齿制造大赛第一名及团队奖；2014年，荣获“VITA/TESCO维他丰达杯”全口义齿制造大赛一等奖；2016年，荣获由中华口腔医学会举办的精瓷制作比赛和义齿制造比赛“佳作奖”“优胜奖”。

2. 市场开拓

口口齿科用心践行“工艺流程标准化，客户服务优质化”的质量方针，弘扬“工匠精神”，努力把每一件产品都打造成精品。2022 年口口齿科实现销售收入 6 585 万元。口口齿科的主要市场在西南地区，其核心客户包括四川大学华西口腔医院、四川省人民医院等国家三甲医院。近年来，口口齿科加强市场团队建设，一方面继续深耕四川省内市场，开发省内地、市的口腔医院或科室；另一方面，借助数字化口腔修复技术，加快拓展新疆、陕西、山东等川外新兴市场。

在客服服务方面，口口齿科为基层医院上门提供 NewTom 车载 CBCT 3D 颌面影像系统服务，帮助客户采集精准的数字化口腔数据；建立专业的口腔修复技术指导团队，提供一对一定制化的培训课程和操作技能训练，帮助客户提高专业技术知识、提升造作技能、了解掌握口腔新进展新技术。此外，口口齿科还是德国、日本多家技工所在中国的义齿代工生产厂家，长期为欧洲、北美、澳洲、日本等海外客户提供口腔医疗定制式产品。

3. 主要产品

口口齿科是中国西部专业化口腔义齿制造企业，通过了 ISO9001 质量管理体系认证，取得美国 FDA 口腔义齿产品注册。口口齿科拥有“云芒”“轻耀”“安捷微”“口口齿科”4 个注册商标；能够制作口腔修复、口腔种植、口腔正畸等所用的各种定制式口腔产品，具体包括拉瓦（LAVA）全瓷冠、瑞典全瓷冠完美支架、附着体义齿、正畸保持器及矫治器等。

口口齿科的专业技术能力得到国内外合作伙伴的广泛认可，与国际知名企业建立了紧密的合作关系。

2007 年，口口齿科获得世界知名牙科产品生产商——美国登士柏公司授权，特许在世界范围制作 VITALLIUM 义齿。

2008 年度，口口齿科入围“中国金牌制作中心”。

2013 年，德国 DOCERAM 乐瓷授权口口齿科为中国西部地区战略合作基地，瑞典 Procera 授权全瓷产品中国西部地区合作单位。

2014 年，德国 BK 授权为中国西部地区合作单位，美国 NOBILIUM 授权为中国西部地区合作单位。

第六节　四川省一次性使用无菌医疗器械市场状况及发展趋势

无菌医疗器械是指预期满足“无菌”要求的医疗器械，即经过了一个确认过的灭菌过程使其无存活微生物的医疗器械，微生物存活的理论概率应小于或等于 10^{-6}。根据无菌医疗器械使用的形式主要涉及：无源接触人体和有源接触人体的医疗器械。无菌医疗器械中很大一部分属于一次性使用无菌医疗器械；一次性使用无菌医疗器械包括：输、注类的医疗器械、体外循环及血液处理的医疗器械、植入、介入类的医疗器械、创伤敷料类等产品。一次性使用无菌医疗器械均在净化环境下组织生产并灭菌符合要求后上市。

在我国，医疗器械分类目录中一次性使用无菌医疗器械大多属于第二类和第三类医疗器械。

一、市场基本状况

（一）输液管路系列产品

随着近年来全国医疗卫生机构门诊量和住院量的增加，以及居民接受输注治疗、疫苗接种、诊断检查以及专科诊疗频次的增加，我国输液管路系列医疗器械的市场规模呈现逐年上升的趋势。输液管路系列产品主要包括静脉留置针、中心静脉导管和输液接头等产品。

1. 静脉留置针

数据显示，2017—2022 年，中国留置针市场规模由 22.4 亿元增长至 34.6 亿元，平均年增长率为 10.0%。见图 2-2-19。

2. 中心静脉导管

2021 年，国内的中心静脉导管市场规模达 14.8 亿元，预计 2022 年的市场规模为 16.3 亿元，2016—2022 年复合增长率达 18.0%。见图 2-2-20。

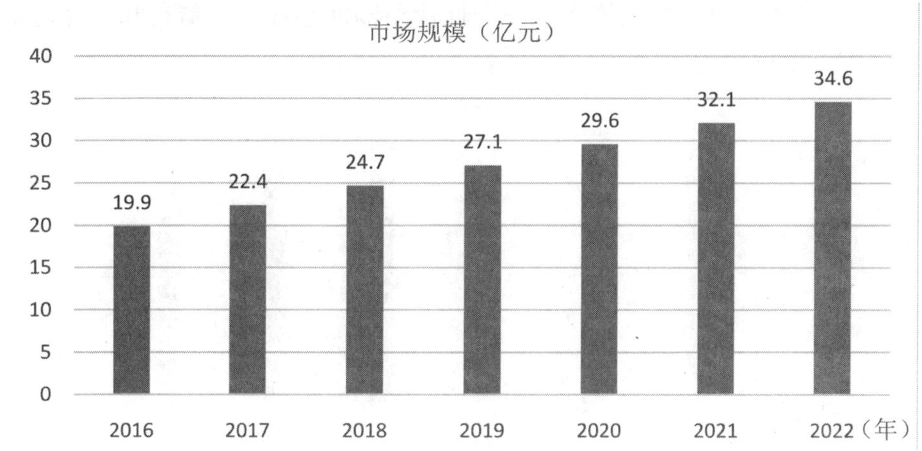

图 2-2-19　2016—2022 年中国留置针市场规模

数据来源：2016—2021 年数据来源于中国医药物资协会、中关村玖泰药物临床试验技术创新联盟，2022 年来源于成都市医疗器械行业协会统计。

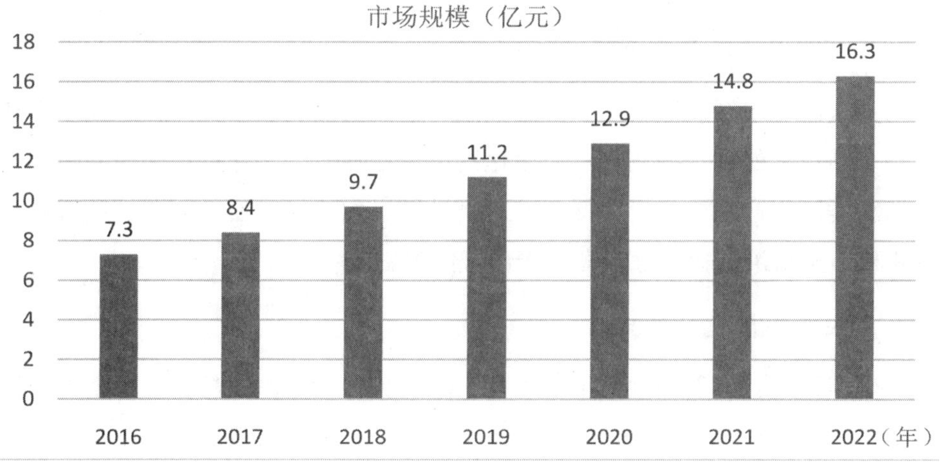

图 2-2-20　2016—2022 年我国中心静脉导管市场规模

数据来源：2016—2021 年数据来源于中国医药物资协会、中关村玖泰药物临床试验技术创新联盟，2022 年来源于成都市医疗器械行业协会统计。

3. 输液器和注射器系列产品

数据显示，2019 年度，中国输液器市场规模达到了 11.7 亿个，注射器的市场到 18 亿支。随着我国居民生活水平的提高，医保工作的不断深入，以及居民安全意识的不断增强，一次性使用输液器和注射器在临床静脉输液治疗中的使用率逐步提升。见图 2-2-21。

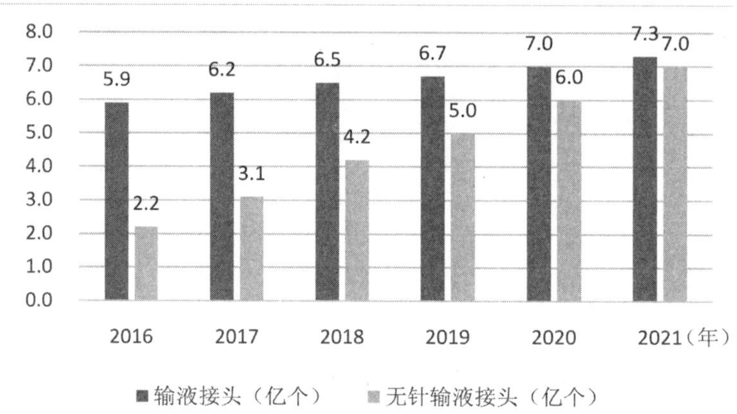

图 2-2-21　2016—2021 年中国输液器市场规模

数据来源：2016—2021 年数据来源于中国医药物资协会、中关村玖泰药物临床试验技术创新联盟。

（二）血液净化系列产品

血液净化包括血液透析、血液灌流、血液滤过、血浆置换、免疫吸附和以上多项技术的联合应用。血液净化器械是指在血液净化过程中使用较频繁的消耗类医用产品，主要包括血液透析导管、内瘘针、血液回路、透析器、透析机、透析液、血液灌流器、蛋白吸附材料等。

（三）创伤敷料产品

数据显示，随着国内市场需求的不断扩大，大型医用敷料出口企业纷纷加大了国内市场开拓力度，国外厂商也逐步推行中国市场的本土化策略。我国医用敷料市场规模于 2019 年达到 73.12 亿元，2022 年达到 99.1 亿元。见图 2-2-22。

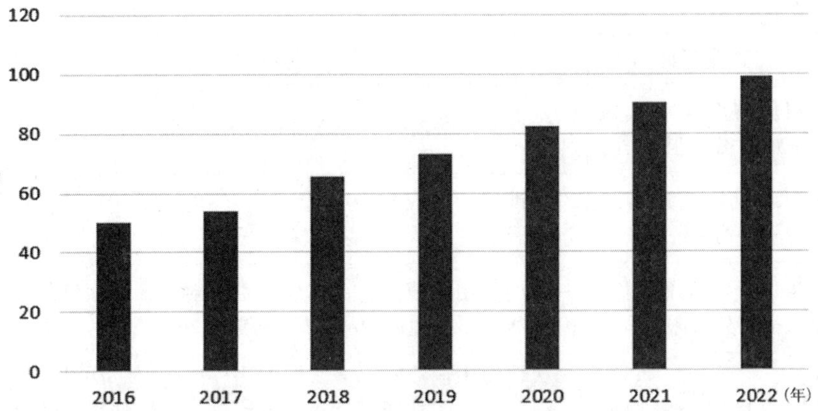

图 2-2-22　2016—2022 年我国医用敷料市场规模（单位：亿元）

数据来源：2016—2021 数据来源于中国医药物资协会、中关村玖泰药物临床试验技术创新联盟；2022 数据来源于成都市医疗器械行业协会统计。

1. 四川省无菌医疗器械生产企业

四川的一次性无菌医疗器械产业发展在国内处于中等水平，目前有一次性无菌医疗器械生产企业共 11 家。见表 2-2-24。

表 2-2-24　四川省的一次性无菌医疗器械产业

序号	企业名称	主要产品
1	成都市新津事丰医疗器械有限公司	一次性使用输液器(带针)、一次性使用无菌注射器(带针)、一次性使用自毁式注射器（带针）、一次性使用精密输液器（带针）、一次性使用袋式输液器（带针）、一次性使用精密袋式输液器(带针)、血液净化装置的体外循环血路、一次性使用动静脉穿刺针、一次性使用避光输液器(带针)、一次性使用麻醉包、一次性使用留置针、一次性使用外科口罩、一次性使用防护服、一次性使用防护口罩
2	成都瑞琦科技实业股份有限公司	体外诊断试剂、血液化验设备和器具、注射穿刺器械
3	成都市威力生生物科技有限公司	一次性使用透析管路、一次性使用透析过滤器
4	成都欧赛医疗器械有限公司	敷料、护创材料血液净化设备和血液净化器具
5	四川康宁医用器材有限公司	一次性使用输液器、一次性使用注射器一次性使用精密输液器、一次性使用袋式输液器

续表

序号	企业名称	主要产品
6	四川省广元市康康医疗器械有限公司	一次性使用输液器、一次性使用注射器、高压注射器
7	四川双陆医疗器械有限公司	一次性使用输液器、一次性使用注射器、一次性使用精密输液器、一次性使用袋式输液器、一次性使用外科口罩
8	四川新世纪医用高分子制品有限公司	一次性使用输液器、一次性使用注射器、一次性使用精密输液器、一次性使用袋式输液器
9	四川普瑞斯生物科技有限公司	一次性使用输液器、一次性使用注射器、一次性使用精密输液器、一次性使用袋式输液器、一次性使用留置针、一次性使用外科口罩、一次性使用防护服、一次性使用防护口罩
10	威高血液净化（成都）有限公司	一次性使用透析管路、一次性使用透析过滤器
11	四川南格尔生物科技有限公司	血液输采器材和设备、体液处理设备；输液、输血器具及管路

1）三类生产企业分布

2021年四川省一次性使用无菌医疗器械产品呈现较快发展的态势。一次性使用注输器具、透析管路、卫生材料、防护用品等实现收入超80亿元，同比增长32%。见表2-2-25。

表2-2-25　四川省一次性使用无菌医疗器械上规模的企业

序号	企业名称	主营产品	2021年产值/亿元
1	成都市新津事丰医疗器械有限公司	一次性使用输液器（带针）、一次性使用无菌注射器（带针）、一次性使用自毁式注射器（带针）、一次性使用精密输液器（带针）、一次性使用袋式输液器（带针）、一次性使用精密袋式输液器（带针）、血液净化装置的体外循环血路、一次性使用动静脉穿刺针、一次性使用避光输液器 带针、一次性使用麻醉包、一次性使用留置针、一次性使用外科口罩、一次性使用防护服、一次性使用防护口罩	5.049 1

续表

序号	企业名称	主营产品	2021 年产值 / 亿元
2	成都瑞琦医疗科技有限责任公司	体外诊断试剂、血液化验设备和器具、注射穿刺器械	2.1
3	成都明森医疗器械有限公司	防疫产品、卫生辅料	2.1
4	四川恒明医疗器械有限公司	防疫产品、有源产品	2.0
5	四川普瑞斯生物科技有限公司	一次性使用输液器、一次性使用注射器、一次性使用精密输液器、一次性使用袋式输液器、一次性使用留置针、一次性使用外科口罩、一次性使用防护服、一次性使用防护口罩	1.8
6	成都市威力生生物科技有限公司	一次性使用透析管路、一次性使用透析过滤器	1.2
7	四川双陆医疗器械有限公司	一次性使用输液器、一次性使用注射器、一次性使用精密输液器、一次性使用袋式输液器、一次性使用外科口罩	1.0
8	成都欧赛医疗器械有限公司	敷料、护创材料、血液净化设备和血液净化器具	0.8
9	四川康宁医用器材有限公司	一次性使用输液器、一次性使用注射器、一次性使用精密输液器、一次性使用袋式输液器	0.85
10	四川新世纪医用高分子制品有限公司	一次性使用输液器、一次性使用注射器、一次性使用精密输液器、一次性使用袋式输液器	0.5
11	四川省广元市康康医疗器械有限公司	一次性使用输液器、一次性使用注射器、高压注射器	0.55

据众成数科研究，2022 年，中国留置针市场规模 34.6 亿元、中国中心静脉导管市场规模数据 16.3 亿元、中国血液净化耗材市场规模 159 亿元、中国血液透析患者人数 83.14 万人、中国血液灌流器市场规模 24.4 亿元，四川省一次性使用无菌医疗器械产品面临较好的市场机遇。

四川省一次性使用无菌医疗器械的生产企业主要分布在成都市，占四川省无菌医疗器械生产企业的 2/3。见图 2-2-23。

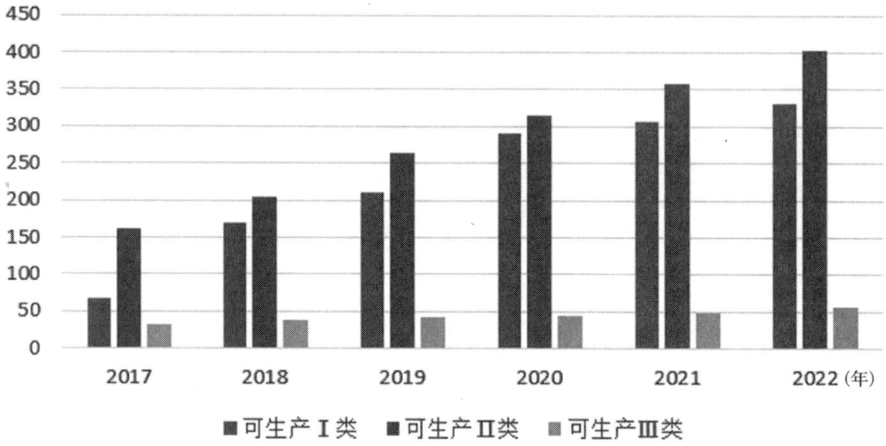

图 2-2-23　2017—2022 年四川省可生产Ⅰ、Ⅱ、Ⅲ类产品企业数量情况（单位：家）

数据来源：2017—2021 数据来源于医械数据云；2022 年数据来源于成都市医疗器械行业协会统计。

2）规模以上生产企业分布

四川省一次性使用无菌医疗器械上规模的企业共 11 家。

3）创新能力

科技创新方面：创新平台数量、专利数量等。见表 2-2-26。

表 2-2-26　创新平台数量、专利数量

序号	企业名称	2 019—2021 年专利 / 个
1	成都市新津事丰医疗器械有限公司	23
2	四川南格尔生物科技有限公司	18
3	成都瑞琦医疗科技有限责任公司	15
4	成都明森医疗器械有限公司	8
5	四川恒明医疗器械有限公司	6
6	成都欧赛医疗器械有限公司	9
7	四川康宁医用器材有限公司	3
8	四川省广元市康康医疗器械有限公司	2

续表

序号	企业名称	2 019—2021 年专利 / 个
9	四川双陆医疗器械有限公司	3
10	四川新世纪医用高分子制品有限公司	2
11	四川普瑞斯生物科技有限公司	15
12	成都威力生生物科技有限公司	11

二、市场发展趋势

高端医用耗材

重点发展生产可诱导组织再生生物材料、医用口腔材料、新型药用包装材料、心脏瓣膜、心脏起搏器、全降解血管支架、人工关节和脊柱等高端植（介）入产品；重点发展血管介入相关导管、导丝、球囊、支架和心脏起搏器相关起搏导管、心脏复律除颤器、起搏导线，以及体外循环及血液净化相关透析管路、滤器、分离器等产品的技术含量与质量稳定性等一次性使用高端医用耗材。

三、四川省代表性企业

成都市新津事丰医疗器械有限公司

成都市新津事丰医疗器械有限公司（简称事丰医械）成立于 1989 年（前身为成都市新津医疗器械厂）；1998 年转制为成都市新津医疗器械有限公司。公司专注一次性无菌医疗器械的研制、开发、生产与经营。

1. 企业简介

事丰医械是中国西部生产一次性无菌医疗器械系列产品的重点企业，专注于无菌医疗器械的生产、经营。注册资金：4 078 万元；注册地址：四川省成都市新津区。公司现有生产工厂 3 个。国外工厂：巴基斯坦工厂；国内工厂：新津宝墩工厂、天府新区普兴工厂。现有员工 1 200 人，占地面积

320 亩，在国内同行业中综合实力排名前茅。

事丰医械是中国医疗器械行业协会副理事长单位、全国输液（血）器具标准化技术委员会、全国注射器（针）标准化技术委员会委员单位、成都市医疗器械行业协会会长单位、成都市医疗器械产业技术创新联盟理事长单位、四川省高新技术企业、成都市科技型成长型企业，拥有省级技术中心。

事丰医械以科技创新引领公司的发展。先后组织、参与起草了国家标准、行业标准、团体标准 65 项；其中参与起草国家标准 2 项，组织起草行业标准 2 项，参与起草行业标准 5 项，组织、参与起草行业团体标准 56 项。2009 年公司研制开发的一次性使用单袋双插袋式输液器获得了成都市人民政府颁发的成都市科技进步二等奖。2012 年公司研制开发的一次性使用自毁式注射器获得成都市人民政府颁发的成都市科技进步三等奖。2013 年公司被四川省经济和信息化委员会、四川省知识产权局授予四川省知识产权优势培养企业。

事丰医械建立健全了医疗器械完整的质量体系，确保产品安全有效。先后通过了美国 FDA、欧美的 ISO13485、MDR（CE）以及 ISO14001 环境管理认证。公司倡导“团结、务实、创新”的企业精神，引进国内外尖端技术、先进的 6S 管理模式和 CRM、OA、HR、PLM 等信息化平台；推行制度创新、管理创新和技术创新，实现管理、生产信息化智能化。随着公司的 MES 系统、PLM 研发软件的全面应用，公司将全部步入管理信息化、生产经营数字化和智能化的现代化工厂的阵营。

至 2000 年来公司旗下的“新叶”牌、“事丰”牌商标分别获得中国驰名商标、四川省名牌产品称号并多届保持。

2. 主要产品

事丰医械主要生产经营无菌医疗器械，现有 83 个产品注册证和备案证，涵盖第一类、第二类、第三类医疗器械；产品覆盖医院临输注、护理、血透、检验、防护用耗材。主要产品包括：一次性使用输液器（带针）系列；非邻苯 TOTM 一次性使用输液器（带针）、一次性使用精密输液器（带针）、一次性（精密）袋式输液器（带针）系列；非 PVC 一次性使用输液器（带针）、一次性使用精密输液器（带针）、一次性（精密）袋式输液器（带针）系列；自动止液型的一次性使用输液器（带针）、一次性使用精密输液器（带针）、一次性（精密）袋式输液器（带针）等系列；一次性使用注射器带针、一次性使用注射针（含医美针）系列、一次性使留置针、一次性使用动静脉穿刺针、血液净化装置的体外循环管路；医用一次性防护服、医用防护口罩、一次性使用病毒采样管、医用外科口罩防护类产品系列；以及一次性使用麻醉包、手术包、口腔包等外科手术用品。

为保持公司持续发展，公司正在研制开发介入导管类、医美类、辅助生殖类的具有高附加值的高端医疗器械；不久的将来公司的这类产品将用于临床，给公司带来一定的经济效益。

3. 市场开拓

事丰医械自成立以来就以"支支精良、顾客满意，是事丰人的追求"为宗旨服务于市场，产品销往国内外。

事丰医械的产品市场包括国内和国际两大部分；国内部分含自主销售和注册人制度的委托生产；自主销售主要销往四川、重庆、云南、贵州、新疆、西藏、广西、上海、广东、沈阳、陕西等 10 多个省、市，产品销售额占公司总销售额的 34%；主要通过直销医院和走经销代理两种方式开展产品的销售。公司现有二甲以上直接医院客户 100 余家，年销售 150 万元以上经销商 100 余家；年销售 50 万元以上经销商 100 余家。

注册人制度的委托生产主要采用 OEM 的形式代工。公司在同行中率先执行注册人制度，先后为山东、广东、福建、江苏、河南、北京等省份的企业委托生产一次性血液透析管路、一次性使用动脉穿刺针、一次性使用腹膜透析管路、一次性使用输液器、一次性使用袋式输液器等无菌医疗器械产品。而且利用自身研发、注册的优势为沿海的企业成功开发、注册了一次性使用腹膜透析管路产品并在该公司量产；OEM 的代工量约占公司销售额的 33%。

国际市场：公司拥有进出口自主权，通过公司主出口和他人代理出口的形式，产品销售到美国、欧洲、中东、南非、巴基斯坦、俄罗斯、巴西等

20 多个国家和地区，产品出口额占公司总销售额的 33%。

公司于 2009 年设立医贸通厂院对接电子商务平台，为医院采购提供了生产厂家信息，打通了医疗器械销售中的信息流、资金流及物流配送环节。

第七节　四川省血液净化市场状况及发展趋势

血液净化就是使血液达到净化目的的一种技术。是把患者的血液引出体外并通过一种净化装置去除其某些致病物质达到净化血液，治疗疾病的目的。血液净化包括血液透析（血液过滤、血液透析过滤、血液灌流）和腹膜透析。血液净化器械是指在血液净化过程中使用较频繁的消耗类医用产品，包括血液透析管路、一次性使用动静脉穿刺针、腹膜透析管路、透析过滤器、血液透析机、腹膜透析机、透析液、透析粉、血液灌流器等。

一、市场基本状况

（一）市场需求

血液净化系列产品包括血液透析、血液灌流、血液滤过、血浆置换、免疫吸附和以上多项技术的联合应用。血液净化器械是指在血液净化过程中使用较频繁的消耗类医用产品，主要包括血液透析导管、一次性使用动静脉穿刺针、一次性使用透析管路、透析过滤器、透析机、透析液、透析粉、血液灌流器、蛋白吸附用品等。

1. 血液净化耗材

公开数据显示，2019 年我国血液净化类医疗器械市场规模达到 193.2 亿元，2022 年市场规模达到 322.1 亿元，年均增长率达到 22%，市场增长空间和潜力较大。见图 2-2-24。

2. 血液透析

据全国血液净化病例信息登记系统（CNRDS）统计的资料显示，2016—

2022 年，全国血液透析患者数量由 44.74 万人增长至 97.6 万人。见图 2-2-25。

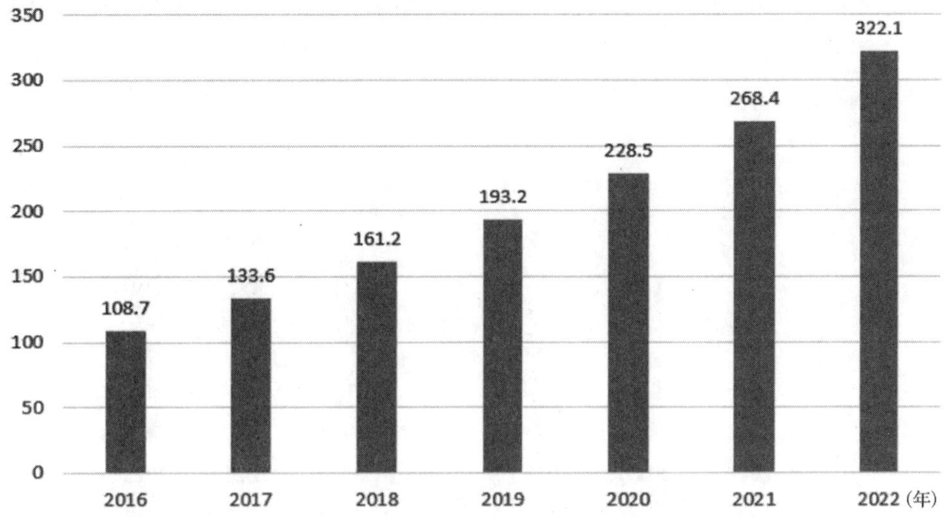

图 2-2-24　2016—2022 年我国血液净化耗材市场规模统计（单位：亿元）

数据来源：中关村肾病血液净化创新联盟、中商产业研究院整理。

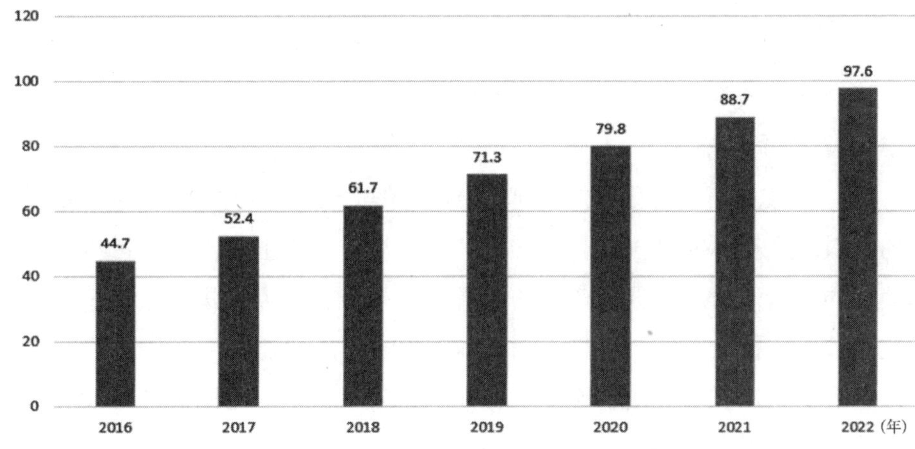

图 2-2-25　2016—2022 年我国血液透析患者人数统计（单位：万人）

数据来源：CNRDS、中商产业研究院整理。

3. 血液灌流

近 5 年，伴随着血液灌流技术成熟，血液灌流产品适应证逐步丰富，推动市场渗透率提升，中国血液灌流行业市场规模发展迅速。按出厂价统计，2015—2019 年中国血液灌流器行业的市场规模由 6.5 亿元增长至 14.3 亿元，年复合增长率 21.8%，2022 年血液灌流器市场规模达到 24.4 亿元。见图 2-2-26。

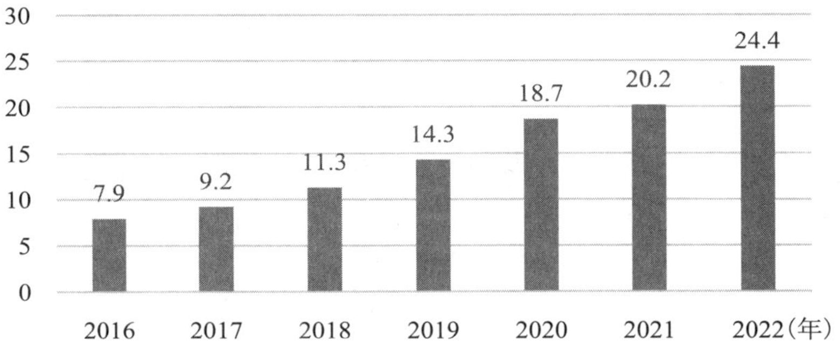

图 2-2-26　2016—2022 年中国血液灌流器行业的市场规模（单位：亿元）

数据来源：2016—2021 年数据来源于中商产业研究院整理；2022 年数据来源于成都市医疗器械行业协会统计。

（二）国内透析产品情况

据统计，截至 2022 年 11 月，我国血液净化器材现有注册证 109 个；其中第三类 85 个，第二类 24 个。

我国血液透析医疗器械国产产品数量超过 50%，其中 85% 的产品所使用的材料已经基本实现国产化。然而，在血液透析产业的上游，透析过滤器所使用的聚醚砜材料主要依赖进口，部分透析设备也需要进口。不过，血液净化路管、透析粉和液等耗材方面基本实现了国产覆盖。

这表明我国在血液透析医疗器械领域已经取得了一定的国产化进展，但在某些关键材料和设备方面仍然存在依赖进口的情况。这可能是因为一些特殊的技术要求或者市场需求尚未完全满足国内生产能力，需要进口来满足市场需求。

为进一步提高我国血液透析医疗器械的自主生产能力，可以加大研发力度，提高技术水平，鼓励创新，加强合作与交流，以减少对进口产品的依赖。同时，还可以通过政策支持和激励措施，促进国内产业链的完善和发展，提高产品的国产化水平，进一步提升我国在该领域的竞争力。

（三）四川血液净化产品现状

四川省的企业主要以生产血液透析产品为主。其产业发展在国内处于中等水平，拥有血液透析器械注册证的企业共有 6 家。其中成都欧赛医疗器械有限公司拥有 9 个血液透析器械注册证，在该行业中占有较大优势，另有四家企业拥有 4 个血液透析器械注册证，市场竞争力较强，这些企业共有 47 个注册证，约占该行业全国注册证总量的 7%。

从城市分布来看，这些企业主要集中在成都市（5 家），眉山市有 1 家企业 . 除成都市新津事丰医疗器械有限公司以外，其他企业均为中小型企业。如表 2–2–27 所示，各企业的实缴资本规模相差较大，最高达 35 000 万元，而最低只有 300 万元。同时成都市新津事丰医疗器械有限公司在同行中率先执行注册人制度，为国内山东、广东、福建、江苏等省份的企业委托生产一次性血液透析管路和一次性使用动脉穿刺针血液透析产品；利用自身研发、注册的优势为江苏的企业成功开发、注册了一次性使用腹膜透析管路产品，满足市场的需求。

表 2–2–27　四川省血液透析器械注册企业明细

企业名称	注册证数量 / 个	城市	成立年份	企业类型	实缴资本 / 万元	人员规模 / 人
成都欧赛医疗器械有限公司	9	成都市	2005	有限责任公司（非自然人投资或控股的法人独资）	2 000	300 ~ 399
四川威力生医疗科技有限公司	4	眉山市	2018	有限责任公司（自然人投资或控股的法人独资）	17 295	50 ~ 99

续表

企业名称	注册证数量 / 个	城市	成立年份	企业类型	实缴资本 / 万元	人员规模 / 人
四川肾友达科技有限公司	3	成都市	2014	其他有限责任公司	500	＜ 50
成都市新津事丰医疗器械有限公司	3	成都市	1998	有限责任公司（自然人投资或控股）	4 078.683 2	1 000 ～ 1 999
成都威力生生物科技有限公司	3	成都市	2006	其他有限责任公司	1 600	50 ～ 99
瑞鹏医疗器械成都有限公司	3	成都市	2015	有限责任公司（自然人投资或控股）	300	50 ～ 99

数据来源：各公司官网和企业官方网站。

综上所述，四川省具有血液透析器械生产资质的企业数量相对较少，在规模、生产能力、营业能力等方面也存在着显著差异。

（四）创新能力

四川省生产透析产品的企业与其他沿海发达地区相比还有很大的差距，但在创新方面也积极投入，鼓励创新。四川省血液透析医疗器械企业2019—2022 年专利情况，成都市新津事丰医疗器械有限公司和瑞鹏医疗器械成都有限公司分别拥有 32 和 24 个专利授权，处于行业领先水平，说明这些企业在研发创新方面投入较多，并取得了较好的创新成果。其他企业也拥有数量可观的专利，如成都威力生生物科技有限公司有 22 个专利，说明四川省注册企业创新动力十足，注重创新能力的提升，并且具有丰富的创新成果。

目前，四川省 6 家注册企业中有 4 家企业荣获省级及国家级荣誉资质，其中成都市新津事丰医疗器械有限公司成都欧赛医疗器械有限公司和成都威力生生物科技有限公司均获得 3 个及以上创新荣誉资质。见表2–2–28。

表 2-2-28　四川省血液透析器械注册企业专利和荣誉资质

序号	企业名称	2 019-2022 年专利 / 个	荣誉资质
1	成都市新津事丰医疗器械有限 公司	32	“专精特新”中小企业（省级） 知识产权优势企业（国家级） 高新技术企业（国家级）
2	成都欧赛医疗器械有限公司	5	高新技术企业（国家级） 企业技术中心（市级） 专精特新“小巨人”企业（国家级）
3	四川肾友达科技有限公司	9	无
4	四川威力生医疗科技有限公司	5	无
5	成都威力生生物科技有限公司	22	高新技术企业（国家级） “专精特新”中小企业（省级） 科技型中小企业（国家级）
6	瑞鹏医疗器械成都有限公司	24	“专精特新”中小企业（省级） 高新技术企业（国家级）

（五）四川主要血液净化产品

目前四川省在血液透析医疗器械方面的产品有各类透析设备以及一次性耗材，主要包括中空纤维膜血液透析滤过器、一次性使用血液透析管路、一次性使用动脉穿刺针、一次性使用血液灌流器、中空纤维膜血液透析器、血液透析器。总体来看，四川省血液净化类产品较为丰富，占据一定优势，但是企业在透析领域内对产品线的建立还不完善，需要加强对产品线的建设。详细产品见表 2-2-29。

表 2-2-29　四川省血液透析器械主要产品

成都欧赛医疗器械有限公司	中空纤维膜血液透析滤过器、一次性使用血液透析管路、血液透析器、一次性使用血液灌流器、中空纤维膜血液透析器、一次性使用透析护理包
成都市新津事丰医疗器械有限公司	血液净化装置的体外循环血路、一次性使用动静脉穿刺针
成都威力生生物科技有限公司	血液透析制水系统、透析器复用机、血液透析设备

续表

瑞鹏医疗器械成都有限公司	血液透析浓缩物、柠檬酸消毒液
四川通力达医疗水处理设备有限公司	血液透析用制水设备
四川威力生医疗科技有限公司	透析机消毒液、血液透析浓缩液、一次性使用血液透析器、血液透析粉

（六）进出口贸易

我国血液透析医疗器械进口依赖度较高。根据数据显示，2020 年费森尤斯以 30% 的市场份额位居国内血液透析机销量榜首，进口透析机占国内血液透析机市场 80% ~ 90% 的市场份额，国产自主品牌的血液透析机市场占有率仅在 10% ~ 20%。透析器国产品牌在国内市场份额约 45%，进口透析器仍占据超过一半的市场份额，高端市场仍被跨国公司占据。详见表 2-2-30。

表 2-2-30　2019—2022 年中国血液透析医疗进出口

进出口	年份	数量 / 台、套	金额 / 亿元	单台套均价 / 元
出口	2022	191 361 077	50.58	26
	2021	17 246 933	5.36	31
	2020	14 960 025	5.55	37
	2019	14 727 922	4.72	32
进口	2022	12 746 077	31.25	245
	2021	13 271 622	24.27	183
	2020	17 134 326	18.74	109
	2019	66 332 793	17.34	26

数据来源：中国海关统计数据在线查询平台。

四川省血液透析器械设备进出口数量在全国占比较低，且进口需求量小。进口方面，2019—2022 年，仅 2020 年进口 18 台肾脏透析设备（人工肾），单价 67 000 元。出口方面，出口产品数量从 2019 年 57 万台增长到

2022 年的 146 万台，总金额从 2 063.6 万元增长到 4 486.9 万元，产品单价约 30 元，与进口产品单价相差上百倍。相对于进口产品来讲，四川省出口产品中，低端产品占据的比例较大。四川省需进一步促进企业发展，提高产品核心竞争力，逐步实现高端产品自主替代。见表 2–2–31。

表 2–2–31　2019—2022 年四川省肾脏透析设备进出口

进出口	年份	数量 / 台、套	金额 / 万元	单台套均价 / 元
进口	2020	18	121.8	67 000
出口	2022	1 456 431	4 486.9	30
	2021	1 386 454	4 697.9	33
	2020	1 123 067	3 509.6	31
	2019	573 926	2 063.6	36

数据来源：中国海关统计数据在线查询平台，HS 代码为 9018904000。

二、市场发展趋势

（一）创新能力不断增强

目前我国仍有部分核心原材料和零部件依赖海外的企业和技术。在带量采购的背景下，缺乏核心技术和差异化创新能力的企业难以避免同质化竞争、低价竞争的局面，最终逐步被市场淘汰。医疗器械企业只有加强自身的创新“硬实力”，并持续提升成本控制能力，方能获得竞争优势。未来国内企业需不断增加研发投入，提升自身技术创新能力，通过原始创新实现超越。

（二）数字化医疗器械产品加快发展

数字化正在改变医疗服务提供者的工作方式和患者的互动方式。传统意义上，医疗设备基本上是相对独立且不相连的，医疗服务的流程整体基于纸面开展。但现在，医疗器械行业有望提供自动化与数字化产品，例如医疗设备的远程监控等功能，市场上的这类需求迫使医疗器械企业进一步掌握新兴领域的研发技术。

（三）国产替代成为行业主旋律

目前我国医疗器械市场的本土企业数量较多，但整体呈现规模较小且分散的局面，且相对偏向低值产品领域，在医用设备、高值耗材等领域跨国企业市场份额仍然较高。分级诊疗的推进进一步倒逼基层医院配备相应的医疗资源与配套设施，医疗设备企业尤其是国产厂商将凭借其性价比和政策支持的优势，在该细分市场中实现突破，推动竞争格局变化。随着国内政策的开放与倾斜，国产替代在医疗器械领域进一步加速。

（四）供应链本土化进程加快

自 2018 年起，贸易保护主义抬头，此后新冠疫情接踵而至，延续上百年的全球贸易结构面临挑战。叠加地缘政治因素，导致全球供应链危机，跨国企业对国内市场的供应出现一定程度不稳定性。供应链本土化较以往具有更积极意义。未来需通过研发创新或与海外零部件生产商进行技术合作，取得专利授权等方式尽快实现上游材料创新突破，保证国内产业平稳发展。

三、四川省代表性企业

（一）四川南格尔生物科技有限公司

四川南格尔生物科技有限公司（简称南格尔公司）是一家以智能采输血设备及耗材自主研发、规模生产、市场销售为一体的高新技术企业。公司主要产品有血浆采集机（DigiPla 80/90）及配套耗材（P–1000 系列）、血液成分分离机（XCF 3000、HDS 928）及配套耗材（P–2000 系列）、红细胞处理仪（BBS 926）、一次性使用塑料血袋及去白血袋、血小板常温保存袋等。拥有 11 个第三类医疗器械注册证，6 个品种 22 个规格的药品批件。现已形成以生产一次性使用第三类医疗器械为主，配套机器设备为辅的产业构架，是国内唯一能全系统生产采输血设备和耗材的企业，也是国内采输血领域生产规模领先、技术装备精良、产品进入市场的准入证照最为齐全的企业。

南格尔公司始终坚持自主创新，以创新为驱动力，为采输血领域提供更智能、更便捷的服务，先后被评为国家级高新技术企业、专精特新企业，同时是四川省智能采输血装备工程研究中心。因创新能力突出，公司获得重庆市科技进步奖一等奖、2019 年度成都市新经济百家重点培育企业、战略新兴产业 50 佳企业、界面色差鉴别器获国家专利银奖、国家重点新产品证书、成都市政府“新时代十年成都制造业发展优秀企业”、成都市科技局认定的“市级工程技术研究中心”、四川省省企业技术中心 、成都院士专家工作站等荣誉称号。

南格尔公司拥有近百人的研发团队，有来自国内外顶级高校及科研机构的博士 2 人，硕士 9 人，有强大的技术研发实力保障。截至 2022 年底，公司已获得授权的发明专利 75 项，实用新型专利 403 项，软件著作权 28 项，上市产品均获得 CE 认证和 ISO 13485 体系认证。

在中国，南格尔公司是唯一全系统提供生产采输血设备和耗材的制造商，是唯一融智能输血设备、智能采输血器具和互联网技术三位一体的科技型企业。创造了两个“中国唯一”、六个“中国第一”和一个“全球第一”。

在多个技术领域与中国输血研究所、四川大学、北京 301 医院、成都蓉生药业有限公司等科研机构、高等院校和企业建立了密切的战略伙伴合作关系，开展形式多样的产学研合作。通过互惠互利、共创多赢的产学研合作机制，建立起了一个稳定、高效的科技成果转化和全社会技术创新资源优化配置的渠道。

公司将全国市场分为北部、南部、东部、西北、西南 5 个大区，产品及解决方案覆盖全国所有市场，且与海外市场也建立了合作关系。公司产品目前已远销古巴、委内瑞拉、哥伦比亚、阿根廷、德国、意大利、俄罗斯、白俄罗斯、伊朗、埃及、越南、印度、土耳其等 50 多个国家，和中国台湾、香港地区，是商务部援助古巴血库建设项目采输血设备和耗材的唯一指定供应商。

公司研发的智能采输血产品获得市场的高度认可，公司在国内市场上占有率排名第一。

2022 年，公司研发的新一代智能血液成分机（HDS928）获得四川省“专精特新”中小企业技术创新优秀成果荣誉。该产品是集多功能为一体的全新一代血液成分单采系统，为临床提供智能化、信息化、便捷化的单采治疗服务平台。产品具有自采自用的治疗模式，全封闭安全无污染的优势。

公司自主研发的血浆采集机（DigiPla80/90）已经嵌入了互联网，能够实现血浆采集信息的在线监控和数据传输，使血浆采集和储存运输更加安全和有效，此设备已在天坛生物旗下的国内多个单采血浆站运用，并在全国推广使用。该机为全球第一机，为巩固公司在世界血浆采集领域的行业领先地位，为该产品推向欧美市场打下坚实的基础。

目前，公司还将升级后血浆采集和成分采血产品运用到医院临床，为医院临床血浆置换治疗提供全套解决方案，在治疗重症肌无力、重症肝病、中毒等重症患者等方面取得了巨大成果，卫健委已要求国内各大医院推广使用，挽救更多患者的生命。公司血液成分分离机和一次性血液成分分离器治疗重症肌无力的相关学术报告在世界输血杂志上发表并推广，并获得英国皇家勋章。

（二）成都威力生生物科技有限公司

成都威力生生物科技有限公司（WesleyBiotech）（简称威力生）成立于 2006 年，位于四川省成都市，是一家专业从事血液透析系列医疗设备研发、生产、销售、服务的国家高新技术企业，能为医院和透析中心提供血液透析机、血液透析滤过机、血液透析制水系统、集中供液系统等血液透析整体解决方案。

威力生自主研发的血液透析制水系统为我国首台三级反渗透血液透析制水系统，通过了四川省省级重大技术装备首台套认定。公司的血液透析机、血液透析滤过机、血液透析制水系统入选由国家卫健委委托、中国医学装备协会组织专家遴选的“优秀国产医疗设备产品目录”。其中，血液透析机、血液透析滤过机公司已连续多年多次入选。说明威力生具有较强的自主创新能力，其产品具有较强的市场竞争力。

威力生的研究成果先后被列入国家科技部创新基金项目、火炬计划项目、国家重点新产品、“十三五”重点研发项目等国家级项目 6 项，四川省科技厅、四川省经信委省级项目 22 项，成都市科技局战略性新兴产品等市区级项目 16 项。公司获得自主知识产权 100 余项。目前威力生已取得 ISO9001、ISO13485 国际医疗器械质量体系认证证书，公司产品血液透析机（人工肾）、透析器（人工肾膜）复用机获得 CE 认证证书，并在 2020 年再次通过欧盟 CE 认证。公司先后荣获“高新技术企业”“瞪羚企业”“四川省知识产权试点企业”“优秀创业企业”等荣誉。

在市场销售方面，近年来，威力生的产品销售额保持稳定增长，2019 年为 4 867 万元，2022 年增长到 9 541 万元，复合年均增长率达到 20%。目前，该公司血液透析系列产品覆盖国内 30 多个省、市，还成功拓展国外市场，在印度、菲律宾、印尼、南非等 50 多个国家和地区都拥有着稳定的市场，出口量年增长超过 30%。未来，公司将通过不断创新，引领透析科技，铸就服务全球的透析民族品牌。经过多年的发展，威力生拥有多款具有自主知识产权且在市场占有优势的产品。

（三）成都欧赛医疗器械有限公司

成都欧赛医疗器械有限公司成立于 2005 年，是一家专业致力于研发、生产和销售血液净化及其相关医疗器械产品的具有独立法人资格的高新技术企业。公司于 2009 年取得高通量血液透析器注册证，与四川大学高分子材料学院建立了联合实验室，共同致力于生物膜材料在血液净化领域应用的研发及临床治疗。经过多年潜心研发，成都欧赛医疗器械有限公司掌握了血液净化系列产品研发与制造的核心技术，获得了众多与之相关的发明专利，拥有多项血液透析器生产的自主知识产权。

成都欧赛医疗器械有限公司位于成都市西航港开发区的生产基地，占地 50 余亩，建筑面积 4.7 万 m^2，拥有员工近 450 人，集合了各类专业人才。

第八节　四川微创等离子设备市场状况及发展趋势

我国微创手术器械从无到有，经历了60多年的发展历程，在2010年前后，发展进入探索时期。微创外科手术是近年来新兴的治疗方法，等离子刀属于电外科重要的分支，是一种新型微创手术医疗器械，能够通过切断组织分子的关键，从而实现对人体组织的切割、消融和凝固止血的目的。由于其在手术过程中创伤较小、热损伤小、术中出血少、康复期短、安全性高等优点，在临床上被广泛应用。

一、市场基本状况

（一）市场需求

服务端需求的高速增长和术式演进，手术器械进步相辅相成。等离子刀脱胎于高频电刀，国内在2000年开始应用于临床，自此，软组织切割逐步从射频高温转向低温、安全。一款优秀的等离子刀产品应具备快速建立等离子体、适用性强、可靠性高等品质。等离子刀采用脉冲射频技术，当刀头与人体组织接触时，射频电场使组织中的电解质液汽化分解，在刀头尖端产生包含自由电子、离子、中性化学基团和其他中性物质的等离子体蒸汽层。当等离子体中的带电粒子被电场加速后，可引起组织细胞的分子键断裂，促使细胞解体，达到切割和消融效果。等离子刀对于组织的热损伤较低，可精准控制能量，达到低温分解组织的效果。与普通射频设备相比，等离子刀在较低的射频下（100 kHz）能通过较低的温度（40 ~ 70℃）对组织进行切割、消融等操作，将热损伤降至最低。相比较而言，其他能量外科器械工作温度在350 ~ 700℃。此类技术结合影像系统、内镜与导航技术、植（介）入耗材等各类耳鼻喉头颈外科新技术及微创手术器械的应用和推广，能够很大程度地改善患者体验，诊疗量的上升又反哺了技术进步所需的投资。

目前，我国微创外科手术器械市场的主要参与者是国外企业，国内企业在产品技术和质量方面与外资企业相比存在一定差距。近年来，国产品牌经过长时间的积累，在个别细分领域成功打入市场。在国产产品技术发展和国产替代的大趋势下，本土品牌在国内市场获得了更多的市场份额。2021 年，中国微创外科手术器械行业外资企业占 80% ~ 85% 的市场份额，国内企业仅占 15% ~ 20% 的市场份额。预计未来微创手术量还将进一步增长，从而促进能量外科器械的使用量增长。集采政策推动国产品牌份额提升，加速国内产业整合进程。以往的能量外科器械市场由进口企业主导，进口企业较早进入国内市场，具备渠道优势和技术优势，在超声刀市场，进口品牌市场份额在集采前超过 70%，高频电刀、等离子刀市场占比超过 30%。但在带量采购、政府采购向国产倾斜、DRGs 付费等政策推行背景下，国产企业的市场份额有望快速提升。带量采购也将驱动国内市场集中度提升，推动市场向研发能力强、成本控制能力更强的企业进一步集中。能量外科器械种类多样、性能优异，市场前景同样可观。经测算中国能量手术器械中高频电刀、超声刀和等离子刀三大细分市场规模总和从 2018 年的 190.06 亿元，增长至 2021 年的 307.6 亿元，复合增长率达 17.41%。预计 2025 年市场规模总和达到 672.17 亿元。该三大细分市场占据了超过 80% 的能量外科器械市场。

目前，等离子刀主要应用于耳鼻喉科、运动医学、脊柱外科和泌尿外科。

耳鼻喉科是等离子刀应用最成熟的科室之一，随着患病人数不断增加和等离子刀适用范围的进一步扩大，等离子刀在此科室依然有较大增长潜力。具体来说，等离子刀在喉科的应用较多，以儿童的扁桃体和腺样体切除为例，这是等离子在耳鼻喉科应用最多的术式，全国每年的手术量超过百万例，相对于能够提供医疗服务的医院来计算，渗透率超过 20%；在鼻科，等离子刀渗透率较低，但在声带息肉切除和经鼻垂体瘤切除术中鼻腔软组织的去除、鼻腔通道的建立等术式中可以被广泛使用；在耳科，等离子刀目前仅用于耳外科手术中，未来在耳内镜手术应用上具有较大增长空间。

等离子刀在运动医学科室的应用正逐步扩大。运动医学主要适用于关节、软组织相关的损伤治疗和康复，比如跟腱、韧带、半月板、肌腱、软骨等创伤，半月板 / 交叉韧带损伤、腱病、骨骼肌损伤、软骨与骨软骨损伤、关节不稳、关节盂唇损伤。运动医学手术通常在关节镜下展开，在关节镜手术中，医生使用等离子刀进行解剖切除、消融、止血。等离子刀和刨刀是关节镜手术中常用的手术器械。等离子刀在脊柱外科的应用日益增多。在脊柱外科中，等离子刀主要用于治疗椎间盘疾病，应用术式包括椎间孔镜和关节镜下的颈椎、腰椎间盘髓核消融减压术、纤维环成形术、靶点消融术等微创术式。根据医生访谈，每一台椎间孔镜手术中都会用到射频消融电极或者低温等离子刀。同时，经皮髓核消融手术在疼痛科的开展量可观，也是等离子刀渗透率高的术式。

在泌尿外科手术中，等离子刀主要用于前列腺增生、膀胱肿瘤、前列腺肿瘤、尿道狭窄等疾病的治疗。中国 60 岁以上老年男性数量 1.25 亿，其中 60% 患有前列腺增生，患者数量 7 500 万人。前列腺患者中，40% 需要药物治疗，达 3 000 万人；10% 需要手术治疗，高达 750 万人。2019 年数据显示，中国前列腺增生手术量约 150 万例，其中电切手术占比近 50% 。研究表明，在前列腺增生手术中，经尿道前列腺等离子刀电切术（TUPKVP）较经尿道前列腺电切术（TUVP）和经尿道前列腺电汽化术（TURP）有明显的优势，促使等离子刀在泌尿外科中的使用率快速提升。

总体来看，等离子刀现已成熟应用于多个科室，随着微创术式的发展，其势必将成为外科手术中不可或缺的手术器械。老龄化趋势下手术量提升和微创外科渗透率提升成为能量手术器械市场增长主要驱动力。等离子刀是三大细分市场中增速最快的市场，2021 年市场规模达到 76.5 亿元，2018—2021 年的年复合增长率为 19.92%。预计 2025 年国内等离子刀市场规模将达到 177.17 亿元，2021—2025 年的年复合增长率为 23.36%。

中国在国家政策的支持下（表 2–2–32），逐渐掌握了微创外科手术器械技术，逐渐摆脱了国外的技术垄断。如今，我国微创外科手术器械已进入智能化发展阶段，微创外科手术器械与信息技术相融合越来越成为业界研究的热点。等离子手术刀行业发展前景较好，但等离子手术刀刀头属于一次性产品，且刀头价格较高，因此，国内市场渗透率较低，行业发展速度缓慢。

目前国内外等离子技术在甲状腺、乳腺、神经外科领域的应用很少，只是用于治疗其他疾病的非核心技术，市场上适合治疗甲状腺、乳腺、神经外科疾病的等离子治疗刀头缺乏。

表 2–2–32　鼓励微创等离子行业的政策

发布时间	发布机构	政策名称	重点内容
2022 年 2 月 22 日	国家药品监督管理局	《2022 年国家医疗器械抽检产品检验方案》	规定了医疗器械检查的重点内容，主要包括检验工作要求、复检工作要求等
2021 年 11 月 2 日	国家药品监督管理局	《关于印发境内第三类和进口医疗器械注册审批操作规范的通知》	明确了境内第三类和进口医疗器械注册审批操作规范
2021 年 3 月 19 日	国务院	《医疗器械监督管理条例（修订版）》	对原条例进行相应修订，以法规形式巩固改革成果，从制度层面进一步促进行业创新，更好满足人民群众对高质量医疗器械的期待
2020 年 9 月 23 日	国家药品监督管理局	《关于进口医疗器械产品在中国境内企业生产有关事项的公告》	明确了进口医疗器械注册人在中国境内设立的外商投资企业作为注册申请人，向药品监督管理部门提交境内医疗器械注册申请的相关要求、医疗器械上市后监管要求等

（二）生产企业

我国等离子相关生产企业逐步发展，行业起步较晚，初期市场主要由国外品牌占据，但随着我国医疗技术水平的提高，等离子体逐渐实现了国产替代。目前，在我国等离子手术刀市场上，Arthrocare、成都美创科技股份有限公司、上海方润、Olympus、珠海司迈等国内企业占据了 70% 的市场份额。并于 2020 年，微创医疗研发项目取得丰硕成果，30 个产品获得国家药品监督管理局颁发的注册证，2 个产品进入绿色通道[1]。

我国沿海一带的等离子市场发展较快。微创外科手术医疗器械生产企

[1] 数据来源：（https://zhuanlan.zhihu.com/p/375936353）。

业主要分布在我国东南沿海区域，包括江苏、上海、浙江、广东等沿海地区，以及还有四川省和重庆市等地，主要代表性企业有凯利泰、迈瑞医疗等[1]。原材料供应产业链也大多分布在沿海一带。此外，北京、山东等省份聚集着一部分微创外科手术器械生产企业。

（三）创新能力

近几年，四川在等离子医学行业取得了快速发展。2016 年由国家食药局天津医疗器械质量监督检验中心、方润医疗器械科技（上海）有限公司、成都美创医疗科技股份有限公司联合起草的医药行业标准《等离子手术设备》（YY/T1409—2016）已经于 2017 年开始实施，这是国内首个等离子手术设备行业标准。

从创新资源看，成都美创医疗科技股份有限公司与电子科技大学、四川大学、沈阳理工大学等高校以及四川华西医院等专家团队产学研合作，掌握低温等离子体核心技术，并不断开拓开发创新。先后获批“成都市（院士）专家创新工作站”“成都市等离子体医学工程技术研究中心”“四川省专家工作站”等，并创建“四川省企业技术中心”，与电子科技大学等高校共建“四川省等离子体医学工程技术研究中心”。省级平台建成、运行、研发、推广，经过近几年的努力，转化了许多卓有成效的成果，扩大了对外的服务能力。

从人才资源看，成都美创医疗科技股份有限公司技术中心于 2019 年通过四川省经济和信息化委员会认定，是四川唯一的省级等离子体医疗领域企业技术中心。目前，中心拥有研发能力强、技术水平高、实践经验丰富的相关行业及同行业公认的具有中高级职称的科研人员 18 人，具有相对固定和较高水平的工程技术研究人员 20 人。

从创新成果看，成都美创医疗科技股份有限公司获得授权专利 83 项（发明 13 项、实用新型 58 项、外观专利 11 项、欧洲专利 1 项）、软件著作权 6 项，其中第三主研参与国家重大科技专业数字化诊疗设备“微创等离子手术体系及云规划解决方案”研发项目，获得 2019 年度“国家技术发明奖”二

[1] 新思界网 . 微创外科手术医疗器械企业不断加大研发力度 行业发展前景较好（https://view.inews.qq.com/a/20220720A08V3B00）。

等奖，参与医药行业标准 YY/T1409—2016《等离子手术设备》的制定。该标准从2021年起已成为国家质量监督管理局等离子医疗器械注册参考标准，体现了成都美创医疗科技份有限公司在标准化制定上的带头作用。通过近十年的发展，成都美创医疗科技股份有限公司已经是国内等离子手术设备行业的佼佼者，且 2019 年等离子刀头单品产值过亿。耳鼻喉科等离子手术设备细分领域第一领导品牌，产品技术先进，市场占有率全国第一，为国家级专特精新“小巨人”企业。

二、市场发展趋势

（一）安全性与可靠性不断优化

微创电外科手术设备的安全性与可靠性升级是推动等离子高品质医疗技术发展的着力点。随着嵌入式控制技术的普及和应用，实现了波形、电压、电流、功率的自动调节和各种安全指标的检测。优化了设备本身的安全性和可靠性，简化了医生的操作流程。安全性具体体现在等离子刀的刀头多极设计上，直接作用于消融组织，对周边神经无损伤，主机可自动监测消融状态和范围并自动停止，减少过度治疗。另外，不会引起周围正常组织的不可逆损伤（出血、坏死等），可以将大量的病变组织转移。如近年来开发的低温等离子体刀，提供了一种射频低温等离子体手术刀电源的控制系统，它很大程度上提高了等离子体手术刀电源的安全性，为低温等离子体手术刀电源系统提供了一种多级隔离的高安全性主电路和控制策略[1]。可靠性体现在可以在门诊局部麻醉下进行，智能融化，汽化时间为 3 ～ 5 秒。具有实时消融功能，术中起到减压的作用；使用程序控制的数字消除技术，一次治愈率可以达到 98%。

（二）多元化与专业性不断提高

多元化及专业性是推动微创等离子行业高质量发展的重点。射频等离子

［1］国知局．一种等离子体手术刀电源控制系统的制作方法（https://www.xjishu.com/zhuanli/05/ 202110681314.html）。

体手术系统利用了低频低温等离子体的物理特性，高效地进行人体组织的切割与止血同时也利用高频靶点消融的特点进行人体组织的精细消融与止血。射频等离子体手术系统设有多种工作模式：消融切割模式、射频消融模式、凝固止血模式、消融止血模式。不同种类的能量模式满足不同的外科手术的需求。同时，该系统还配置多种手术刀头以供选择，满足不同术式的要求。等离子体手术系统利用生理盐水产生低温等离子体，因为其频率低（工作频率 100 kHz），等离子体激发迅速，有足够大的能量打开靶组织细胞的分子键，使组织迅速分解成低分子量的分子和原子，从而在较低温度下形成高效的组织切割、消融，凝固止血效果。射频消融利用其高频的特点（工作频率 1.7 MHz），发生器通过手术电极接通到人体的那一点，电流密度很高，组织呈电阻性，因而在电极边缘有限范围内的组织迅速地由焦耳热放热，使该组织内的细胞液蒸发，达到切割目的；止血方面是由于热量从施加电流的位置流入组织，使其温度上升到足以高燥形成止血，其消融范围稳定，消融深度易于操作者控制，可以在更为复杂和狭小空间进行精细化靶点消融和止血，使其特别适合人体关键部位的术式，如人体脊椎的椎间盘消融术、神经根附近的经皮穿刺消融术等。射频等离子体性能稳定，除了等离子体温度低的特点同时还可进一步利用生理盐水循环来降低手术刀头温度使其热损伤降至更低，术中人体组织无炭化风险，患者术后炎症轻、恢复期短，最大限度降低手术风险和经济成本。

（三）智能化与人性化逐渐强化

智能化与人性化是等离子技术进步的动力点。智能化体现在等离子刀皱缩消融范围可精确控制到 2 ~ 6 mm，汽化消融范围可完全分解 3 ~ 10 mm 髓核，治疗效果好、见效快、治愈率高。有实时拉叠、皱缩、消融、汽化、止血及切割功能，既可以做椎间盘内消融，也可以做椎间盘外（靶点）消融。人性化体现在等离子刀消融温度小于等于 53℃，切割温度小于等于 70℃，汽化温度小于等于 80℃，术中无辐射、术后无水肿、无热损伤，细胞仍具有活性。这减小了伤口，最大限度地保护了纤维环壁，有效地切除了组织。并通过 1.1 ~ 1.5 mm 穿刺针进入纤维环，对纤维环和周边组织的稳定性无任何不良影响。此外，许多企业一直以让人们拥有优质的等离子手术系统为使命，不断自主研发更适合、更先进、更人性化的产品，以更好地满足人们的需求。

三、四川省代表性企业

美创医疗科技股份有限公司

1. 企业简介

美创医疗科技股份有限公司（简称美创医疗）成立于 2002 年，是一家集等离子体微创外科手术设备及耗材研发、生产、销售为一体的国家高新技术企业。参与国家重大科技专项高性能医疗器械 “微创等离子手术体系及云规划解决方案” 研发项目，获得 2019 年度国家技术发明奖二等奖。公司是国家行业标准《等离子手术设备》（YY/T–1409:2016）参与制定单位，承建了“四川省等离子体医学工程技术研究中心”“四川省企业技术中心”“四川省专家工作站”等省部级科研平台，先后承担国家重大科技专项和主持四川省科学技术厅科技成果转移转化引导项目、四川省知识产权局专项资金项目等国家和省部级科研和产业化项目。公司围绕“等离子体手术系统领导品牌”和“微创手术产品解决方案提供者”的定位，先后开展了耳鼻喉科、骨科、泌尿科、眼科、清创产品等多种微创等离子医疗器械新产品的研究开发。目前，公司等离子手术设备和一次性射频等离子耗材产品线不断丰富，多种能量集成手术设备和手术动力系统等新产品不断面世。截至目前，美创医疗已取得 3 个第三类医疗器械注册证；6 个第二类医疗器械注册证，1 个第二 B 类 CE 证书。

美创医疗秉持“精干主业、有限多元、科学决策、稳健经营、持续发展”的经营理念，取得了不少荣誉。近年来，公司还先后荣获第四批国家级专精特新“小巨人”“工信部工业企业知识产权运用试点”“2021 年度四川专利二等奖”“2020 年四川省自主创新企业品牌价值 50 强”“四川省企业技术创新发展能力 100 强企业”“成都市知识产权优势单位”“温江区区长质量奖”等殊荣。

美创医疗坚持以客户需求为导向、以提供高品质产品为己任、以保障客户生命安全为使命，以卓越的品质管理体系赢得广泛认可。美创医疗不断拓展研发维度，具有较强研发实力。从研发人才看，拥有研发能力强、技术水平高、工程化实践经验丰富、具有中高级职称的科研人员 18 人，具有较固定和较高水平的工程技术研究共有 20 多人。截至目前，公司主营产品核心技术总计获得有效知识产权 170 余项，其中授权发明专利 13 项，欧洲发明专利 1 项，实用新型专利 54 项，外观设计专利 10 项；有效商标 88 个（含 3 个外国商标）；9 项著作权（包括 4 项软件著作权）。公司已通过 ISO9001:2015、ISO13485:216、欧盟 CE 认证、韩国 KGMP 认证、GB/T 29490:2013 知识产权管理体系认证、GB/T 45001:2020/ISO 45001:2018 职业健康安全管理体系认证、GB/T 24001:2016/ISO14001:2015 环境管理体系认证。

2. 市场销售

美创医疗的产品已进入全球逾万家医院。2019—2021 年，美创医疗的医疗器械类产品营业收入呈现波动变化态势。其中，2020 年受疫情影响，美创医疗经营活动受阻，医疗器械营业收入同比下降；2021 年，美创医疗的医疗器械营业收入为 49.22 亿元。具体看来，截至 2020 年 6 月 30 日，2020 年上半年公司实现营业收入约 4 663 万元；实现归属于上市公司股东的净利润约 1 775 万元。

美创医疗拥有强大的销售服务网络。从全球市场看，公司产品出口到欧洲、以色列、韩国、沙特、巴西等 20 多个国家，为更好地使产品走出国门和了解国际最先进等离子微创医疗技术，公司在英国设立了美创医疗（欧洲）公司。从全国看，目前 31 个省、市均有销售网络及服务人员，每年累计销售数十万只刀头；2020 年后公司逐步拓展骨科、泌尿科等科室，模拟市场运行，成功孵化出优秀医疗企业，促使美创医疗从生产经营龙头企业转型上升为综合孵化平台。

3. 主要产品

美创医疗紧抓国内外医疗器械行业快速发展的历史机遇，不断提高并发挥在技术、制造、质量、产品、服务等多方经营优势，强化公司核心竞争力及盈利能力，促进产品优化。公司产品具有鲜明特色且治疗效果好，等离子体手术设备与微波技术相比，无辐射、温度更低、血液氛围下能正常工作；与单纯的射频仪器相比，工作频率和温度更低，使用性能更稳定，且存在活性粒子撞击组织实现切割和消融；与高频电刀相比，温度更低、无热源损伤、无组织烧焦的风险、术后炎症疼痛更轻、愈合时间更短；与开放式冷刀手术相比，切割更顺畅、止血便捷快速、术后创口更小、恢复期更短。

第九节　四川省医用康复器械市场状况及发展趋势

医用康复器械指在康复医疗中用于康复评测、训练与治疗，能够帮助患者评估并提高身体功能、恢复身体力量、弥补功能缺陷的器具、设备、仪器、技术和软件，是各级康复医疗机构开展诊疗活动的必备条件。许多医用康复器械产品涉及生物医学、机械、电子、控制、新材料等技术领域，是技术复合型产品，拥有较高的技术含量。

按照我国最新的医疗器械分类目录，医用康复器械主要有四个一级产品类别，分别是认知言语视听障碍康复设备、运动康复训练器械、助行器械、矫形固定器械，不含骨科用器械。大部分医用康复器械产品按第二类医疗器械管理，但有少数仅具有固定支撑功能的产品按第一类医疗器械管理，如悬吊康复床、倾斜床、四肢综合训练器和康复器、部分盆底肌肉康复器、辅助行走站立器械、固定器。

一、市场基本状况

（一）市场需求

近年来随着经济发展、老龄化加速到来，以及各级医疗机构对康复科建设的不断重视和患者康复意识的不断加强，康复医疗需求在快速增长。我国拥有庞大的神经系统疾病患者、骨关节肌肉疾病患者、精神残疾患者等功能障碍患者，以及老年人、产妇等需要康复治疗的人群，衍生了巨大的康复医疗需求。我国出台了一系列政策措施，要求综合医院、康复医院、康复医疗中心、医养结合机构等提高康复医疗标准建设水平，并配备标准化医用康复器械。因此，在市场需求驱动和政策推动下，医用康复器械行业的市场规模将不断扩大。

当前我国康复医疗供给短缺，难以满足日益增长的康复医疗需求。根据《2022 中国卫生健康统计年鉴》，2021 年全国有康复医院 810 家，从业人数为 87 507 人，分别占全国专科医院总数的 8.35% 和 6.89%；全国医疗机构康复医学科诊疗人次为 57 006 186 人，仅占医疗机构就诊人次的 0.95%；全国各类医疗卫生机构康复医学科合计设置床位 327 717 个，仅占各类医疗卫生机构设置床位总数的 3.47%，这离《综合医院康复医学科基本标准（试行）》中规定的康复科室设置床位数占比 5% 的水平尚有一定缺口。2010—2021 年康复医院万元以上的康复设备年均复合增长率超过了 25%。预计未来我国医用康复器械市场仍有较大发展空间。

根据 Frost & Sullivan 于 2022 年 6 月发布的《康复医疗器械市场研究》中的数据，中国 2021 年医用康复器械市场规模约为 383 亿元，其中康复评测器械的市场规模约为 5 亿元；康复训练器械的市场规模约为 19 亿元；其他康复器械的市场规模约为 359 亿元。预计未来医用康复器械行业仍将以 20% 的复合增长率持续快速扩容，到 2023 年市场规模将达到 550 亿元左右。

近年来，大量的国际先进医用康复设备涌入国内，带动了我国医用康复器械水平的提高。康复技术从传统的三瘫一截领域，逐渐扩大至例如神经康复、疼痛康复、骨科康复、产后康复、加速康复外科、心肺康复、残疾人康复、运动损伤康复、脑卒中康复、脊髓损伤康复、重疾康复、中医康复等领域，可治疗的疾病种类越来越丰富。近年来，我国医疗器械产业发展迅猛，新科技不断应用，康复医械新产品层出不穷，具体包括康复机器人、康复辅助器具以及康复功能测评系统等。

然而，总体上我国康复医疗器械目前以仿制为主，大部分康复医疗器械单价不高，高端器械依赖进口。根据《2022 中国卫生健康统计年鉴》，2021 年我国康复医院万元以上设备总数达到了 61 180 台，50 万元以下的设备为 58 003 台，占比高达 94.8%，表明低值器械占据绝对地位。根据国家药品监督管理局网站信息，我国医用康复器械产品主要以关节训练设备、助听器、医用轮椅车、辅助行走站立器械、固定器等康复器械为主。据众成医械统计，2020 年电动轮椅市场规模达 140 亿元，助听器市场规模达 50 亿元，假肢市场规模达 20 亿元，三项合计 210 亿元，占医用康复器械市场规模的 50% 以上。这表明医用康复器械产品仍然集中在技术壁垒和附加值较低的低端领域。

（二）生产企业

根据国家药品监督管理局网站信息，全国共有 1 818 个国内企业取得了 5 338 个一类医用康复器械的备案号，587 家企业取得了 1 459 个第二、三类医用康复器械的注册证；其中有 176 家企业同时拥有医用康复器械的备案号和注册证；总共有 2 229 家企业拥有医用康复器械注册证或备案号。

分产品类别来看，在注册方面，运动康复训练器械的注册证数量最多，其次为认知言语视听障碍康复设备和助行器械，矫形固定器械的注册证较少；在备案方面，矫形固定器械的备案号数量最多，其次为助行器械，运动康复训练器械的备案号数量相对较少。见表 2-2-33 和表 2-2-34。

表 2–2–33　医用康复器械的注册数量（按产品类别分）

一级产品类别	二级产品类别	注册证数量 / 个	合计
认知言语视听障碍康复设备	认知障碍康复设备	48	376
	视觉康复设备	39	
	听觉康复设备	14	
	言语障碍康复设备	49	
	助讲器	4	
	助听器	222	
运动康复训练器械	步态训练设备	43	643
	康复训练床	84	
	平衡训练设备	31	
	振动训练设备	7	
	关节训练设备	415	
	盆底肌肉训练设备	63	
助行器械	医用轮椅车	366	366
矫形固定器械	矫形器	74	74
合计			1 459

表 2–2–34　医用康复器械的备案数量（按产品类别分）

一级产品类别	二级产品类别	备案数量 / 个
运动康复训练器械	康复训练床	71
	关节训练设备	568
	盆底肌肉训练设备	150
助行器械	辅助行走站立器械	1 374
矫形固定器械	固定器	3 175
合计		5 338

根据企查查网站查询数据，在 2 229 家医用康复器械注册和备案企业中，共有 16 家上市公司，详细见表 2–2–35。医用康复器械注册企业分布在

全国的12个省级地区。其中，广东省、江苏省的注册企业数量和注册证数量最多，湖南省、河北省、浙江省和天津市也拥有较多的注册企业。从备案的情况来看，河北、广东、江苏都拥有200家以上的备案企业和800个以上的备案号，在国内一类医用康复器械的生产方面具有重要位置。

表2-2-35 已上市的医用康复器械注册和备案企业

企业名称	实缴资本	成立年份	省份	参保人数/人
四川千里倍益康医疗科技股份有限公司		2006	四川	267
惠州市锦好电子有限公司	—	2011	广东	308
惠州市锦好医疗科技股份有限公司	—	2011	广东	308
深圳信隆健康产业发展股份有限公司	36 850万元	1991	广东	—
江苏鱼跃医疗设备股份有限公司	100 247.692 9万元	1998	江苏	3 066
南京伟思医疗科技股份有限公司	—	2001	江苏	487
南京麦澜德医疗科技股份有限公司	—	2013	江苏	293
山东新华医疗器械股份有限公司	—	1993	山东	3 843
山东威高骨科材料股份有限公司	—	2005	山东	1 477
大博医疗科技股份有限公司	—	2004	福建	2 311
厦门唯科模塑科技股份有限公司	—	2005	福建	767
云南白药集团股份有限公司	104 139.9 718万元	1993	云南	3 651
沈阳新松机器人自动化股份有限公司	—	2000	辽宁	2 378
可孚医疗科技股份有限公司	—	2009	湖南	1 071
河南翔宇医疗设备股份有限公司	—	2002	河南	646
东莞市达瑞电子股份有限公司	—	2003	广东	559

注：数据来源为国家药品监督管理局、企查查。

在四川省医用康复器械生产企业中，除四川千里倍益康医疗科技股份有限公司、布法罗机器人科技（成都）有限公司、成都美益达医疗科技有限公司为中型企业外，其他企业均为小型或微型企业。从实缴资本看，仅有四川千里倍益康医疗科技股份有限公司、四川维思达医疗器械有限公司、攀枝花市午跃科技有限公司、四川嘉医医疗器械有限公司、四川恒普科技有限公司、四川瑞朗医疗器械有限公司等 6 家企业的实缴资本达到或超过 1 000 万元。在这些企业中，目前仅有四川千里倍益康医疗科技股份有限公司为上市公司。除德林义肢康复器材（成都）有限公司和百年旭康医疗器械有限公司拥有外国资本或港、澳、台资本外，其他企业均为四川本土企业。

四川省拥有医用康复器械注册证和备案号的企业分别有 6 家和 19 家，占国内该行业全部注册企业和备案企业的数量分别在 0.8% 左右和 1% 左右。企业明细见表 2–2–36 和表 2–2–37。其中，四川千里倍益康医疗科技股份有限公司拥有 10 个医用康复器械注册证，布法罗机器人科技（成都）有限公司拥有 8 个医用康复器械注册证，四川维思达医疗器械有限公司、德林义肢康复器材（成都）有限公司分别拥有 16 个和 12 个备案号，其他企业拥有的注册证或备案号较少。这些企业拥有总计 15 个注册证和 58 个备案号，占该行业全部国内注册证和备案号的比例都在 1% 左右。从城市分布来，全部注册和备案企业中有 17 家位于成都市，泸州市、攀枝花市、绵阳市、达州市有 1 ~ 2 家。

表 2–2–36　四川省医用康复器械注册企业明细

企业名称	注册证数量 / 个	城市	成立年份	实缴资本 / 万元	企业规模
四川千里倍益康医疗科技股份有限公司	10	成都	2006	6 810.98	中型
布法罗机器人科技（成都）有限公司	8	成都	2016	530.162 5	中型
四川阿斯特医疗器械有限公司	3	泸州	2011	189.84	小型
成都互邦医疗器械有限公司	2	成都	2011	500	小型
攀枝花市午跃科技有限公司	1	攀枝花	2017	2 741.35	小型
四川微迪数字技术有限公司	1	成都	1999	999.387 7	微型

注：数据来源为国家药品监督管理局、企查查。

表 2-2-37　四川省医用康复器械备案企业明细

企业名称	备案号数量/个	城市	成立年份	实缴资本/万元	企业规模
四川维思达医疗器械有限公司	16	泸州	2015	6 000	小型
德林义肢康复器材（成都）有限公司	12	成都	2001	100 万美元	小型
四川恩德莱医疗器械有限公司	5	成都	2014	1 000	小型
成都互邦医疗器械有限公司	4	成都	2011	500	小型
绵阳祥瑞康鹏假肢矫形器科技有限公司	4	绵阳	2017	18.5	微型
四川华曙图灵增材制造技术有限责任公司	3	成都	2018		小型
成都东方人健康产业有限责任公司	2	成都	1999	300	小型
成都新澳冠医疗器械有限公司	1	成都	2010	460	小型
四川恒明科技开发有限公司	1	成都	2004	308	小型
成都科瑞普医疗器械有限公司	1	成都	2012	200	小型
成都蓉卫医疗器械有限公司	1	成都	2015	200	小型
四川博泰医疗器械有限公司	1	达州	2015	200	小型
四川嘉医医疗器械有限公司	1	成都	2020	1 200	微型
成都兰润生物科技有限公司	1	成都	2009	100	小型
四川恒普科技有限公司	1	成都	2014	1 000	小型
四川瑞朗医疗器械有限公司	1	成都	2009	1 000	小型
成都美益达医疗科技有限公司	1	成都	2013		中型
绵阳恒利健医疗器械有限公司	1	绵阳	2017		小型
百年旭康医疗器械有限公司	1	成都	2002		微型

注：数据来源为国家药品监督管理局、企查查；企业规模按企查查制定的标准划分。

（三）创新能力

四川省内医用康复器械生产企业总计拥有授权专利 983 项，软件著作权 92 项。其中，发明专利 81 项，实用新型专利 419 项，外观设计专利 483

项。见表 2-2-38。

表 2-2-38　四川省医用康复器械生产企业授权专利和软件著作权数量　（单位：个）

企业名称	发明专利	实用新型专利	外观设计专利	专利总计	软件著作权
四川千里倍益康医疗科技股份有限公司	20	150	377	547	36
成都美益达医疗科技有限公司	15	38	3	56	0
成都新澳冠医疗器械有限公司	3	49	0	52	1
布法罗机器人科技（成都）有限公司	27	6	12	45	5
四川瑞朗医疗器械有限公司	0	22	22	44	5
四川阿斯特医疗器械有限公司	2	27	11	40	0
四川恒明科技开发有限公司	0	19	17	36	5
成都科瑞普医疗器械有限公司	0	21	12	33	0
四川维思达医疗器械有限公司	7	16	5	28	0
成都互邦医疗器械有限公司	0	13	10	23	0
成都东方人健康产业有限责任公司	0	15	0	15	0
四川华曙图灵增材制造技术有限责任公司	1	12	1	14	16
四川嘉医医疗器械有限公司	0	10	4	14	3
四川微迪数字技术有限公司	4	7	2	13	7
攀枝花市午跃科技有限公司	2	8	2	12	0
四川恒普科技有限公司	0	6	5	11	0
百年旭康医疗器械有限公司	0	0	0	0	14
德林义肢康复器材（成都）有限公司	0	0	0	0	0
四川恩德莱医疗器械有限公司	0	0	0	0	0
绵阳祥瑞康鹏假肢矫形器科技有限公司	0	0	0	0	0
成都蓉卫医疗器械有限公司	0	0	0	0	0
四川博泰医疗器械有限公司	0	0	0	0	0
成都兰润生物科技有限公司	0	0	0	0	0
绵阳恒利健医疗器械有限公司	0	0	0	0	0
合计	81	419	483	983	92

注：授权专利和软件著作权数据来自企查查网站。

在含金量高的发明专利上，布法罗机器人科技（成都）有限公司、四川千里倍益康医疗科技股份有限公司和成都美益达医疗科技有限公司分别获得了 27 项、20 项和 15 项，显示出 3 家公司具有比较强的研发实力，在创新成果方面表现比较突出。成都新澳冠医疗器械有限公司、四川瑞朗医疗器械有限公司、四川阿斯特医疗器械有限公司、四川恒明科技开发有限公司和成都科瑞普医疗器械有限公司等企业拥有 40 项及以上的专利，四川华曙图灵增材制造技术有限责任公司、百年旭康医疗器械有限公司拥有 10 项以上的软件著作权，这些企业也具备了较强的研发实力。但是，有 7 家企业未能获得发明专利或软件著作权，其研发实力有待提高。

目前，四川省医用康复器械生产企业中，有 12 家企业获得了省级以上的创新类荣誉资质。其中，四川千里倍益康医疗科技股份有限公司、四川阿斯特医疗器械有限公司、成都美益达医疗科技有限公司、成都科瑞普医疗器械有限公司等 4 家企业被评为四川省专精特新中小企业。成都新澳冠医疗器械有限公司、布法罗机器人科技（成都）有限公司、四川维思达医疗器械有限公司、四川华曙图灵增材制造技术有限责任公司等 4 家企业入选了四川省创新型中小企业名单。见 2-2-39。

表 2-2-39　四川省医用康复器械注册企业创新类荣誉资质

企业名称	荣誉资质
四川阿斯特医疗器械有限公司	国家级高新技术企业 四川省专精特新中小企业 四川省科技型中小企业
成都美益达医疗科技有限公司	国家级高新技术企业 四川省专精特新中小企业
成都科瑞普医疗器械有限公司	国家级高新技术企业 四川省科技型中小企业 四川省专精特新中小企业
四川千里倍益康医疗科技股份有限公司	国家级高新技术企业 四川省专精特新中小企业
成都新澳冠医疗器械有限公司	国家级高新技术企业 四川省创新型中小企业

续表

企业名称	荣誉资质
布法罗机器人科技（成都）有限公司	国家级高新技术企业 四川省创新型中小企业
四川维思达医疗器械有限公司	国家级高新技术企业 四川省创新型中小企业
四川华曙图灵增材制造技术有限责任公司	国家级高新技术企业 四川省创新型中小企业
攀枝花市午跃科技有限公司	国家级高新技术企业 四川省科技型中小企业
四川瑞朗医疗器械有限公司	市级高新技术企业 四川省科技型中小企业
成都东方人健康产业有限责任公司	国家级高新技术企业
四川恒明科技开发有限公司	国家级高新技术企业

注：企业荣誉资质来自企查查网站和企业网站。

（四）主要产品

目前四川省在医用康复器械方面的产品有电动和手动轮椅车、各类身体部位固定器、减重步态训练器、上下肢主被动运动康复训练器、下肢反馈训练器、行走支具、拐、助听器、中低频电刺激仪等品种。其中各类身体部位固定器为主要品种。总体来看四川省医用康复器械生产企业的产品种类比较少。详细见 2-2-40。

表 2-2-40　四川省医用康复器械主要产品

企业名称	产品品目
布法罗机器人科技（成都）有限公司	减重步态训练器、上下肢主被动运动康复训练器、下肢反馈训练器
四川千里倍益康医疗科技股份有限公司	中频电疗仪、空气波压力治疗仪、痉挛肌低频治疗仪、经皮神经电刺激仪、神经肌肉电刺激仪、全自动恒温蜡疗机、熏蒸治疗仪
攀枝花市午跃科技有限公司	手动轮椅车
成都互邦医疗器械有限公司	电动和手动轮椅车、拐、助行器

续表

企业名称	产品品目
四川阿斯特医疗器械有限公司	电动和手动轮椅车
四川微迪数字技术有限公司	助听器
四川维思达医疗器械有限公司	各类身体部位固定器
绵阳祥瑞康鹏假肢矫形器科技有限公司	各类身体部位固定器
绵阳恒利健医疗器械有限公司	上肢固定器
成都东方人健康产业有限责任公司	疝气固定带
四川恩德莱医疗器械有限公司	各类身体部位固定器
成都东方人健康产业有限责任公司	颈椎固定器
成都科瑞普医疗器械有限公司	颈部固定器
成都新澳冠医疗器械有限公司	腰部固定器
四川嘉医医疗器械有限公司	腰部固定器
德林义肢康复器材（成都）有限公司	医用外固定支具、各类身体部位固定器、下肢支具、截瘫行走支具
四川恒明科技开发有限公司	腰部固定器
四川旭康医疗电器有限公司	膝部固定器
四川恒普科技有限公司	腰部固定器
成都蓉卫医疗器械有限公司	腹部固定器
四川华曙图灵增材制造技术有限责任公司	上下肢固定器、足部固定器
成都美益达医疗科技有限公司	头部固定器
成都兰润生物科技有限公司	腋拐
四川瑞朗医疗器械有限公司	悬吊康复床
四川维思达医疗器械有限公司	下肢支具
四川博泰医疗器械有限公司	医用助行器

二、市场发展趋势

随着科技不断进步，未来医用康复器械产品将朝着智能化、精细化、居家化和个性化的方向发展。

（一）智能化

医用康复器械主要用于机体功能障碍患者的康复治疗，因此，这类器械与患者之间的人机交互的智能化功能具有重要意义。智能传感与控制、物联网、大数据、云计算、人机交互、深度学习、计算机视觉等技术的发展推动了医用康复器械向着自动化、数字化与智能化的方向发展。智能化、网络化的康复设备可以实现患者与康复器械、医疗康复机构之间的互动，使康复治疗日益便利。例如，虚拟现实系统模拟和恢复认知功能障碍者以前的生活场景，帮助其认知功能康复训练；虚拟现实游戏帮助运动功能障碍患者开展神经康复治疗；生物反馈技术加强感觉反馈，提高运动康复效果。

近年来，国家高度重视智能康复器械的发展，出台了多项支持政策。例如，2021 年 6 月，国家卫健委发布了《关于加快推进康复医疗工作发展的意见》。该文件提出要积极支持研发和创新一批高智能、高科技、高品质的康复辅助器具产品和康复治疗设备。2022 年 4 月，国务院发布《“十四五”国民健康规划》，提出重点发展包括智能康复辅助器具在内的新型健康产品，推动符合条件的人工智能产品进入临床试验。在需求推动和政策支持下，智能化的医用康复器械将迎来更快的发展。目前，我国已研发并生产出多种智能型医用康复器械，如平衡功能训练及评估系统、手功能综合康复训练平台、智能三维综合训练平台、智能肢体反馈康复训练系统，以及情景互动型设备。未来将会有越来越多的智能型医用康复器械服务于患者。

（二）精细化

传感器、微流控等技术的发展催生了更多小型化、便携式、功能分类更精细的康复治疗设备，这些设备能够应对医院护理空间有限的挑战，使医务人员能够快速简单地进行医疗设备的转移以及设备功能的精准定位。医用康复器械的精细化，为最大限度节约康复医疗机构场地和人力成本提供了可行性。

此外，精细化丰富了康复设备的功能，提升了性能和诊疗效率。例如，数字化助听器可自动收集所处环境的声信号种类、信噪比、前后麦克风强度差等信息，按照所定义的不同环境自动调节降噪、方向、压缩比等，而且使用者通过手机等终端便可在云端进行适配调整和功能补偿，解决了模拟助听器适配性差、成本高的问题，提高了治疗效果。

（三）居家化

虽然目前医用康复器械主要以医疗机构需求为主，但部分产品也适合于家庭及老年人居家使用，发挥预防、诊断、保健、治疗、辅助治疗、康复等作用，这与康复医学发展所倡导的“预防为主”的方向相契合。随着我国三级康复医疗体系的逐步完善，医用康复器械将向基层医疗机构乃至社区下沉，将越来越多地走入家庭，向居家化方向发展。在“医养结合”等政策大力扶持、人口老龄化加速、国民康复保健意识加强、家庭收入提升的背景下，医用康复器械的居家化有着较大的市场潜力。

网络化技术的发展也方便了医用康复器械的居家化使用。网络化的康复治疗设备可以实现输出控制装置与异地智能化装置的通信，帮助患者居家安全监测与预警、远程康复治疗与训练，提高跨区域康复医疗服务的可及性，更高效、方便地提高康复治疗服务的体验感。

（四）个性化

由于功能障碍人群在功能障碍类型、程度、年龄、体型等方面各有不同，对康复器械的需求各不相同，因此，康复本质上是一项个性化的服务。功能障碍患者在不同的年龄组对同种类型的康复服务和辅具用品需求也有较大差别。未来，针对功能障碍患者的个性化定制和服务将成为康复治疗效果提升的关键。例如，一些企业研发的康复机器人具备可编程能力，能够针对患者损伤程度和康复程度，提供不同模式和强度的个性化康复训练，提高治疗效率。

功能障碍患者对康复治疗设备的个性化需求催生出了多元化的康复设备。康复治疗产品的设计上更加突出强调符合功能障碍患者的生理和心理需求。一些康复设备生产企业开始关注功能障碍患者在需求层次、功能用途、使用频率、科技含量、复杂程度、人性化程度、普遍使用程度、成本等方面的个性化需求，研发了各式各样、层出不穷、有针对性的设备，以满足患者日益多元的个性化需求。

三、四川省代表性企业

（一）四川千里倍益康医疗科技股份有限公司

1. 企业简介

四川千里倍益康医疗科技股份有限公司（股票代码：870199，简称倍益康）成立于2006年，是一家集研发、生产、销售及服务于一体的智能康复设备制造商。在20余年的发展历程中，公司始终聚焦于健康产业中的康复领域，着力推进专业医疗和健康消费两大业务深度融合、协同发展，帮助大众解决在亚健康、运动损伤及康复预防等领域的健康问题。

作为国家高新技术企业、四川省专精特新企业、四川省企业技术中心、成都市市级工业设计中心，公司于2022年年底登陆北交所，是四川省第二家A股上市的医疗器械公司。经过多年的研发成果积累，倍益康已拥有10项第二类医疗器械注册产品，产品包含力疗、氧疗、电疗、热疗、磁疗等领域，涵盖医疗及消费市场。倍益康形成了一系列核心知识产权，目前已拥有境内外专利547项，其中发明专利20项，软件著作权36项，是国家医药行业标准《肢体加压理疗设备通用技术要求》（YY0833—2020）的主要起草人和验证单位，并参与评定《干扰电治疗设备》（YY0951—2015）、《熏蒸治疗仪》（YY/T1306—2016）等20余项康复医疗器械行业标准。

未来，公司将一如既往秉承“康复科技·关护生命”的企业使命，着力打造国际领先的覆盖个人、家庭及医疗机构的理疗康复、运动康复专业品牌。

2. 市场开拓

倍益康是中国国内将专业医疗与健康消费两大业务板块相互融合、协同发展的综合性康复科技企业之一，搭建了完善的医疗级产品质量控制体系，实现专业医疗器械的便携化、轻量化与智能化，将产品使用场景由医疗机构拓展至家庭和个人。

目前，倍益康立体化渠道生态已初具雏形，涵盖“医疗机构—家庭—个人”“国内—国际”“线上—线下”等多个维度。倍益康在行业内较早建立起完善的质量管理体系并通过ISO9001、ISO14001、ISO13485等国际认证，部分产品符合国际通行质量标准如美国FDA、欧盟CE等，获得了欧盟、日本、美国等多个国家和地区的准入。据统计，目前倍益康产品畅销多达30个国家和地区，服务医疗机构上万家[1]。2022年，公司营业收入达到3.91亿元，同比增长18.91%。

3. 主要产品

倍益康目前主要产品包括中频电疗仪、手持式中频电疗仪、空气波压力治疗仪、全自动恒温蜡疗机、随身式MINI制氧机、熏蒸治疗仪、经皮神经电刺激仪、神经肌肉电刺激仪、痉挛肌低频治疗仪、医用红外体温计、网式雾化器、指夹式脉搏血氧仪、便携式深层肌肉按摩仪（筋膜枪）、关节按摩仪、颈部按摩仪、便携式气压按摩系统、干式水疗床等产品。

（二）布法罗机器人科技（成都）有限公司

布法罗机器人科技（成都）有限公司是一家集外骨骼机器人自主研发、规模生产、市场销售为一体的高科技企业，致力于开发以人工智能为核心的智能穿戴设备，实现患者康复训练的实时数据监测。该公司自主研发的下肢外骨骼机器人获批国家创新医疗器械证书和新一代人工智能国家重点研发项目，荣获多个奖项。公司始终坚持自主创新，以创新为驱动力，为多种康复领域提供更智能、更便捷的服务。

1. 独特创新点：研发实力

截至2022年底，公司已获得授权的发明专利26项，实用新型专利6项，获得软件著作权5项，研发产品中包含获得全国首批CFDA证书认证的外骨骼机器人。目前，布法罗已经主持多项重点研究课题，并主持科技创

[1] 数据来源：倍益康公司网站（https://www.qlbeoka.com/guanyuwomen.html#byk0）。

新 2030—“新一代人工智能”重大项目。

布法罗机器人科技（成都）有限公司与电子科技大学联合实施的“康养康复外骨骼机器人关键技术研究及其示范应用”项目得到了四川省重大科技专项的支持。该项目成功研制了具有完全自主知识产权的以人工智能为核心的新一代康养康复外骨骼机器人。该机器人性能处于国内领先水平，达到国际先进水平，能够帮助患者重新站立、坐下和行走，重建神经、肌肉真实行走记忆。目前，该产品被四川大学华西医院、四川省第一退役军人医院等多家大型医院采用，并服务于第十一届全国残运会。

2. 独特创新点：产品特色

布法罗机器人科技（成都）有限公司目前拥有三大业务，六大产品线。三大业务为医疗机器人、云家庭康复解决方案、世界前沿的脑机 BCI 平台，六大产品线为外骨骼机器人、智能康复设备、数字信息化系统、整体解决方案、家庭辅具、智能开发平台。

布法罗机器人科技（成都）有限公司第一项产品线为外骨骼机器人，具有智能、便捷、高效的特点，拥有全新的工作流，极大降低人力成本、提高效率，可实现独立站立行走，实现全身系统性协调训练、神经重塑精准化重复训练和可视化训练全周期评估分析。按照产品功能，外骨骼机器人可分为 3 种：儿童外骨骼、步行外骨骼、康复外骨骼。

除外骨骼系列外，公司还研发了多种智能康复设备，包括上下肢主被动训练系统、上肢康复训练系统、动态减重系统、下肢智能反馈以及四肢联动。

第三项产品线是数字化信息系统，主要包括智能康复信息系统（BRIS）、小布康复以及智能康复物联平台。

第四项产品线为 IRC– 领先的智能康复一体化解决方案。

第五项产品线是云家庭智能移动辅助系统。

第六项产品线是 BCIX 脑机平台。

第十节　四川省医用制氧设备市场状况及发展趋势

根据制氧原理，医用制氧设备可分低温空气分离法、电化学制氧法、医用分子筛制氧法。由于前两种制氧方式较复杂，设备占地面积也较大，目前医用制氧的主流方式是分子筛制氧。医用分子筛制氧机（含分子筛制氧系统）是在常温条件下，以医疗保健为目的，以沸石分子筛为吸附剂，用变压吸附法制取医用氧气的设备。由于分子筛制氧具备经济、便捷、安全、可靠和有效的特点，在临床和医疗保健领域得到了广泛应用。

一、市场基本状况

（一）市场需求

医用制氧设备的市场规模增长快速。2022 年，全球医院和家庭制氧机市场规模分别约为 22 亿美元和 13 亿美元[1]。近年来，由于医疗卫生保障事业的发展、消费需求的升级和抗击新冠疫情的需要，我国制氧机市场规模大幅提升，推动了制氧设备行业的快速发展。我国制氧机的产量从 2011 年的 5.47 万台增长至 2018 年的 104.01 万台[2]。2021 年由于海外部分国家和地区疫情严重，我国制氧机海外订单大幅上升，当年制氧机产量达到了 416 万台，同比增长 98.1%，大约是 2018 年的 4 倍[3]。

近年来我国医疗卫生机构数量逐年上升，医疗卫生机构数量的持续增长将带来更多的用氧需求。目前，对于国内医疗卫生机构集中供氧市场而言，

[1] 数据来自 Marketwatch 的研究报告（https://www.marketwatch.com/press-release / medical-oxygen-concentrator-market-outlook-2023-research-report-by-sale-share-size-revenue-product-types-applications-top-key-players-and-forecast-till-2028-2023-02-06）。

[2] 数据来自立鼎产业研究网（www.leadingir.com/trend/view/4 827.html）。

[3] 数据来自华经产业研究院报告（https://www.163.com/dy/article/HCIH74B40552SV13. html）。

采用分子筛制氧设备的医院占 27% 左右[1]。据统计，在新建和扩建的二甲以上医院中，高达 85% 以上的单位选择了分子筛制氧设备，分子筛制氧未来有望成为医院中心供氧系统的主要形式之一[2]。近年来，根据企查查招投标网站信息，四川省内制氧设备采购中二、三级医院和基层卫生院的占比约为 7 ∶ 3。其中，大部分制氧设备采购来自老医院改造或扩建，还有一部分来自新建医院。新建医院越来越多地向省内标杆医院学习，配置“制氧设备 + 液氧贮罐”双氧源。

随着分级诊疗制度的落地，基层医疗卫生机构的作用逐渐发挥。基层医疗的救治能力也要求得到专业、切实提升。目前国内基层医疗卫生机构约 99 万个，超过 20% 的基层医疗卫生机构供氧难，每年有数百万患者吸氧难[3]。小型（产氧量 5 m^3/h 及以下）的制氧设备将在基层医疗卫生机构中产生大量的市场需求。在基层卫生院制氧设备方面，四川省是人口大省，需求量大。通过抽样调研，以绵阳市三台县，眉山市仁寿县，德阳市中江县等为代表的人口大县，其医疗机构未安装供氧管道系统的医院占比约 20%，也就意味着约 80% 的省内大县医疗机构将有机会安装制氧设备。

高原旅游人数的增长也带来了巨大的医用制氧设备需求。据调查，初上高原人群中，有 50% ~ 75% 的人会出现明显的高原反应，需要及时、持续的补氧来缓解。有一部分人在高原反应中会出现重度缺氧症状，易患高原脑水肿、肺水肿等急性高原病，更离不开氧疗。高原供氧已成为保障高原旅客健康、促进高原地区旅游业发展的重要措施。

四川省西部高原地区旅游业的发展带来了庞大的制氧设备需求。在新冠疫情发生前的 2019 年，赴四川甘孜州和阿坝州的旅游人次分别达到 3 316.69 万和 3 157.10 万。随着疫情的结束，四川西部高原地区的旅游业将快速复苏和持续增长，这也将对制氧机的市场需求形成利好。目前，四川高原地区已

[1] 数据来源于华经产业研究（https://baijiahao.baidu.com/s?id=1737404284722726132）。

[2] 数据来源于湖南泰瑞医疗科技有限公司（http://www.techray.cn/Article/weishimedex injian_1_1.html）。

[3] 数据来源于湖南泰瑞医疗科技有限公司（http://www.techray.cn/Article/fenzishaizhiyangjiwe_1.html）。

经在热点景区全面布局供氧点。阿坝州和甘孜州推进的“高原氧、健康行”为主题的高原健康用氧试点示范建设，遍布景区的免费吸氧点、便携式氧气罐、便携式制氧机、弥散式供氧系统、可移动微压氧舱深受游客好评[1]。未来将有更多的高原旅游景点将布局供氧系统，为分子筛制氧设备带来广阔的市场需求。

庞大的老年人群将为家用分子筛制氧设备创造巨大市场空间。2021 年我国 65 岁及以上老年人口为 20 056 万人，占全国人口的 14.2%，意味着我国已进入深度老龄化阶段[2]。据预测，2025 年、2035 年我国 65 岁及以上的老年人将分别超过 2.1 亿、3.1 亿，占总人口数的比重大约分别 15%、22.3%[3]。易患各类呼吸道、肺部和心脑血管方面疾病的老年人口的增加为家庭护理制氧带来广阔的市场空间。作为人口大省，四川已进入中度老龄化阶段。2021 年全省 60 岁及以上人口 1 801 万人，占常住人口的 21.51%。其中，65 岁及以上人口为 1 472 万人，占常住人口的 17.58%。由于老年人感染呼吸道疾病的概率较青壮年大大增加，这极大地提高了对制氧机的市场需求。

（二）生产企业

由于医用制氧设备按第二类医疗器械管理，因此，生产企业需要获得注册证。根据国家药品监督管理局网站公开数据，截至 2023 年 1 月，国内拥有医用制氧设备注册证的企业共计 245 家（含大型制氧设备、小型家用制氧机、便携式制氧机企业）。这些企业共拥有 347 个医用制氧设备注册证，均采用分子筛制氧技术。从企业数量来看，该行业的市场集中度较低，竞争程度较高。在 245 家注册企业中，由境外或中国港、澳、台资本独资拥有或投资的企业为 20 家，其余 225 家均为完全的本土企业。根据企查查网站查询数据，在 245 家注册企业中，大部分企业为小微企业，表明行业进入门槛不高，属于竞争比较激烈的垄断竞争市场。

[1] 中国青年网．四川“高原氧、健康行”高原健康用氧试点示范建设纪实（https://df.youth.cn/dfzl/201910/t20191004_12087236.htm）。

[2] 数据来源于国家统计局（https://new.qq.com/rain/a/20220118A015Q300）。

[3] 数据来源于《中国发展报告 2020：中国人口老龄化的发展趋势和政策》。

四川省拥有制氧设备注册证的企业总数共计 11 家，见表 2–2–41。其中，四川港通医疗设备集团股份有限公司、成都联帮医疗科技股份有限公司和四川大爱科技有限公司拥有 2 个以上的医用分子筛制氧设备注册许可证，其他企业只有 1 个注册许可证。11 家企业主要分布在成都市，有 8 家；另外 3 家位于绵阳市（2 家）和自贡市（1 家）。在 11 家企业中，有外商独资企业 2 家，外资投资企业 1 家，其余 8 家为内资民营企业。

表 2–2–41　四川省医用制氧设备注册企业明细

企业名称	注册证数量	城市	成立年份	实缴资本 / 万元	人员规模
四川港通医疗设备集团股份有限公司	3	成都	1998	7 500	900 ~ 999
成都联帮医疗科技股份有限公司	2	成都	1997	5 000	200 ~ 299
四川大爱科技有限公司	2	绵阳	2012	100	＜ 50
成都康宇医用设备工程有限公司	1	成都	1997	800	＜ 50
成都市万福实业工程有限公司	1	成都	1998	1 220	＜ 50
慨迩医疗科技（成都）有限公司	1	成都	1987	1 200	50 ~ 99
四川空分医用设备工程股份有限公司	1	成都	1988	2 320	50 ~ 99
四川省至圣贝尔医疗器械有限公司	1	绵阳	2017	237.981 8	＜ 50
西梅卡亚洲气体系统成都有限公司	1	成都	1995	2 500	50 ~ 99
四川柏施康宁医疗科技有限公司	1	自贡	2020	285.4	＜ 50
四川嘉医医疗器械有限公司	1	成都	2020	1 200	＜ 50

数据来源：国家药品监督管理局、企查查。

在 2–2–42 所示 11 家企业中，员工人数达到或超过 100 人、50 ~ 99 人和小于 50 人的企业数量分别是 2 个、3 个、6 个。从人员规模上看，四川港通医疗设备集团股份有限公司（简称港通医疗）、成都联帮医疗科技股份有限公司是四川省医用分子筛制氧行业规模靠前的龙头企业。成都联帮医疗科技股份有限公司于 2016 年登陆新三板挂牌交易，港通医疗于 2022 年 9 月首次发行股份并在创业板上市申请获深交所创业板上市委员会审议通过。从销售收入来看，2021 年，港通医疗和成都联帮医疗科技股份有限公司分别实现营业收入 6.8 亿元和 2.06 亿元。

从实缴资本看，实缴资本超过 2 000 万元的企业有 4 家，在 1 000 万～2 000 万元（不含 2 000 万元）之间的企业有 3 家，在 1 000 万元以下（不含 1 000 万元）的企业有 4 家。总体来看，11 家企业规模较小，除港通医疗、成都联帮医疗科技股份有限公司外，其他企业的员工规模均在 200 人以下。因此，四川省医用制氧设备行业目前规模还较小，有较大的发展空间。

表 2-2-42　全国制氧设备进出口情况

贸易方式	年份	商品编码	商品名称	数量 / 台	金额 / 万元	单台均价 / 万元
出口	2022	84196011	大型制氧机	5 233	22 773	4.35
	2022	84196019	小型制氧机	132 499	74 823	0.56
	2022	合计		137 732	97 595.816 9	0.71
	2021	84196011	大型制氧机	20 224	36 640	1.81
	2021	84196019	小型制氧机	1 385 849	404 569	0.29
	2021	合计		1 406 073	441 209.564 7	0.31
	2020	84196011	大型制氧机	9 025	20 515	2.27
	2020	84196019	小型制氧机	355 132	96 905	0.27
	2020	合计		364 157	117 420.621 1	0.32
	2019	84196011	大型制氧机	5	1.09	0.22
	2019	84196019	小型制氧机	5 938	2 461	0.41
	2019	合计		5 943	2 462.40	0.41

续表

贸易方式	年份	商品编码	商品名称	数量/台	金额/万元	单台均价/万元
进口	2022	84196011	大型制氧机	1	36.53	36.53
	2022	84196019	小型制氧机	3 630	1 478.08	0.41
	2022	合计		3 631	1 514.612 1	0.42
	2021	84196011	大型制氧机			
	2021	84196019	小型制氧机	897	959.42	1.07
	2021	合计		897	959.415 4	1.07
	2020	84196011	大型制氧机	1	0.27	0.27
	2020	84196019	小型制氧机	687	1 117.65	1.63
	2020	合计		688	1 117.922 7	1.62
	2019	84196011	大型制氧机	8	66.40	8.30
	2019	84196019	小型制氧机	2 089	841.92	0.40
	2019	合计		2 097	908.323 4	0.43

注：大型制氧机，制氧量≥ 15 000 m^3/h；小型制氧机，制氧量＜ 15 000 m^3/h。数据来源于海关统计数据在线查询平台。

（三）进出口情况

国内制氧机市场主要以国产产品为主，进口非常少。目前，进口医疗器械注册证共有 7 个，来自奈蒂克医疗产品有限公司、美国慨迩股份有限公司、伟康股份有限公司、德百世医疗有限公司、太平洋联合工业公司等 5 家美国企业。

国产制氧机不仅满足了国内需求，还大量出口，满足海外市场的需求。特别是在新冠疫情期间，制氧机出口大幅增长。2019 年，我国制氧机出口 5 943 台，其中大型制氧机出口 5 台，小型制氧机出口 5 938 台，出口金额在 2 462 万元左右。2020 年，由于新冠疫情波及全球，我国制氧机的海外需求大幅增长，出口数量和金额有成倍的增长。该年制氧机出口数量为 36 4 157 台，其中大型制氧机出口 9 025 台，小型制氧机出口 355 132 台，出口金额在 11.74 亿元左右。2021 年制氧机出口继续保持了高增长，出口量达到

140.6 万台，出口金额为 44.12 亿元。2022 年，由于海外国家和地区新冠疫情缓解，我国制氧机出口量仅为 13.77 万台，同比下降 90.2%，出口金额 9.76 亿元，同比下降 77.87%。随着新冠疫情在全球范围内逐渐平息，预计未来我国制氧机出口增速将放缓。

在进出口总数量和总金额中，进口的数量和金额占的份额很小。2019 年我国制氧机进口量仅 2 097 台，进口金额约为 908 万元，其中大型制氧机进口仅有 8 台。2020 年和 2021 年，由于国外新冠疫情严重，制氧机进口数量相比 2019 年均有下降，但单台均价有所提高。2022 年制氧机进口量恢复到了疫情前的数量，达到了 3631 台，进口金额为 1 514.6 万元，相比上一年有大幅增长，但与出口的数量和金额相比仍非常小。有关制氧机进出口的情况。

如表 2–2–43 所示，四川省的制氧机进出口数量、金额占全国的比重均较小。2019 年，四川省制氧机出口 168 台，全部为小型制氧机，出口金额在 52.31 万元左右。2020 年和 2021 年四川省制氧机出口有大幅度增长。2021 年，四川省制氧机出口量达到 10 979 台，主要为小型制氧机（10 335 台），出口金额达到 3 667.48 万元。同样由于海外需求的减少，2022 年四川省制氧机出口大幅下降至 651 台，金额仅有 372.94 万元。在进口方面，2019 年四川省进口制氧机 69 台，为小型制氧机。之后两年，四川省制氧机进口量持续下降，至 2022 年已无进口。

表 2–2–43　四川省制氧设备进出口情况

贸易方式	年份	商品编码	商品名称	数量 / 台	金额 / 万元	单台均价 / 万元
出口	2022	84196011	大型制氧机	1	4.19	4.19
	2022	84196019	小型制氧机	650	368.75	0.57
	2022	合计		651	372.94	0.57
	2021	84196011	大型制氧机	644	167.60	0.26
	2021	84196019	小型制氧机	10 335	3 499.88	0.34
	2021	合计		10 979	3 667.48	0.33

续表

贸易方式	年份	商品编码	商品名称	数量 / 台	金额 / 万元	单台均价 / 万元
出口	2020	84196011	大型制氧机	0	0	0
	2020	84196019	小型制氧机	2 184	1 053.18	0.48
	2020	合计		2 184	1 053.18	0.48
	2019	84196011	大型制氧机	0	0	0
	2019	84196019	小型制氧机	168	52.31	0.31
	2019	合计		168	52.31	0.31
进口	2022	84196019	小型制氧机	0	0	0
	2021	84196019	小型制氧机	13	9.12	0.70
	2020	84196019	小型制氧机	32	53.04	1.66
	2019	84196019	小型制氧机	69	102.01	1.48

注：大型制氧机，制氧量≥ 15 000 m^3/h；小型制氧机，制氧量＜ 15 000 m^3/h。数据来源于海关统计数据在线查询平台。

（四）企业创新能力

四川省内具有医用制氧设备注册证的企业总计拥有授权专利 308 项，软件著作权 49 项。其中发明专利 27 项，实用新型专利 218 项，外观设计专利 63 项。见表 2-2-44。从专利和软件著作权来看，港通医疗、联帮医疗和西梅卡亚洲气体系统成都有限公司的研发实力最强，其他企业在研发实力方面还有待进一步提高。

目前，有 6 家四川省内医用制氧设备注册企业获得了国家级的创新类荣誉资质。其中，联帮医疗入选了第四批国家级专精特新“小巨人”企业，西梅卡亚洲气体系统成都有限公司入选了省级专精特新中小企业。见表 2-2-45。

表 2-2-44　四川省医用制氧设备注册企业授权专利和软件著作权数量　（单位：个）

企业名称	发明专利数量	实用新型专利	外观设计专利	专利总计	软件著作权
四川港通医疗设备集团股份有限公司	15	71	45	131	16
成都联帮医疗科技股份有限公司	7	56	2	65	8
西梅卡亚洲气体系统成都有限公司	2	36	2	40	8
慨迩医疗科技（成都）有限公司	1	24	2	27	0
四川空分医用设备工程股份有限公司	0	15	0	15	13
四川嘉医医疗器械有限公司	0	10	3	13	2
四川大爱科技有限公司	0	3	8	11	1
成都康宇医用设备工程有限公司	1	2	0	3	0
四川省至圣贝尔医疗器械有限公司	1	0	1	2	0
四川柏施康宁医疗科技有限公司	0	1	0	1	0
成都市万福实业工程有限公司	0	0	0	0	1
总计	27	218	63	308	49

注：授权专利和软件著作权数据来自于企查查网站，未区分是否与制氧有关。

表 2-2-45　四川省医用制氧设备注册企业创新类荣誉资质

企业名称	荣誉资质
成都联帮医疗科技股份有限公司	国家级专精特新“小巨人”（第四批） 国家级高新技术企业 省级“专精特新”中小企业
四川港通医疗设备集团股份有限公司	国家级高新技术企业 省级服务型制造示范企业 省级重点龙头企业
西梅卡亚洲气体系统成都有限公司	国家级高新技术企业 省级“专精特新”中小企业
慨迩医疗科技（成都）有限公司	国家级高新技术企业 四川省第一批创新型中小企业名单
四川大爱科技有限公司	国家级科技型中小企业
四川空分医用设备工程股份有限公司	国家级高新技术企业

注：企业荣誉资质来自于企查查网站和企业网站。

二、市场发展趋势

（一）设备可靠性和能耗方面的改进

制氧技术提供商应针对使用环境研发新型制氧设备，在空气压缩机选择方面应考虑空气压缩机流量按设计需要提高；应考虑压缩比变大后机头温升造成的不利影响，可以选择额定排气压力更高的空压机；电气方面应选择高原型电动机以及使用电流更大的变频器等等，以提高制氧设备的可靠性。

电力紧缺地区，对能耗比较重视，因此，研发制氧设备时应当将降低能耗作为制氧设备的重要技术指标，应选择合适的制氧工艺流程，合适的动力设备技术参数、环境气压的匹配以及与吸附装置工艺参数的匹配。例如高原地区大气压力低，虽不利于空压机的运行，但有利于吸附剂中氮气解析。因此，可以通过研究优化适合高原环境的制氧工艺参数来达到降低能耗的目的。

制氧供氧设备的动力设备应优先选择设备维护工作量少的无油润滑设备，甚至免维护设备。制氧设备的分子筛对油分的吸附能极强，且无法脱附（解析）、制氧设备长期运行，如果采用油润滑的空压机，必将导致分子筛被污染，导致制氧设备失效；相对高压（吸附压力大于 0.1 MPa）吸附会导致分子筛粉化。这两个因素制约了制氧设备在家庭、高原地区的广泛应用，也是造成假供氧的主要原因。

（二）智能化、小型化和便携化

随着 5G、物联网、大数据、人工智能等新技术的不断发展，医用分子筛制氧设备的使用与管理工具将越来越智能化。对于医院集中供氧项目，智慧化运营平台已经开始得到应用。医院管理者可以直接通过手机实时实现院内所有制氧设备的集中控制和个性管理，以及故障预测、维保提醒、智能分析等智慧管理。此外，通过远程监控技术，实时监测设备运行状况，根据设备运行参数提前做好维保工作，有助于保证制氧设备的正常运行。

对于高原地区的集中供氧项目，供氧控制智能化、简化管理，还可以避免浪费。譬如，办公区与宿舍区分时段自动供气停气，智能供氧终端检测到浓度到达上限时自动停止供气功能以及感知室内无人时自动停气功能，以此达到既简化管理又避免浪费的目的，从而降低运营成本。

对家庭使用者而言，随着人民健康意识的不断提升，制氧设备作为健康类的产品，在预防性治疗、疾病的辅助治疗及病后的康复治疗中，都将发挥着积极的作用，有望成为智能家居的一部分。例如，通过移动端如手机小程序或语音可实现家庭制氧设备的自主、个性控制。

小型化和便携式设计也是制氧设备产品研发的重点方向。制氧设备往小型化、便携化方向改进，在家使用或外出携带也将更加灵活、方便，而且对老人而言，使用操作也将更安全、简便。

（三）设备的功能多样化

随着网络、大数据、物联网等技术的发展以及制氧技术的进步，制氧设备可以考虑多功能集合，如遥控、定时、耳麦式和弥散式吸氧、智能报警、流量可调，负氧离子、臭氧消毒、音乐播放、联动其他智能产品等，以提高制氧的安全性、可靠性、经济性、智能化。

功能多样化就对制氧设备制造厂家提出了更高的技术标准，需要同时在制氧技术软硬件研发上协同发力，用软件技术推动制氧设备硬件技术的进步，让制氧设备在使用过程中做到功能更多样、使用更灵活，产品实用更好用。

三、四川省代表性企业

成都联帮医疗科技股份有限公司

1. 企业简介

成都联帮医疗科技股份有限公司（简称联帮医疗），成立于1997年，是一家扎根于制氧供氧领域的高新技术企业、国家专精特新小巨人企业，为客户提供制氧供氧整体解决方案。

联帮医疗以创新推动企业高质量发展，掌握了制氧领域的多项核心技术。已取得医用制氧领域的自主知识产权 100 余项，其中国家发明专利 8 项，软件著作权 8 项；参与编撰多项国家标准与行业规范；具备从事产品研发、生产、销售、安装、服务的全套资质，通过 ISO9001、ISO13485 等管理体系认证；获得成都市双流区政府质量奖、四川省企业技术中心、知识产权管理体系认证证书、AAA 级信用等级证书等诸多荣誉。

公司拥有现代化的研发生产基地近 30 000 m^2，集科研、智能制造、信息技术、市场服务于一体，是国内重要的制氧供氧技术和产品研究中心。

2. 市场销售

联帮医疗成立至今，已为全国 2 000 余家的客户提供了产品与服务，客户主要为二级及以上的医疗机构，高原企事业单位、高原机关单位、高原部队等。

2010 年以来，联帮医疗参与全国范围内有关制氧设备采购与运行维护、供氧工程建设等项目的公开竞标共计 545 次（来自企查查），这些项目分布在全国 27 个省级地区，表明联帮医疗在全国范围内广泛参与市场开拓，显示出联帮医疗的产品和工程能力具备很强的市场竞争力，其中在四川、重庆、河南、青海、贵州、湖北等地区有较高的市场占有率。2019—2022 年，公司营业收入从 1.34 亿元增长到 2.56 亿元，保持了较快的增长势头。

联帮医疗在全国设立有 2 个分公司、35 个服务办事处，实现了网点客户服务的全触达，保障了客户服务的专业性、及时性、高效性，为联帮医疗的市场开拓奠定了坚实基础，进一步提高了联帮医疗的品牌竞争力。

3. 主要产品

联帮医疗的主要产品有：医用分子筛制氧设备、医用中心供气系统、高原环境供氧系统、洁净手术部装备及相关的技术服务等。

在制氧供氧领域，通过持续不断的技术研发与创新，产品更可靠和高效；形成了系列化的制氧设备产品，能满足客户不同场景的用氧需求；入选《优秀国产医疗设备产品目录》；被评为 2022 年度中国气体行业知名品牌产品；被认定为2022年度四川省重大技术装备国内首台套产品（低噪型医用分子筛制氧设备）；通过四川省科学技术成果评价报告“川工信（评价）字〔2022〕第91号”——医用分子筛制氧设备总体技术处于国际先进水平。

目前，联帮医疗加大了高原型、家用型、小型化、智能化制氧设备的研发，有望推动制氧技术和产品迈向新的阶段。

第三章 创新领域

第一节 生物医用高分子材料

生物医用材料是用于诊断、治疗、修复或替换人体组织或器官的一类高技术新材料，是研究人工器官和医疗器械的基础，也是保障人类健康的必需品。其产业是一个典型的低原材料消耗、低能耗、低环境污染、高技术附加值的新兴产业。作为材料、生命科学和医学等多学科的交叉，生物医用材料的研究和发展与材料学科的发展密切关联。

随着合成化学，特别是高分子合成的快速发展，生物医用材料也呈现飞速发展，至今已经历三代发展。第一代生物医用材料始于 20 世纪 60 年代，其显著特点是生物相容性和生物惰性；第二代生物医用材料诞生于 20 世纪 80 年代中期，其显著特点是具有生物活性或可生物降解吸收性；第三代生物医用材料兼具生物活性和可生物降解吸收性，是一类能促进人体组织器官自修复和再生的材料。近年来，随着生命科学的发展和大健康时代的到来，生物医用材料的发展更是呈现出多点开花的蓬勃之势。

一、市场基本现状

伴随着临床应用的成功，生物医用材料及其制品行业已经形成，它不但是整个医疗器械产业的基础，还是世界经济中最有生气的朝阳产业之一。根据高禾投资研究中心的预测，至 2026 年，全球生物医用材料及其制品行业销售规模约为 2 590 亿美元，2020—2026 年复合增长率为 5.21%。在骨科、心血管、外科与整形等七大类应用领域中，骨科材料占据生物医用材料第一大市场需求，2020 年骨科材料市场占比达 37.5%；其次是心血管材料，市场占比为 36.1%。

全球生物医用材料前沿研发产业集群已经初步形成，如美国硅谷、波士顿、北卡罗莱纳研究三角园、明尼阿波利斯等；德国纽伦堡医谷、巴州艾尔格兰、图林根州等多个地方生物技术集群；日本筑波、神奈川、九州科技园等；英国剑桥科技园等；韩国大德科技园等；荷兰莱顿生物科技园；瑞士日内瓦—洛桑科技创新园区、巴塞尔生物谷、苏黎世生物科技园等；法国里昂生物园区、阿尔萨斯生物谷等。美国仍是全球最大的生物材料及医疗器械市场，占全球近半数市场份额。美国是生产和消费生物医用材料最大的国家，全球 37% 产品被美国消费；第二大生物医用材料市场是欧盟，占全球市场的 29%，这与其经济高度发达、完善的医疗保障制度有关；全球第三大市场是占全球份额 18% 的亚太地区。其中，日本是技术先进、经济发展较快的国家；中国和印度人口众多，医疗保障制度尚处于初级阶段，是亚太地区最具发展潜力和空间的国家。另外，东南亚国家、墨西哥、巴西、阿根廷和智利等也将保持较快的增长速度。见图 2-3-1。

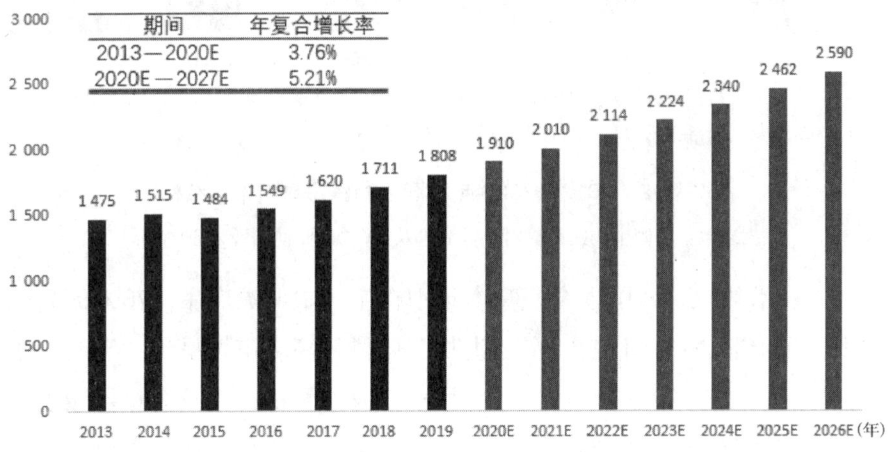

图 2-3-1　2013—2026 年全球生物医用材料及其制品行业销售规模（单位：亿美元）

数据来源：前瞻产业研究院、高禾投资研究中心。

我国生物医用材料的市场规模呈现持续增长的趋势，从2017年的1 380亿元增长到2022年的3 029亿元，增长了近2倍。其中，随着高分子材料在药物控释载体、组织工程等方面得到应用，以及在新型高分子材料方面的高速发展，其2022年的市场规模超过千亿元，在我国生物医用材料市场规模中占比最大。

生物医用材料是一个集高新技术、雄厚资金以及严格监管为一体的行业，新进入者难以在短期内形成规模效应。尽管我国生物医用材料产业市场规模增长迅速，但大部分企业仍处于小规模发展阶段，产值超过1亿元的企业仅有30家左右，其中主流上市企业有23家。见图2–3–2。

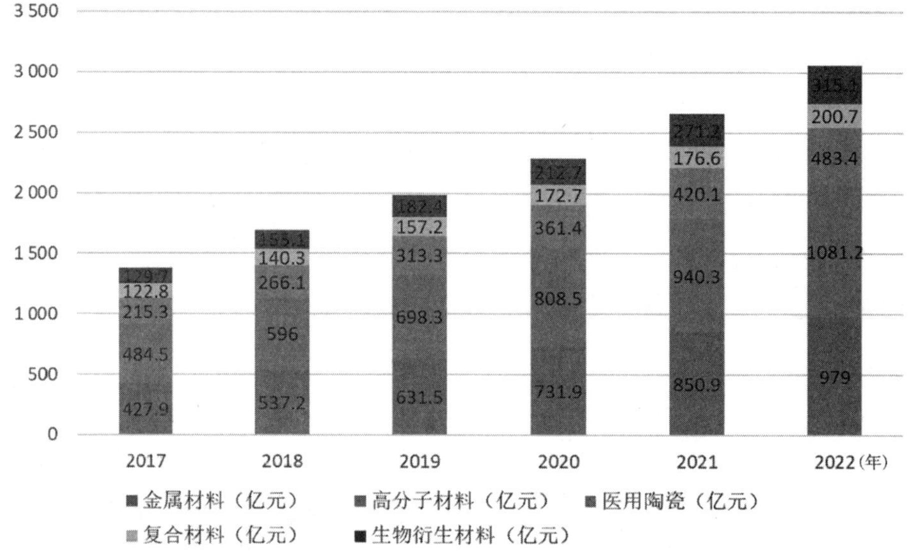

图2–3–2　2017—2022年我国生物医用材料市场结构

数据来源：中国生物医用材料产业演进及投资机会白皮书，赛迪顾问。

由于技术的缺乏，国内企业基本集中在生产中低端产品，70%的高端生物医用产品依靠进口。目前，全球生物医用材料高端市场呈现“寡头”垄断格局，国内企业进入高端市场受限。目前，我国生物材料及医疗器械生产企业已超过3万家，产业集群主要分布在长三角、珠三角、环渤海以及成渝地区四大板块，生物医药产业基地共计35个，17个分布于东部沿海地区，3

个分布于东北地区，9 个位于中部地区，6 个位于成渝地区。带有自身特色的几个头部园区，比如长三角地区的张江药谷和苏州 BioBAY；珠三角地区的深圳国际生物谷和广州国际生物岛；环渤海地区的中关村生命科学园；成渝地区成都天府生命科技园及成都天府国际生物城。

针对国内医疗器械行业关键技术和原材料卡脖子的问题，国家也出台一系列政策集中力量进行攻坚克难，引导生物医用材料行业的发展。其中，“中国制造 2025”将新材料、生物医药及高性能医疗器械作为重点发展十大领域之一，并提出“大力推动生物医药及高性能医疗器械突破发展”；“十四五”规划“加快发展生物医药等产业，做大做强生物经济”；《“健康中国 2030”规划纲要》则明确提出“医疗器械国产化目标任务”。随着国家在医疗器械高科技产业研究方面提供的优先政策支持和经济投入，预计未来几年，我国生物医用材料市场需求量还将持续增长。

四川省是国内最早开展生物医用材料研究及应用的省份。四川大学张兴栋院士带领团队早在 1 999 年就成立了国内第一个国家级的生物材料及医疗器械研究的机构——国家生物医学材料工程技术研究中心。2016 年起张兴栋院士担任世界生物材料科学与工程联合会主席，引领我国生物材料科学与工程研究成功登上了世界舞台的中央。张兴栋院士团队于国际率先建立了较完整的组织诱导性生物材料科学基础，并转化理论成果开发组织诱导性骨、软骨、神经、皮肤、血管等一系列产品，引领新一代生物材料与医疗器械的发展，实现了 0 到 1 的重大理论突破。原创性的“组织诱导性生物材料”理论引领中国和世界生物材料的研发，表明我国在生物医用材料研究领域已具备跨越式创新发展的条件和基础。最近 10 余年，国家生物医学工程计划研究中心在微创介入心血管材料及器械研究方面也走到了国内国际领先地位。与相关企业医院合作，开发出一批高技术产品如血管支架、心脏封堵器等已实现国产替代，介入治疗、人工心脏瓣膜等已居国际先进水平，全降解封堵器及人源化胶原蛋白材料实现了国际引领。围绕生物医用材料表 / 界面组成、结构与机体组织应答，通过植（介）入材料及器械关键共性表面改性技术研究，已研发出具有长效抗凝血性能的体外膜肺氧合器、具有表面生物活性的骨植入器械等，原创性地利用基因工程合成出人源化胶原蛋白，实现了全球胶原蛋白研究的突破性进展，引领我国生物医用材料研究从“跟踪仿制”向“自主创新”迈进，产品从价值链低端向高端发展。

生物医用材料可以划分为金属材料、高分子材料、陶瓷材料、复合材料和生物衍生材料。在众多生物医用材料中，生物医用高分子材料是发展最早、应用最广、用量最多的材料，也是一个正在飞速发展和具有广阔前景的领域。

生物医用高分子材料根据是否具有可降解性，可分为不可生物降解材料和可生物降解材料。其中，不可降解医用高分子材料是指在生理环境中能够长期保持稳定，不易发生降解、交联或物理磨损的高分子材料，具有良好的物理机械性能，是最早应用于医学领域的高分子材料。由于结构和性能的不同，不可生物降解医用高分子材料可用作骨、牙、关节、肌腱等骨骼—肌肉系统修复材料，食管、呼吸道、膀胱等软组织材料，人工心瓣膜、血管、心血管内插管等心血管系统材料，血液净化膜和分离膜等医用膜材料。不可生物降解高分子材料的耐久性较强，因此，主要用于半永久性植入医疗器件（如人工器官、人工组织）以及医疗过程中各种体外用的器具和用品（输液袋、注射器等）。

近年来，随着研究的深入，可生物降解医用高分子材料的优势被深度挖掘，在诸多医用领域愈发不可或缺。这类材料能在体内逐渐降解，并且其降解产物能被机体吸收、代谢排出，对人体健康几乎没有影响。据不完全统计，医学应用的可降解生物高分子材料已有 90 多个品种、400 余种制品，几乎涉及了医学的各个领域。典型的可生物降解医用高分子材料包括聚乳酸、聚己内酯、聚乙醇酸和聚对二氧环己酮等合成高分子，以及纤维素、淀粉、甲壳素和壳聚糖等天然高分子，已经在手术缝合线、药物缓释载体、组织工程支架、伤口辅料和组织修复材料等相关领域中得到广泛应用。

二、生物医用材料发展趋势

（一）发展瓶颈

目前生物医用材料及其制品长期临床应用亦暴露出一些需要进一步解决的问题，突出表现在其功能性、服役寿命等不能很好地满足临床应用的要求。如人工心脏瓣膜植入 12 年后死亡率达 58%，血管支架植入后血管再狭窄率达 10%，人工关节有效期老年组为 12 ~ 15 年，中青年组仅 5 年左右等。功能化、个性化、微创化是生物医用材料及制品的发展趋势。当前生物医用材料及制品，已由简单的组织形态修复或力学功能重建，向组织器官的再生重建和生理功能的恢复增进方向发展；由大众化的治疗方案向个性化、定制化的方向发展；由传统大创伤的开放手术向微创伤治疗的方向发展。此外，通过材料表面界面改性赋予其新功能，也是当代生物医用材料及制品发展的一个重要发展方向。

可以预料，在未来 10 ~ 20 年，生物医用材料科学和产业将发生革命性变化，常规生物材料的时代正在过去，可再生人体组织器官的新一代生物材料与制品及精准微创治疗已成为发展方向和前沿。通过赋予材料生物结构和生物功能，充分调动人体自我康复的能力，再生和重建被损坏的人体组织或器官，或恢复和增进其生理功能，一个为再生医学提供可诱导组织或器官再生或重建的生物医用材料和植入器械的新产业将成为生物医用材料产业的主体，也是国际竞相争夺的战略制高点，这为我国生物材料发展实现弯道超车提供了难得机遇。保守估计，到 2035 年两者可能引导世界高技术生物材料市场增长至 1 万余亿美元，与此相应，带动相关产业新增间接经济效益可达 3 万余亿美元。

（二）发展建议

当代生物医用材料正在经历革命性变革，已经从最初要求材料的生物惰性，到后来认识到材料应具有生物活性，发展到现阶段以赋予材料有再生功能的组织或器官为研究目标。生物医用材料内涵的改变，以及组织诱导性生物材料定义的提出，导致该领域前沿基础研究亦发生相应的变化，研究者更加关注材料如何主动刺激机体特定反应，调动其自我修复和完善功能；材料如何干预机体修复微环境，募集内源性信号分子刺激干细胞的级联基因表达和特定方向分化；材料及其降解产物如何介导机体免疫调控，影响组织再生修复的进程；纳米生物材料的特定生物学效应和生物安全性，在疾病治疗、纳米探针及纳米机器人等方面的潜在应用；磁、电、光、热等外场对机体细胞功能的影响，发展电子耳蜗、植入式神经电极等植入式微电子器械；生物材料基因工程创新研发新模式的探索和新材料发现；创新医疗器械监管科学体系的建立与完善。在这些前沿基础研究不断取得进展的基础上，生物医用材料及制品产业也得以不断进步，一大批世界领先的高端生物材料制品，如骨诱导磷酸钙生物陶瓷、软骨诱导性胶原基质、可再生人工韧带、可再生人工肩袖、中枢神经再生修复材料等已经或即将上市，将继续推动生物医用材料革命性变革的进程。

以成都为例，从产业链分析，生物医用材料上游领域是原材料生产；下游是植、介入医疗器械主要应用商，包括各大医院、各美容整形机构、医药经销商、器械代理商等；其最终应用为患者。四川大学等科研院校单位在基础理论技术方面具有很强的研发能力，并掌握了生物医用原材料方面的诸多核心技术。同时，成都拥有成都普利铭医用材料、成都迪康中科生物、成都普川生物等一批生物材料相关的上游企业，还拥有四川大学华西医院、四川省人民医院、四川省骨科医院和成都骨科医院等下游医疗器械应用商。从整体上来看，成都生物医用材料行业“产、学、研、用”的全链条完整，但尚未形成生物医用材料产业集群。

结合成都生物医用材料产业发展情况，有以下几点建议：

（一）着力推动中试平台建设

依托四川大学等科研院校单位的创新资源，围绕卡脖子生物医用原材料，建立生物材料中试孵化平台，着力优化中试仪器设备、中试生产线等资源配置。

（二）全面支持本土企业做大做强

积极引导政策、资金、技术等关键要素向成都本土企业聚集，大力提升本土企业在生产制造、供应链优化、成本控制、品牌建设、资源导入等方面的能力。

（三）出台生物医用材料产业扶持政策

建议在《关于促进成都新型材料产业高质量发展的实施意见》《关于促进成都医药健康产业高质量发展的实施意见》等现有政策框架下，研究制订支持生物医用材料产业发展的专项实施细则，强化前沿基础研究、核心技术攻关、企业招引培育、产业生态建设等。

（四）强化生物医用材料产业人才引育

依托市域内医药健康、新型材料等领域重大创新平台，以招引的重大项目为牵引，靶向招引具有“塔尖效应”的生物医用材料领域顶尖人才。支持四川大学等科研院校单位采取“校企双导师”“高校教学 + 企业实践”双模式，共设教学课程、共担科研项目，培育一批“留得住、用得上”的生物医用材料产业应用型人才。

三、四川省代表性企业

成都普利铭医用材料科技有限责任公司

1. 企业简介

成都普利铭医用材料科技有限责任公司是由四川大学院士领衔的技术团队作技术支撑的初创企业（于 2022 年 9 月 26 日注册成立），是一家专门从事医疗器械原材料技术研发、生产、销售与服务的公司，旨在将实验室研发成果进行产业化以解决我国高端医疗器械原材料的“卡脖子”、国外技术封锁等问题。在四川大学的大力支持下，依托四川大学在高分子材料领域雄厚的技术力量和完备支撑条件，坚持科技创新引领高质量发展的理念，该公司将打造成为国际一流的新型医用高分子材料研发生产企业。尽管成都普利铭医用材料科技有限责任公司的成立时间晚，但该公司技术团队在医疗器械原材料方面的研发可以追溯至20多年前，至今已成功攻克并掌握多项医疗器械原材料的关键技术。现阶段，公司推出的主要产品是聚对二氧环已酮及其改性材料，包括PPDO粒料、PPDO微球和PPDO线材等。

公司依托的四川大学核心技术团队在近5年承担了国家自然科学基金重大、重点国际合作项目和国家重点研发计划项目等20余项从基础到应用的国家项目。目前正在承担“十四五”国家重点研发项目百吨级非医用PPDO合成技术的研究开发。通过20余年的研究积淀，打通了PPDO单体合成以及医用PPDO材料制备的小试—中试—生产各个环节中的关键技术与装备及成形加工关键技术，形成了PPDO的“单体—聚合物材料—加工成形—制品”完整的技术链条，已完成链条中关键技术的知识产权保护工作，并于2022年10月完成了首批专利权的转让，正在成都普利铭医用材料科技有限公司进行专利实施和规模化生产的技术开发。研发团队前期研究成果“基于PPDO的完全生物降解聚合物及其制备方法”获得教育部技术发明一等奖，负责承担了“十三五”国家重点研发项目课题“医用级聚对二氧环已酮的合成与加工关键技术研究”和四川省重大科技专项课题“医用级可降解聚酯高分子材料的合成及产业化”。研发团队通过发明的高效催化体系，成功实现一步法高效合成PPDO聚合单体，大幅度降低成本；发明的聚合催化剂和工艺，极大地缩短聚合时间，显著提升了单体转化率和分子量，可实现分子量的可控合成，获得高纯PPDO产品。现阶段成都普利铭医用材料科技有限责任公司的PPDO产品的核心技术指标均优于国外同类型产品水平。根据PPDO具有适中的聚合热力学上限温度可以在温和的条件下高效解聚为单体PPDO这一特点，该公司还开发了一套闭环化学循环回收利用PPDO废料和废品的特色工艺，单体回收率高达99.9%，进一步降低PPDO生产成本，使其PPDO产品具有很强的市场竞争力。

现阶段，公司已有的研发与技术人员共计11名，其中正高级职称3

人，副高级职称 2 人。形成了以院士为引领、中青年学术骨干为核心力量的“产、学、研、用”一体化的高水平研究和成果转化队伍。

2. 主要产品

PPDO 是一种兼具优异的强度、韧性和生物相容性及生物降解性的脂肪族聚（酯—醚），在体内可以完全降解为二氧化碳、水等小分子产物，降解产物可从呼吸道及代谢废物中排出，无体内积累，安全性高。PPDO 已广泛应用于多种医用可植入器械产品的制备，如手术缝合线、血管结扎夹、疝修补片、心脏封堵器等，相关可植入器械已获得 FDA/CFDA 认证并应用于临床。

PPDO 微球颗粒具有优异的生物降解性、生物相容性和生物可吸收性。PPDO 微球粒径可调，可按客户需求提供对应的粒径。该微球可应用于生物医药、组织工程和美容整形等领域，如制备药物缓释微针、靶向制剂、骨修复生物材料、面部填充剂等。

第二节　手术机器人

手术机器人是在微创手术领域辅助人类对医疗器械进行精准控制的一种医疗服务机器人，在泌尿科、 妇科、 普外科、 骨科等领域临床手术中不断拓展应用，其发展受到了各方关注。到 2020 年，全球手术机器人市场规模为 8 321 万美元，腔镜手术机器人占比 63%，骨科手术机器人占比 17%，经皮穿刺机器人、经自然腔道机器人、泛血管机器人占比约 6%。截至 2021 年底，直觉外科、天智航、精准医疗、史赛克、美敦力等多家公司的 10 余项产品获得国家药监局批准上市。前三大市场分别为美国、欧洲和中国，分别占据 55.1%、21.4% 和 5.1%。

一般来说，医疗机器人按应用场景可分为：手术机器人、康复机器人、辅助机器人和服务机器人。手术机器人再按细分科室应用领域可划分为：腔镜手术机器人、骨科手术机器人、泛血管手术机器人、经自然腔道手术机器人、经皮穿刺手术机器人等。这 5 类机器人 2020 年分别占中国手术机器人市场的约 75%、10%、0、0、5%。

一、市场基本状况

手术机器人历史始于 1985 年，一台经过改进的 PUMA560 工业机器人在美国加州放射医学中心被用于脑外科取样实验。1994 年，美国 Computer Motion 研发出首个获得 FDA 认证并用于实际临床外科手术的机器人系统 AESOP1000。该系统采用一条具有 6 个自由度的机械手臂来代替护士调整腹腔镜腔内位姿，以获得稳定的腔内手术场景图像。1996 年、2003 年 Computer Motion 分别推出 AESOP2000、AESOP3000，逐步实现了机械臂的语音识别操作。

在这之后，Computer Motion 推出了具备更高手术精度的外科手术机器人系统 ZEUS，包括主操作控制台和机械臂。机械臂由 1 条机械持镜臂和 1 条 7 自由度的手术器械臂组成。ZEUS 系统消除医生操作时手部的抖动，使微创手术操作更加精确稳定。

2001 年，Intuitive Surgical 研制出了新一代的微创外科机器人系统达芬奇，并获得 FDA 认证。达芬奇与 ZEUS 最大的区别是将 3 条机械臂全部安装在一个移动平台上，这种机械臂系统集成方式使得整个系统在结构方面更加紧凑，便于根据手术室的实际空间进行移动，极大地提高了机械臂系统的灵活性。Da Vinci 系统主要包括医生控制台系统、手术机械臂系统及图像处理系统。

2014 年直觉外科研制出第四代 Da Vinci Xi，4 个从操作手臂固定在旋转支架上，能够旋转到患者体表的任何部位，内镜能够附在任何器械臂。Da Vinci Xi 机器人具有更小、更薄的从操作手臂，能够减少机械臂之间的碰撞，具有更广的运动范围。

2021 年是中国腔镜手术机器人元年，微创机器人作为腔镜手术机器人第一股上市且产品已申报注册，上海市把 4 种腔镜机器人手术纳入医保，威高手术机器人作为国产第一家率先拿证，精锋、康多、术锐手术机器人正在临床试验，中国进入国产手术机器人大时代。腔镜手术机器人是技术含量最高的医疗器械之一，这一领域的国产化标志着本土医疗器械创新进入了全新阶段。

“863 计划”加速了国产手术机器人的发展。“863 计划”智能机器人主题，资助了天大和哈工大等手术机器人项目。2021 年 10 月 27 日，NMPA 批准了山东威高手术机器人有限公司生产的创新产品“腹腔内镜手术设备”的注册申请。除威高外，国内还有微创机器人正在注册申请阶段，精锋已完成泌尿外科临床入组，康多、术锐正在临床试验。我们预计到 2025 年，6 家国产机器人将完成临床试验并获批，国产腔镜机器人进入大时代。

国产手术机器人以设备 + 耗材 + 服务费的收入结构预测腔镜手术机器人的市场空间高达 487 亿元。以 2020 年中国医院数量计算，中国市场可容纳 9 531 台机器人，在手术量方面，假设目标术式渗透率达到 50%，则中国每年进行 395.5 万例腔镜机器人手术，即每台机器人每年进行 415 例手术，耗材市场空间达 396 亿元。

二、市场发展趋势

（一）手术机器人推动微创外科手术的全面升级

机器人辅助外科手术（Robot-assisted surgery，RAS）可视为微创手术的全面升级，是第三代外科手术形式。从第一代开放手术、第二代微创手术到第三代 RAS 手术。

腔镜机器人辅助外科手术在泌尿系统肿瘤手术领域的临床优越性将是腔镜机器人打开市场的第一步。随着腔镜机器人辅助外科手术的普及，拥有腔镜机器人的医院变多，熟悉腔镜机器人手术的外科医生也日益增多，对于高难度术式例如前列腺癌根治术，腔镜机器人辅助外科手术带来的是手术质量和效率的巨大飞跃。而前列腺癌根治术作为机器人辅助外科手术最有代表性的术式，是检验手术机器人性能的“试金石”。目前，威高、微创、精锋、术锐、康多机器人均已公开完成前列腺癌根治术。微创机器人已完成泌尿外科临床试验，产品性能可靠。

（二）手术机器人降价、提高渗透率最符合中国国情

在中国，腔镜机器人有潜力渗透所有进行腔镜微创手术的医疗机构。作为第三代外科手术技术，腔镜机器人辅助外科手术可以对相当大一部分的开放手术和腔镜微创手术进行替代。在不考虑价格因素以及配置证限制的情况下，机器人辅助外科手术对所有开展微创腔镜手术的医院和医生都具有吸引力。

医院、医生、患者、政府四方选择腔镜机器人辅助外科手术，降价是大多数问题的解决方案。假设国产腔镜手术机器人设备降价到 600 万元 / 台，则其价格和 CT 等医院常见大型设备相当，其普及率应当与普通腔镜手术相当。但是在绝大多数地区和省份，腔镜机器人手术尚未纳入医保。腔镜机器人价格昂贵，购买仍需省级配置证许可。

（三）机器人辅助外科手术纳入医保将进一步释放需求

据中新网报道，2021 年 3 月，上海长海医院与嘉兴市第一人民医院利用术锐单孔腔镜机器人完成国内首台远程前列腺根治术。根据美国早期研究表明，医生使用腔镜机器人最多可在 200 毫秒延迟的情况下完成手术，通常情况下机器人主从控制系统存在一定延迟，而远程手术又存在信号延迟，因此，远程手术对机器人本身要求更高。5G 技术的完善大幅减少了信号延迟，提高了数据传输质量。

上海已经率先将腔镜手术机器人纳入医保报销范围。2021 年 4 月 6 日，上海市医保局出台了《关于部分新增医疗服务项目纳入本市基本医疗保险支付范围有关事项的通知》，将腔镜机器人辅助外科手术以“人工智能辅助治疗技术”的名称纳入乙类医保，患者自付 20%。报销范围包括：“前列腺癌根治术、肾部分切除术、子宫全切术、直肠癌根治术”。第一批纳入报销的 4 个术式均为在国外多年临床验证下，机器人手术具有明显优势的手术。我们认为后续扩大适应证的顺序将以机器人辅助手术临床优势为参

考，接下来有可能纳入医保的手术包括：“疝修补术、胆囊切除术、二尖瓣修补术”等。

三、四川省代表性企业

成都博恩思医学机器人有限公司

1. 企业简介

成都博恩思医学机器人有限公司致力于研发智能腹腔镜微创手术机器人，公司 BMR 模块化手术机器人已成功定型并进入临床试验阶段，目前已完成印度 Pilot 临床试验。截至目前，公司已获得授权专利 270 余项，国内授权发明专利 70 余项、美国发明专利 5 项、国际 PCT 发明专利 12 项，突破国际垄断。

2. 产品特色

公司于 2022 年 10 月开启国际多中心临床试验，计划在中国、印度、德国和美国等地开展普外科、泌尿外科、妇科等多科室临床试验。目前，公司已完成印度 Pilot 临床试验，包括胆囊切除术、袖状胃切除术、脾脏囊肿切除（部分切除）、肝脏囊肿切除（部分切除）、腹股沟疝修补术和脐疝修补术等多种术式，临床指标优异。公司计划 2023 年 6 月开始用于国内临床，年底完成印度注册，2024 年上半年完成国内注册，随后开始印度和国内的商业化发展。

持续推进模块化、平台化、智能化设计，推出特色产品实力出众。公司核心产品采用专有模块化设计，支持多达 5 臂手术系统，可根据临床术式灵活配置机械臂；兼容通用能量和影像平台，并可提供一次性和重复使用手术器械，具备更高的兼容性和开放性，满足医院多样化的采购需求；具备全自由度力反馈交互、亚毫米高精度控制、5 mm 创口微出血等优势，产品实力出众。

2021 年 6 月，通过国家药监局《创新医疗器械特别审查程序》；2022 年 8 月，入选工信部科技司及国家药监局《人工智能医疗器械创新任务》；

2023 年 1 月，进入国家首批《医疗器械技术审批重点项目和重点产品审批前置项目》。率先开启国际化布局，掌握和平衡境内外业务发展机遇。进行全球化技术和业务布局，现已开启国际多中心临床试验，有利于公司充分掌握和平衡境内外业务发展机遇。

第三节　3D 打印

3D 打印，又称增材制造，始于 20 世纪 80 年代，自 1 988 年第一台 SLA 问世后，这种新型制造技术发展迅猛。此技术是在计算机控制下，将数据模型按照电脑预设轨迹，层层打印叠加，得到三维实体的一种成型方法。经过近 40 年来的发展，此技术在生物医疗、工业、航空航天、文化艺术等方面获得普遍应用。我国 3D 打印产业规模稳步增长，2021 年我国增材制造产业规模为 265 亿元，30% 的增速超出世界平均水平约 10% 个百分点。根据 2019 年发布的《中国 3D 打印行业市场规模及应用研究报告》显示，截至 2018 年底，全国 3D 打印相关企业超过 3 000 家。根据 2020 年度工信部发布的产业标准，《3D 打印术语与定义》正式实施，该标准中收录了全国 1 732 家 3D 打印企业的信息。

一、市场基本状况

3D 打印技术的应用涵盖了许多不同的领域，其中应用最广泛的领域是制造业，使用 3D 打印技术可以逐层构建各种复杂的零部件和产品模型，包括汽车、航空航天、机械设备等。其次在建筑业、文化艺术产业等领域应用也较为广泛。另外，3D 打印在医疗领域的应用，近年来在全球范围内得到了迅速发展和推广，发展潜力巨大。3D 打印技术有着不可替代的优势，如个性化定制、精准医疗、便捷等优势，使其在医疗器械、组织工程修复、药物载体、细胞直接打印方面发展迅猛，目前在术前规划、精准定位、辅助矫正、骨科置入等领域均已成熟应用，涉及骨科、牙科、颌面外科、肿瘤科、肝胆外科、康复外科等各医学学科，对提高医用教学实践、改变传统医学教学模式、实现数字化精准医疗教学具有重要的作用。

3D 打印技术作为一项前沿制造技术，已经运用到各个领域。在医疗领域方面，该技术的产生与发展促使医学领域正向微创化、精准化方向发展。目前，四川省医疗 3D 打印整体尚处于起步未成熟阶段，但市场规模和行业增速巨大，医疗 3D 打印领域将成为第三大重要应用领域。3D 打印技术在医疗领域的应用相对技术门槛较高，需要行业组织、科研院校、医疗机构、医疗器械制造商、3D 打印企业（设备、材料等）通力合作，发挥各自所长。

2014 年 7 月 31 日，四川省战略新兴产业的第一个产业发展路线——《四川省增材制造产业（3D 打印）发展路线图（2014—2023）》出炉，这一路线图着力推动传统“减材”制造与“增材”制造相融合，推动大规模生产与个性化定制相融合，促进四川省 3D 打印产业加速成链。

2016 年自贡市第四人民医院率先在省内医院内建立以 3D 打印为核心技术的数字医学中心，中心一期投资近 1 000 万元。

2017 年 5 月 22 日，四川省增材制造技术协会为推动四川地区增材制造技术和产业的发展而成立。2017 年 12 月，工信部、发改委、国家卫计委以及财政部等 12 部门联合印发了《增材制造产业发展行动计划（2017—2020 年）》，强调了我国高度重视增材制造产业，将其作为《中国制造 2025》的发展重点。

2018 年 2 月 5 日四川省发改委、四川省卫健委、四川省中医药管理局发布新增“三维医学影像手术计划”为特需医疗服务项目，医疗机构自愿委托双方协商原则提供服务并收取费用；2019 年，自贡市第四人民医院“个体化计算机模拟手术联合 3D 打印技术在脊柱、骨盆外科中的应用研究”获四川省科技进步三等奖、四川省医学会科技进步二等奖；2021 年自贡市第四人民医院在省内完成首例 3D 打印 PEEK 材料股骨假体的植入手术。

2021 年 6 月，四川省医学会医用机器人和医学智能化专业委员会医学 3D 打印学组正式成立，由成都大学附属医院副院长兰海、四川省人民医院骨科副主任医师郝鹏、自贡市第四人民医院数字医学中心副主任吴超、四川华曙图灵增材制造技术有限责任公司创始人兼总经理黄勇发起，旨在成立一个省级的专业医学 3D 打印学组，并以期通过这样一个平台，促进医学人工智能和 3D 打印技术在四川省的医学领域迅速普及，通过平台共同探讨和制订规范，提高医疗质量，惠及更多患者。

二、四川省代表性企业

四川华曙图灵增材制造技术有限责任公司

四川华曙图灵增材制造技术有限责任公司（简称华曙图灵）是一家专注医疗 3D 打印整体解决方案的国家高新技术企业。公司致力于探索 3D 打印在医疗领域的应用，以“品牌建设、创新引领、全覆盖运营”为战略发展思路、以医疗 3D 打印产业化为主题、以产业发展的技术需求为导向、以临床应用场景的实际需求为切入点，打造“医产学研用”协同创新的医疗 3D 打印生态平台。

1. 企业简介

2018 年 9 月 5 日，华曙图灵正式成立落户成都市高新区，自创始人黄勇成立相关团队仅 3 个月，2 款 3D 打印医疗器械产品取得第一类医疗器械备案。2019 年，荣获第三届医健“创变新力量”2018 年度精准医疗年度新星企业；被正式授予设立“高分子复杂结构增材制造国家工程实验室医疗研发应用分中心”；5 月跟随省委原书记、省人大常委会主任彭清华率领的四川代表团访问德国，并在彭清华书记的见证下签署医学 3D 打印战略合作协议；7 月，位于高新区前沿医学中心的华曙图灵医疗增材制造研发基地（符合 GMP 标准）竣工正式投入使用。

截至目前，华曙图灵已连续 5 年入库全国科技中小企业，取得知识产权管理体系认证，获评国家高新技术企业、成都高新区梯度培育企业——种子雏鹰企业、成都市中小企业成长工程培育企业、四川省创新型中小企业。同时为中国医疗器械协会会员单位。

2022 年 6 月在《神经外科杂志》（2022 年第 19 卷第 3 期）与四川省人民医院神经外科、江油市人民医院联合发表文章《脑出血穿刺定位导板 3D 打印快速个体化定制模式的应用初探》；2023 年 2 月，与四川大学华西医院甲状腺外科、四川大学华西口腔医院、上海纽约大学医工结合协同创新，在全球首个实验视频期刊 *Journal of Visualized Experiments: JoVE*（《可视化实验杂志》）上正式发表视频文章 *A Personalized 3D-Printed Model Preoperative Evaluation in Thyroidroid Surgery*。

2. 独特优势：产品开发能力

华曙图灵位于四川省成都市前沿医学中心，总占地面积 3 140.56 m^2，拥有现代化办公场地和 3D 打印设备区操作间、综合后处理区、符合国家 GMP 标准的洁净实验室，建设医疗增材制造研发基地，配备纯水系统、空压系统、空调系统、净化系统、除尘除废系统等。现有多种类型不同打印技术的 3D 打印设备及实验检测设备，其中 3D 打印设备包括选择性激光烧结设备（SLS）、选择性激光熔融设备（SLM）、直喷式彩色多材料 3D 打印机（WJP）、激光固化快速成型设备（LFS）、立体光固化成型（SLA）、数字光处理 3D 打印设备（DLP）、生物 3D 打印设备（FDM）以及相关配套后处理设备。可以打印金属材料、尼龙材料、PEEK 材料、高分子材料、生物材料等多种材料。

华曙图灵培养了一批具有医学、材料、生物工程、三维影像处理、3D 打印、3D 打印后处理等相关专业技术能力的人才。华曙图灵整合国际国内多方专业技术资源，紧贴一线临床需求及顶尖医疗技术，深度合作的临床专家团队包括四川大学华西医院、四川省医学科学院・四川省人民医院等相关专家、教授；紧密战略合作的专业团队，持续有效提供最前沿 3D 打印技术支持，包括清华大学、成都大学、3D 打印设备厂家、3D 打印材料厂家等专家团队，为多层次、多学科、多平台的科研合作、成果转化，提供有力的技术保障。

华曙图灵立足于医疗 3D 打印，与多家三甲医院、高院校建立了合作开发关系，共建医学 3D 打印联合研究中心，先后研发输出主要产品包括：肺结节定位模型、定制式3D打印人体器官模型、定制式骨科导板、放疗用系统产品、上下肢固定器、足部固定器、骨科植入物等全面有效覆盖各科室相关临床场景的医疗3D打印器械产品。截至目前已取得3个第二类医疗器械注册证（其中1项获得四川省创新医疗器械审批），8个第一类医疗器械备案；已成功申请知识产权60多项，获得授权专利合计31项，其中发明专利公布4项，获得实用新型专利授予12项，外观设计专利授予1项，软件著作权16项；自主/联合申报国家级/省级科技课题项目100多项。在研重点科研项目多项。见表2-3-1。

表2-3-1　3D打印重点课题项目介绍

序号	课题项目名称	项目来源	申报单位
1	增材制造在假肢及矫形器应用中的改善性研究及临床应用示范	四川省科技厅	成都市第二人民医院 四川华曙图灵增材制造技术有限公司
2	基于人工智能大数据分析3D打印颈椎内植物产品集群研发及转化研究	成都市科技局	四川华曙图灵增材制造技术有限公司 四川大学 四川图灵医谷科技有限公司
3	3D打印类松质骨多孔仿生结构金属内植物治疗早期股骨头坏死的实验研究	四川省科技厅	四川省人民医院 四川华曙图灵增材制造技术有限公司 四川大学
4	基于人工智能分析传输数据实现个体化3D打印颅骨修复	四川省科技厅	四川省人民医院 四川华曙图灵增材制造技术有限公司 江油市人民医院

华曙图灵持续结合国际领先的3D打印技术，实时掌握医疗临床需求，与医生专家密切合作，实现精准开发新技术、新产品，提高临床诊断精准率，推动各类创新技术先试先行，落实科技成果转移转化战略部署，充分满足临床应用。

响应国家《增材制造产业发展行动计划》，推动我国精准医疗产业的发展，为落实国家精准医学战略布局，践行住院医师规范化培训，实现交叉学科协同创新，推动医疗3D打印“医、产、学、研、用”全链条、全方位的协同合作。华曙图灵充分发挥自身突出的医疗3D打印技术开发平台和推广实力，依托医院强大的临床研究实力，双方协作，以医学3D打印科研、临床试验、教学、应用为核心，与医院共同建立“医学3D打印联合研究中心”，为实现数字化、个性化、精准化医疗赋能。

华曙图灵与医院共建医学3D打印联合研究中心，搭建3D打印技术与临床医学之间的桥梁，通过医工结合助力医院科研水平全面提升的科研、转化、应用，真正实现“医、产、学、研、用”一体化。医学3D打印联合研究中心，有效解决医学成果转化中的技术瓶颈问题，促进先进技术在医疗领域的推广应用；联合进行课题申报，提升医院学术影响力；有利于全球最新3D打印医疗产品在临床推广应用，提升各科室医疗水平；便于快速培训和提升临床医师的相关技能，满足多学科、多层次现代化教学需求；打通医院全环节数据，联动临床和辅助科室，实现术前、术中、术后全链路数字化、个性化、精准化。华曙图灵成立以来，以成渝经济圈为中心，以三甲医院和地、市、州医院为主，截至目前，已与四川省医学科学院·四川省人民医院、成都市中西医结合医院·成都市第一人民医院、成都市第五人民医院、德阳市人民医院、遂宁市中心医院、绵阳市第三人民医院、雅安市中医院等10多家医院建立合作共建关系，并深度展开合作。

华曙图灵将持续以“医学3D打印科研、成果转化、临床应用及教学应用”为中心，按照“由浅及深，全面布局，联合开发，重点突破”的思路开展工作，加快平台建设，打造医学3D打印中心标杆医院并向周边辐射，带动区域建设，全面提升经济及社会效益。

第四节　数字疗法

数字疗法（digital therapeutics，DTx），是向患者交付由高质量软件程序驱动的循证治疗性干预，以治疗、管理或预防医学问题或疾病。DTx可被独立使用，或是与药物、设备或其他疗法联用，从而优化患者护理及健康成果。其核心特征在于向患者提供，基于循证医学证据，治疗或干预措施，软件驱动及单独协同使用均可。

一、市场基本状况

数字疗法应用最大的是精神心理领域、神经系统疾病领域。除此以外，数字疗法在慢病如内分泌与代谢病的糖尿病、呼吸、肿瘤、心血管、骨科、慢性疼痛等领域应用较为广泛。这与 DTx 的认知行为疗法（CBT）等神经精神原理方法的应用最为成熟、最为广泛有直接关系。截至 2021 年 9 月，全球 DTx 企业共计 341 家。

在中国，根据 NMPA 官网统计，截至 2022 年 10 月，数字疗法产品共有 34 项获批，获批产品大部分集中于单病种领域。其中视觉相关疾病的数字疗法产品占比 47.1%，其次是认知功能障碍治疗类产品，占比 35.3%，领域相对来说较为集中。具体来看，有 16 项针对视觉功能的治疗和训练，包括儿童弱视的辅助检查、治疗和康复训练，6 项附加融合功能不足治疗；12 项用于认知障碍辅助治疗和康复，包括脑功能损伤、脑卒中所致认知障碍等。另外，有 1 项针对心肺功能康复、1 项乙肝母婴阻断管理软件、1 项针对心理康复类的训练、2 项针对运动康复类软件以及 1 项三类医疗器械——计算注射用重组人凝血因子Ⅷ剂量软件。

一些代表性数字疗法产品包括首款获得 FDA 批准用于治疗失眠的处方数字疗法是 Pear Therapeutics 公司的 Somryst，该产品主要采用由算法驱动的失眠认知行为疗法来改善 22 岁及以上人群的失眠症状。英国 Big Health 公司的 Sleepio 也采用类似方法实现慢性失眠无药治疗。首款针对儿童多动症的数字疗法——Akili Interactive 开发的 EndeavorRx 游戏在 2020 年 6 月 15 日获得了 FDA 的处方药批准认证，主要适用于患有注意力不集中，或混合型注意力缺陷多动障碍的 8~12 岁儿童。这款游戏能够提高这些儿童的注意力，改善多动症儿童的症状。Cognoa 是 FDA 监管许可的首个用于自闭症筛查的第二类诊断医疗设备的公司。Cognoa 通过分析家长提供的儿童自然行为信息和视频，使用机器学习方法识别儿童的自闭症，准确率超过 80%。Click Therapeutics 和勃林格殷格翰（BI）合作研发的数字疗法产品——CT-155，可辅助治疗精神分裂症。

二、市场发展趋势

（一）国外发展趋势

数字疗法联盟（the digital therapeutics alliance，DTA）于 2017 年 10 月成立，它对数字疗法做出了明确的定义，并制定了设计、制造、临床验证和监管监督等相关的核心原则和最佳实践准则。2020 年全球数字疗法市场规模为 35.3 亿美元，预计到 2025 年全球数字治疗市场将达到 106.2 亿美元，年复合增速 26.1%。数字疗法使用人数将从 2020 年 6.27 亿人增长到 2025 年 14 亿。

各国也围绕数字疗法的推动与进展进行了有益的尝试。2018 年，英国 NHS 提出了数字疗法在英国快速推动的一揽子框架，配合 APP 综合处理平台、合规的营销声明、隐私及安全指南、可能被包含在内的医疗指南、基于价值的激励及互用性标准上有相应准备。比利时则将移动医疗应用整合到比利时的医疗保健系统中，数十个应用入选计划，开始为期 6 ~ 12 个月的试行评估。德国为数字疗法设立了专门的快速审批流程。德国《数字医疗保健法》于 2019 年 12 月生效，并成为了后来德国数字疗法审批的法律基础，德国将针对患者的“处方 APP”（也就是数字疗法）纳入医疗保健系统。在补充法律条例《数字卫生应用条例》中，德国进一步对数字疗法的申请流程、要求及目录都做了规定。

（二）国内发展现状

数字疗法作为一个新兴领域，政策支持是其健康发展重要的一环。2016 年，中共中央、国务院发布了《“健康中国 2030”规划纲要》（以下简称《纲要》），明确坚持以人民健康为中心，围绕生活与行为方式等因素确定主要任务。2021 年国务院印发《“十四五”数字经济发展规划》的通知，探索多领域跨界合作，其中包括医养结合。到2022年时，在《“十四五”生物经济发展规划》中明确推动数字疗法在临床中的应用。

对于数字疗法领域来说，各种行业规则、框架及标准还需要进一步完善，行业格局还处于混沌期，还未形成固化。我国政策对于新兴事物来说，更多是地方探索。各地根据自身实际发展需要，针对数字医疗领域进行重点发展。为吸引数字医疗、数字疗法企业驻扎本省市，各地方政策也纷纷出台优惠及扶持政策，以更好的支持数字疗法企业发展。

具体来看，不同地方出台政策不尽相同，大部分省份城市主要围绕第二类器械、软件器械审评审批政策进行改革，大幅缩减企业拿证周期。少部分省份城市针对数字疗法产业进行全方位支持政策，围绕顶层政策、审评审批、市场准入、支付报销、营销推广等方面展开。总体来看，各地方在数字医疗领域纷纷加足马力，期望在“数字化医疗”风口期间形成独特产业链优势；数字疗法产品伴随着政策大力支持，已从概念走向现实，并正在向商业化迈进。

2022年1月，海南省卫健委发布《海南省数字健康“十四五”发展规划》，其中将“探索数字疗法先行试用”列入海南省“十四五”数字健康发展的主要任务之一。这也是数字疗法在国内首次被列入省级规划，得到省级层面的重视和推动。2022年10月，海南省人民政府印发的《海南省加快推进数字疗法产业发展的若干措施》更是成为全国乃至全球首个为数字疗法全周期提供支持和保障的政策性文件，对数字疗法产业发展起到重要推动作用。

自2019年起至2021年10月，我国数字疗法领域一共发生交易33起，涉及26家企业，其中公开披露金额的融资事件为27起，融资总额为24.63亿元。国内数字疗法领域的投融资轮次主要集中在B轮及以前，天使轮、A轮、B轮共占比达69.7%。

三、四川省代表性企业

华景数字医疗科技（成都）有限公司

华景数字医疗科技（成都）有限公司（简称华景数字医疗）是国家精准

医学产业创新中心在数字医疗领域布局的二级公司，公司聚焦医学数字化产品产研转化及应用，实现交叉学科领域产品创新落地，已经承接多个数字医疗创新产品临床医疗科研成果转化及产品研发项目。

产品案例——呼吸系统疾病数字疗法产品管线

华景数字医疗针对当前慢性呼吸系统疾病疗程长、干预手段有限、全程化实时治疗反馈不足、患者对疾病认知有限、基层呼吸系统疾病早期筛查干预能力不足等问题，利用大数据、云计算、人工智能等信息技术，以智能程序驱动，循证医学、临床指南和专家共识为基础，构建针对慢性阻塞性肺疾病、哮喘、肺结核、睡眠呼吸暂停综合征等呼吸慢病的预防、管理和治疗，提供易于使用且经过临床验证的数字疗法干预措施。

华景数字医疗聚焦呼吸疾病专科在临床诊疗中的重点需求，布局疾病早期筛查、院内数据管理、辅助诊断、辅助决策、院外病情监测、肺功能训练、风险因素戒断等多种场景，覆盖疾病筛查、管理、康复等多个干预环节，全面赋能呼吸系统疾病筛、诊、治、管理的数字化变革。

第五节　医用回旋加速器

回旋加速器行业发展壁垒较高，但我国回旋加速器行业实力正不断增强。我国于 20 世纪 80 ~ 90 年代才开始相关研究；90 年代中期，中国原子能科学研究院和比利时 IBA 合作开发 CYC-30 回旋加速器，并被运用于医用核素生产；2021 年 4 月，首个国产医用回旋加速器正电子药物制备中心在四川省绵阳市科学城医院正式建成。从能量高低看，回旋加速器可分为低能回旋加速器、高能回旋加速器等；从粒子种类看，回旋加速器可分为电子回旋加速器、质子回旋加速器、重离子回旋加速器等，并逐渐被应用于医疗领域。如精度高、稳定性好、能量可调节的电子回旋加速器可用于肿瘤放射诊断与治疗、癌症治疗等方面，也可以用来产出放射性药物，这类药物作为示踪剂注射入人体后，可经过 PET-CT 对肿瘤组织与器官进行观察，应用于肿瘤诊断范畴。而国产医用回旋加速器的问世，降低了 PET-CT 设备的成本，也降低了患者的检查费用。同时，放射性药物的半衰期较短，部分仅有几分钟。因此，PET -CT 可配备医用回旋加速器，显著提高核医学检查的便利性。在我国，四川玖谊源粒子科技有限公司具有自主研发生产医用回旋加速器的能力，其技术来源于中国工程物理研究院流体物理研究所，并且我国首个国产医用回旋加速器即为四川玖谊源粒子科技有限公司生产。

四川省代表性企业

四川玖谊源粒子科技有限公司

四川玖谊源粒子科技有限公司主营业务为核医学重要基础装备医用回旋加速器的研发生产，是目前国内唯一掌握医用回旋加速器研发生产能力的国家级高新技术企业。产品性能指标处于国际先进水平，成功填补国内空白，实现了核医学关键装备国产化的重大突破。

1. 企业简介

截至 2022 年，公司共实现 17 台设备销售，用户涵盖四川省科学城医院、绵阳市中心医院、珠海人民医院、哈尔滨工业大学等单位，合同金额超过 2 亿元。已完成整体交付 3 台，其中，首台国产医用回旋加速器在四川省科学城医院交付使用，打破国外垄断，助力我国核医学装备自主可控；联合中国工程物理研究院流体物理研究所向哈尔滨工业大学空间环境地面模拟装置（国家“十三五”大科学装置）提供 10 MeV 回旋加速器及束线装置，助力我国空间科技前沿自主创新。

2. 研发实力

公司拥有研发人员 46 人，其中博士 8 人，硕士 26 人，拥有 40 余项回旋加速器领域核心知识产权。2022 年投入研发经费近千万元，开展医用回旋加速器系列化产品开发、新型核素制备技术研制等项目，研发实力处于国内领先水平。

2022 年“紧凑型内离子源医用回旋加速器技术”荣获四川省科技进步

二等奖。在项目产业化实施过程中相继获得了四川省科技厅2018年度重点研发项目、四川省科技厅中小企业发展专项、“聚源兴川”中央在川科研院所重大科技成果转化、企业研发投入后补助等项目支持。

3. 产品特色

四川玖谊源粒子科技有限公司解决了核医学关键装备医用回旋加速器的国产化问题。通过项目的研发，完全掌握了医用回旋加速器的核心关键技术，增强了我国在医学领域参与国际竞争的实力，解决了我国核医学关键装备长期为国外垄断的局面，首次成功实现了医用回旋加速器的国产化，产品整体技术处于国际先进水平，填补了国内空白。产品经临床应用验证，性能稳定，主要关键技术自主可控，完全可替代国外同类产品，具有广阔的应用前景。见表2–3–2。

表2–3–2　玖源系列医用回旋加速器介绍

产品名称	应用场景	特点
玖源–7型	玖谊源针对不同用户以及场地，推出体积较小、操作简便的玖源–7型医用回旋加速器，产品可满足医疗机构临床使用	玖源–7是玖源系列医用回旋加速器的尖端产品之一，具备独立自主知识产权
玖源–11型	玖谊源对回旋加速器，从原理到核心部件的生产研发已完全掌握，离子源、靶、屏蔽体等部件具有独特的技术优势，玖源–11型产品可满足医疗机构临床及科研使用	玖源–11是国内首个医用回旋加速器产品，具备独立自主知识产权，产品通过了四川省经信委的首台套认定
玖源–20型	玖谊源公司在多年研发经验积累的基础上，向上拓展推出的一款全新的、能量更高、综合性能更强的产品，主要面向大型医疗机构及科研院所	玖源–20是玖源系列回旋加速器中首个能量达到18 MeV以上的中高能医用回旋加速器产品

资料来源：根据公开信息整理。

医用回旋加速器主要用于生产正电子放射性核素。氢气在电场、磁场的共同作用下发生电离，继而产生负氢离子。这些离子会在机器正中央被提取出来，在磁场电场的相互作用下，做等时性旋转飞行并不断加速，直到离子速度达到光速的15%时为止。这些高能量高速度的负氢离子会转变成质子，最后在特制的靶体内和原子发生碰撞，一些原子的中子被这些质子击飞，而后成为放射性核素。通过配备不同靶体，就可能生产碳、氮、氧、氟等多种放射性核素。

把放射性核素连在某些化合物上，就成了放射性药物。把放射性药物引入人体内，我们通过仪器就能在体外探测到放射性药物在体内的分布情况。假如想了解心脏，我们就把放射性核素和作用于心脏的药物连在一起，如果想找到肿瘤，也可以把放射性核素连到亲肿瘤的药物上，因此，利用放射性核素示踪技术可以观察到患者的各个脏器或组织的代谢和功能。

以最常见的放射性核素药物 ^{18}F（氟）为例，^{18}F 的半衰期不到2小时（放射量只需不到两小时就下降到原来一半，也就是说很快就会消失）。技术人员在放射性核素 ^{18}F 上绑定各种人体所需的代谢物（葡萄糖、氟化钠等），接下来医生将这些绑定好的分子注入人体，通过正电子显像设备监测其去向。肿瘤细胞增长需要大量能量，当带着 ^{18}F 的葡萄糖经过肿瘤细胞附近时，肿瘤细胞会吸附大量的葡萄糖。同时吸附的葡萄糖类似物 ^{18}F 会发射伽马射线，被PET-CT观测到。在这些“标记”游走于全身之时，医生也就能实时观测病灶的新陈代谢。

与诸如X线这样显示具体器官的“解剖影像”不同，PET示踪技术可以帮助医生以视觉化的方式感受细胞内部发生的一切，为肿瘤、神经疾病以及其他重症及时提供指导，甚至确定治疗效果。比如，如果肿瘤停止生长，那么它就不会吃掉那么多含放射性的葡萄糖，PET-CT影像就不会发亮。这对精准医疗、个性化诊疗十分重要。

第六节　移动医疗装备

国务院办公厅提出《“健康中国2030”规划纲要》，维护基本医疗卫生服务的公益性，逐步缩小城乡、地区间基本健康服务和健康水平的差异，实现全民健康覆盖，促进社会公平。

为提升公共卫生应对水平，提高生物防护能力，各地疾病预防控制中心、医院、院校和企业新建、扩建、改建了一批固定的生物安全实验室，但仍然存在防控装备分布不均，无法满足如口岸、边远地区等远离固定实验室场所的检验需求。因此，为快速、高效应对公共卫生事件，需要通过移动医疗装备实验室进行补充。

一、市场基本状况

目前，我国在移动医疗装备领域的研制，主要有以下几方面：

（一）移动生物安全实验室

根据《移动式实验室生物安全要求》（GB 27421—2015），移动生物安全实验室可分为一级生物安全实验室（P1）、二级生物安全实验室（P2）和三级生物安全实验室（P3）。移动生物安全实验室作为传染性疾病控制的关键设施，具有极强的机动性和现场快速检测能力。疫情前，我国在移动生物安全实验室领域基本属于空白。自 2003 年“非典”后，国家科技部从法国引进移动 P3 实验室，但后续仅有部分机构进行研制。2019 年末新冠疫情出现后，国内涌现一批有家国情怀的企业，针对疫情防控需要及专家防控需求，快速开展移动生物安全实验室研制，一定程度上增强了国内移动生物安全防控能力。

1. 卫生列车研制

卫生列车是我军陆地伤病员长距离、大批量医疗后送工具，具有运载量大、运行速度快、受环境因素影响小等特点，具备后送中救治、救治中后送的卫勤保障能力。典型编组的卫生列车由手术急救车、重症监护车、伤员运输车、指挥车、后勤保障车等功能车厢编组而成。

2. 轻型方舱医院及手术救护车研究

轻型方舱医院是“移动医院”的一种形式。针对灾害现场进入慢、展开困难的问题，研究可自动装卸、无扭矩、抗颠簸、以手术舱和医技检查舱为主体的轻型方舱医院，旨在解决灾害现场快速进入、快速展开、快速通过的难题。在手术舱无扭矩基础上安装手术床惯性缓冲装置，研究从救治现场至集散地或医院，具有抗颠簸和惯性缓冲能力的手术救护车，解决运送途中的紧急手术救治难题。

二、市场发展趋势

国内针对移动医疗装备的厂家集中度较高，受到技术壁垒、研发周期长、资金投入高的影响，目前具备整车生产能力的企业较为集中，主要有以下几家：

（一）成都格力新晖医疗装备有限公司

成都格力新晖医疗装备有限公司主要从事移动医疗装备、医疗器械、实验室设备的研发、生产、销售、技术服务、技术咨询和销售。主要移动医疗装备产品有移动 P3 实验室、移动 P2+ 实验室、移动诊疗车等，同时满足不同应用场景产品的定制需求。新冠疫情期间，牵头研制全国首台新能源移动 P2+ 生物安全实验室，并快速量产助力疫情防控。

（二）北京戴纳实验科技有限公司

北京戴纳实验科技有限公司是一家基于实验室行业，以设计、研发、生产、服务等业务为中心的公司。服务内容包括：实验室及医疗洁净设计、装配式实验室、装配式医院等业务，为各行业客户提供完整的实验室解决方案。移动医疗装备有胃肠镜筛查车和体检车等系列。

（三）宇通客车

宇通客车是中国客车行业上市公司，集客车产品研发、制造与销售为一体。旗下有单独的专用车业务板块，具有服务于健康医疗、应急保障等多种场景下的专业用车，主要有检测车、CT 车、体检车、献血车等系列产品。

（四）金龙专用车

金龙专用车是中国首家具备综合车型集成改装能力和资质的中外合资企业，从事专用车、移动医院及各类泛出行产品和解决方案。移动医疗装备产品有检测车、采血车、CT 车等系列产品。

（五）蜀都客车

蜀都客车主要生产“蜀都”牌 4 ~ 18 m 公交、校车、专用客车、物流车、环卫车等产品。移动医疗装备产品有移动 5G 核酸检测车和救护车。

三、四川省代表性企业

成都格力新晖医疗装备有限公司

成都格力新晖医疗装备有限公司成立于 2020 年，是珠海格力电器股份有限公司的控股公司。公司主要从事移动医疗装备、医疗器械、实验室设备的研发、生产、销售、技术服务、技术咨询和医疗汽车销售。坚持走自主创新、自主研发道路，依托沉淀技术和资源开发各类满足市场需求产品（医疗器械、实验室设备、移动医疗装备等），通过搭建医疗装备共性技术研究和转化平台，满足不同应用场景产品的定制需求，带动生物医药、生命科学领域装备的国产化。

1. 研发实力

公司已申请专利 16 项，参与编撰《移动式新型冠状病毒核酸检测实验室技术规范》四川省地方标准和《移动式新型冠状病毒核酸采样工作站技术要求》团体标准。累计获得四川省科技厅、成都市科技局组织的重大科技支持项目 3 项，获得中央财政支持 1 项，累计获得政府资金支持 1 300 余万元。同时，公司移动 P2+ 实验室产品入选中国医学装备协会《优秀国产医疗设备产品目录》。见表 2–3–3。

表 2–3–3　移动医疗设备获得四川省科技厅、成都市科技局组织的重大科技支持项目

项目名称	项目来源
移动生物安全防护装备的研制及产业化	四川省科技厅
移动生物安全防护装备关键技术研制及产业化示范	四川省科技厅
移动核酸检测采样车	成都市科技局
2020 年中央财政应急物资保障体系建设补助资金直达基层项目	成都市高新区

2. 产品特色

目前，公司已完成移动生物安全实验平台搭建，并在此平台基础上扩展研制移动 P3 实验室、移动 P2+ 实验室、移动公共卫生车等系列化产品。

（1）移动 P3 实验室

公司以 P3 级移动实验室为制高点、切入点，构建公司完整的移动医疗产业链，助力提升我国移动医疗装备产业水平，带动形成移动医疗防护产业集群和可持续发展的良好产业生态，推动移动医疗装备国产化。实验室分为实验舱和保障舱 2 部分，主要包括负压控制系统、环境消杀系统、温湿度控制系统、供水及污水处理系统、能量管理及电源系统、智能控制及检测系统，保障实验室系统稳定运行。

（2）移动 P2+ 实验室

移动 P2+ 实验室为针对疫情防控检测需要，在移动 P3 实验室基础上开发的产品，实验舱防护等级达到加强型二级生物安全实验室（BSL–2）水平。整车集实验室环控、样本制备、PCR 扩增、空气净化、5G 数据传输于一体，方案经四川省卫健委、四川省疾控中心、四川大学华西医院、西部战区医院等专家评审认定，能够快速对可疑病原体及时开展提取、检验、检测等工作，具有安全可靠、高效便捷、机动灵活等特点。

疫情期间公司快速响应政府号召，累计推出 80 余辆移动 P2+ 实验室助力四川、广东、广西、河北、湖南、安徽、黑龙江等 10 余个省、市疫情防控。2021 年，移动 P2+ 实验室进驻广东省疾控中心，正式服役于国家突发

急性传染病防控队。2022 年 2 月香港疫情形势严峻，公司 2 辆移动 P2+ 实验室随国家首批驰援香港专家组协同赴港支援。

（3）系列化移动医疗装备

公司通过搭建移动生物安全防护装备平台，开展移动医疗装备产品的系列化、产业化布局，通过科技创新方式完善国家生物安全风险防控和治理体系装备建设，助力提升国家生物安全治理能力。见表 2–3–4。

表 2–3–4　系列化移动医疗装备

产品名称	应用场景
移动公共卫生车	应用于公共卫生事件、边远地区分散驻扎巡诊、流行病及专项疾病筛查等，保证快速响应
移动诊疗车	可提供满足基层特别是偏远地区群众的健康检测、定时诊疗及送药需求，实现车动人不动
移动解剖车	针对突发的刑事案件等需要快速检测的特殊情况，可通过解剖车处理不方便移动的尸体，减少破坏并保护人员安全
移动采血车	采血车具有灵活性，可以减少医院采血的压力，同时宣传和科普献血知识，推动献血活动的发展

3. 其他自主开发产品

公司结合现有技术沉淀及格力电器集团技术平台优势，积极开展医用低温冷藏冰箱、医用实验室洁净设备、医疗智能样本管理系统等产品研制，为医疗装备国产化贡献格力力量！

第三篇　配套篇

目前，四川省医疗器械产业总体呈现发展形势稳中向好、医疗产业势头良好、医疗器械行业监管基础有效夯实三大良好势态，这一趋势离不开各方专业服务资源的配合。

第一章　创新中心

推动四川医疗器械行业发展离不开高水平的研发机构。四川拥有四川大学国家生物材料工程技术研究中心、国家药品监督管理局医疗器械技术审评中心医疗器械创新四川服务站、高性能医疗器械创新中心四川分中心等知名医疗器械创新、研发、临床应用等服务机构。

第一节　四川大学国家生物材料工程技术研究中心

由中国工程院院士张兴栋教授领衔的生物医学材料领域的著名科学家所创建。中心涵盖了工程、医学等多个学科，并在生物医学材料研究、产品设计与开发以及临床应用方面取得了众多重要成果。该中心拥有一支学术结构合理、氛围活跃、具有自主创新能力的研究团队，致力于打造一个完整的产业化工程技术创新体系，其中包括产品设计、生产工艺、技术标准、质量检验、临床应用、产业化试验等各个环节。此外，该中心还为大专院校、科研机构以及医疗器械行业培养了大量的硕士、博士、博士后高级人才，为行业的发展注入了源源不断的人才资源。

研究中心的研究成果非常丰富。该中心负责了许多重要的研究项目和任务，包括国家“973”重大基础研究计划、“863”高技术研究计划、科技部“支撑”计划以及国家自然科学基金重点等。在生物材料科学基础研究和临床应用方面，该中心取得了许多重要的学术研究成果和技术专利，如在生物材料的组织诱导方面独创的学术观点，其研究水平和学术成果在世界上名列前茅。此外，该中心还发表了众多的研究论文和学术专著，获得了20余项国家级和部省级奖励，其中包括1项国家科技进步二等奖和1项国家自然科学二等奖。

该中心在国内率先开展了Ca-P生物活性陶瓷产品、具有骨诱导和组织诱导功能的新一代生物材料及医疗器械产品的研究开发，并在等离子生物陶瓷涂层技术的临床应用、人工牙种植牙、人工髋关节生物固定技术的研究开发等方面保持着国内领先的技术实力。该中心共研发出14个系列，150余个品种的生物材料及制品，拥有国家食品药品监督管理局颁发的6种第三类医疗器械产品注册证。此外，该中心还为我国医疗器械行业拟制了3个行业标准和4个国家标准。数十万件产品已经应用于临床，缓解了许多患者的疼痛，为我国生物材料医疗器械产业的进步做出了巨大的贡献。

第二节　国家药品监督管理局医疗器械技术审评中心医疗器械创新四川服务站

为贯彻落实《关于改革药品医疗器械审评审批制度的意见》和《关于深化审评审批制度改革　鼓励药品医疗器械创新的意见》，2019年4月26日，国家药监局医疗器械技术审评中心（简称器审中心）与四川省药监局在成都签署了推动医疗器械审评审批能力提高的合作协议，并创立器审中心医疗器械创新四川服务站。这对于助力医疗器械产业供给侧结构性改革，提高医疗器械质量安全保障水平，构建科学、规范、高效的医疗器械审评审批管理体系具有重要意义。器审中心和四川省药监局被赋予共同致力于创新产品研究，加快高质量医疗器械产业化步伐，强化评审质量管理体系构建，积极探索统一评审管理模式，推进医疗器械审评科学研究，着力提高审评监管效能，培养高素质评审监管队伍的期望。

四川省医疗企业发展态势良好。近年来，四川省高度重视医疗器械产业的发展。以生物医药、医疗器械为主的生物产业是省委省政府确定的七大战略性新兴产业之一，全省医疗器械产业一直保持着良好的发展态势。工业总产值年均增长20%，预计2025年达到500亿元，继续居西部首位。以资阳口腔装备材料产业园、成都天府国际生物城、成都温江医学城、泸州医药产业园为代表的医疗器械产业园区正迅速发展。

四川省创新医疗器械发展潜力大。四川省拥有发展创新医疗器械的丰富潜力，拥有四川大学等18所医药学高等院校、华西医院等34个医疗器械试验备案机构、中国工程物理研究院等10余家大型科研院所、四川省医疗器械检测中心等2家国家药监局认可资质的医疗器械检测机构。由此可见，四川省拥有创新研发第三类医疗器械的优良平台。

医疗器械创新四川服务站的成立是四川医疗器械创新发展的积极动能。医疗器械创新四川服务站的设立可以促进技术、资本、人才、服务等创新资源的进一步融合和优化配置，促进市场亟待成果的产业化实施。四川省将以签署合作协议为契机，结合产业实际，加强与医疗器械研发机构、医疗机构、企业等创新主体的协同，积极探索专业服务创新和监管模式创新，结合医疗器械行业特点，建立符合市场经济规律的科技成果转化体系，推动产业持续健康发展，满足人民群众更高水平的使用需求。

第三节　高性能医疗器械创新中心四川分中心

2020年4月28日，工信部批复同意以深圳高性能医疗器械国家研究院有限公司为基地，设立国家高性能医疗器械创新中心。作为工信部在医药领域布局的首个国家级创新平台，该中心围绕预防、诊断、治疗、康复等高性能医疗器械需求，扎实推进医疗器械领域创新体系建设，不断提高终端医疗器械生产制造和产业整体水平。2020年10月29日，国家创新中心与北京博奥晶典生物技术有限公司正式签署《战略合作协议》，由北京博奥晶典生物技术有限公司在成都设立国家高性能医疗器械创新中心四川省分中心（简称分中心），明确了四川省分中心的研发内容、建设周期和目标成效。2020年11月10日，国家高性能医疗器械创新中心四川省分中心的主体运营公司——四川高性能医疗器械国家研究院有限公司正式成立，注册资本5 000万元。

分中心运营目标明确，将围绕高端医疗器械产业链，针对从技术研发到产品批量生产的实际需求，建设包括联合实验、研发、试验、中试、转化、服务等在内的技术平台。创新研发系统及产品见表3-1-1。

表3-1-1　创新研发系统及产品

系统	产品
分子检测系统	1. 感染性疾病检测类产品；2. 遗传性疾病检测类产品；3. 肿瘤精准检测类产品；4. 个体化用药检测类产品；5. 健康管理检测类产品；6. 与上述产品配套的自动化工作站；7. 通用高灵敏度标记材料及检测技术
中医智能装备	1. 望诊、问诊、闻诊和罐诊等系列机器人系统与诊疗设备；2.智能针灸治疗系统；3. 系列艾灸机器人
移动可穿戴健康设备	监测健康参数的柔性皮肤等
急救装备和器械	心肺复苏机、车载移动实验室等
康复工程设备	1. 接触式生理特征探测技术和智能辅助起身技术；2. 具有辅助起身、助行、生理特征检测能力的智能轮椅；3. 膝部运动功能康复器械；4. “智能护士”照护机器人
医疗健康大数据和人工智能系统	1. 社区慢病筛查与健康管理系统；2. 重大传染病智慧监测系统；3. 健康智慧云系统
数字化口腔装备和口腔疾病人工智能诊疗系统	1. 口腔数字化检测装备；2. 口腔人工智能诊疗云系统；3. 口腔数字化制造装备

高性能医疗器械创新中心四川分中心着力建设三大平台。未来将核心形成“创新技术平台＋公共服务平台＋投资孵化平台”的创新生态结构。一是创新技术平台，它会围绕7大主要模块，专注于原始技术创新、共性关键技术突破及重大科研成果攻关。二是公共服务平台，它将由产业公共服务平台由分中心联合业内知名企业及机构共创共建，打造一个开放式，共享式的技

术服务平台，该平台以 MAH 制度为依托，为医疗器械研发转化到产品上市提供 CRO+CDMO 一站式解决方案，让创新的医疗器械产品上市变得高效、快捷、低成本。该平台开展市场化运作，围绕临床前—临床—临床后，可重点开展以下六项服务内容：研发设计、临床试验、检验检测、全球注册、集中采购及代工生产等。三是产业投资孵化平台，它将重点开展初创企业从科技创新、技术转化到商业落地的全流程服务，为四川分中心大量聚集、筛选、培育创新种子企业和优质项目。打造医疗器械领域的国家级众创空间及孵化器，规划布局产业孵化基地，同时引入投资基金，为入驻企业团队提供资金保障。

第二章　检测机构

第一节　医疗器械检验检测机构总体情况与发展趋势

一、医疗器械检验检测发展与市场现状

医疗器械检验检测是医疗器械研发、注册、生产和使用全生命周期监管链条中非常重要的一环，为医疗器械监管及安全风险评价提供新工具、新方法和新标准。医疗器械检验检测的高质量发展有利于促进医疗器械产业结构转型升级，优化产业发展质量，推动区域经济高质量发展。

2000 版《医疗器械监督管理条例》规定国家对医疗器械检测机构实行资格认可制度。当时的国家药品监督管理局（SFDA）委托系统内 10 家有一定检验基础的检测机构在原隶属关系不变的情况下承担全国性医疗器械产品检验工作任务，加挂了“国家药品监督管理局医疗器械质量监督检验中心”的牌子。截至 2014 年 6 月，原国家食品药品监督管理总局（CFDA）已认可了 53 家机构开展医疗器械检验检测项目的资格。系统内医疗器械检验检测中心主要承担技术归口检验标准工作，进口医疗器械的监督检验工作，以及做好市场量大、面广产品的日常监督工作，并承担注册检验和委托检验工作。系统外的检验检测机构发挥专业特长和技术实力，为系统内的检验检测

机构做补充，使之和官方附属的检验机构优势互补和错位发展。

医疗器械涉及的技术领域广、行业跨度大，具有复杂性、特殊性、专业性等特点，同时医疗器械产业分布具有区域性、不均衡性、政府及市场引导性等特点，而医疗器械检验机构的发展与产业发展呈现相辅相成的态势，导致检验机构呈现不均衡发展，检验检测能力参差不齐。根据检验检测机构资质认定系统查询数据可知，2021 年通过认监委审批发证的医疗器械检验检测机构共 117 家，检验检测机构地域性分布数量与医疗器械生产企业地域性分布数量存在着正相关的关系，见图 3-2-1。

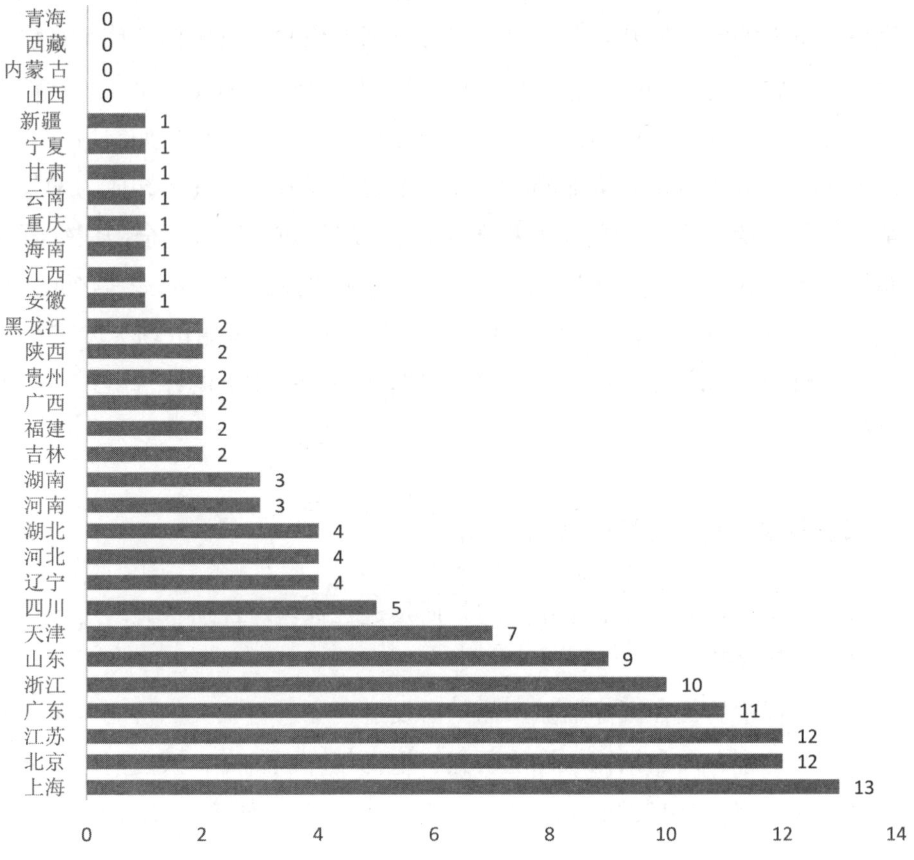

图 3-2-1　全国各省、区、市国家级医疗器械检验检测机构数量分布（单位：家）

2019 年国家药品监督管理局（NMPA）为推进医疗器械监管科学发展、科技成果转移转化、高端人才培养，提升医疗器械监管科技发展能力和水平，解决基础性、关键性、前沿性、战略性的技术问题，批准成立了第一批 8 个医疗器械领域的 NMPA 重点实验室。2021 年 NMPA 批准了第二批 18 个医疗器械领域的 NMPA 重点实验室（含系统外机构）。见图 3–2–2。重点实验室主要依托药品、医疗器械监管系统检验检测机构建立，或依托高等院校、科研院所建设。通过重点实验室建设，医疗器械检验检测机构进入新的高质量发展阶段。

2021 年修订后的《医疗器械监督管理条例》正式颁布，在注册管理方面进行了重大调整。放开企业自检，并对第三方检验检测机构开放，将检测实施机构拓展到具有相关资质的社会检测机构。进一步拓宽了企业医疗器械检测的途径，市场准入更加便利，使得医疗器械民营检测机构如雨后春笋般的涌现，检验检测市场竞争加剧。各路资本纷纷进入这个赛道，成为增长速度最快、最具潜力和活力的检验检测市场。截至 2021 年底，全国医疗器械检验检测机构数量较上年增长 11.0%。医疗器械检验检测收入 32.3 亿元，检测收入增长率为 14.76%，见图 3–2–3。医疗器械检验检测市场大发展的同时，检验检测市场秩序不尽规范的问题逐渐严重，给广大医疗器械生产企业提供便利的同时也使得市场良莠不齐，选择难度加大。

二、医疗器械检验检测需求分析

医疗器械的检验检测需求主要包括研发过程检验、注册检验、生产过程检验以及监督抽验。

研发过程检验是在医疗器械产品的研发过程中进行相关的检测，实现原材料评估与选型，产品结构与性能研究，生物相容性研究，灭菌消毒工艺研究，产品有效期和包装研究，安全合规与电磁兼容研究，临床前动物研究等。

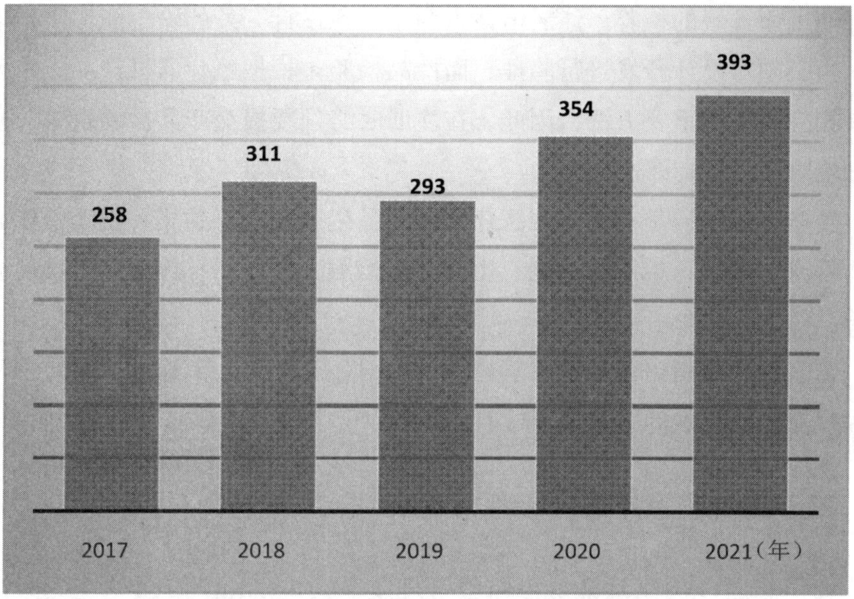

图 3-2-2　2017—2021 年医疗器械检验检测机构数量（单位：家）

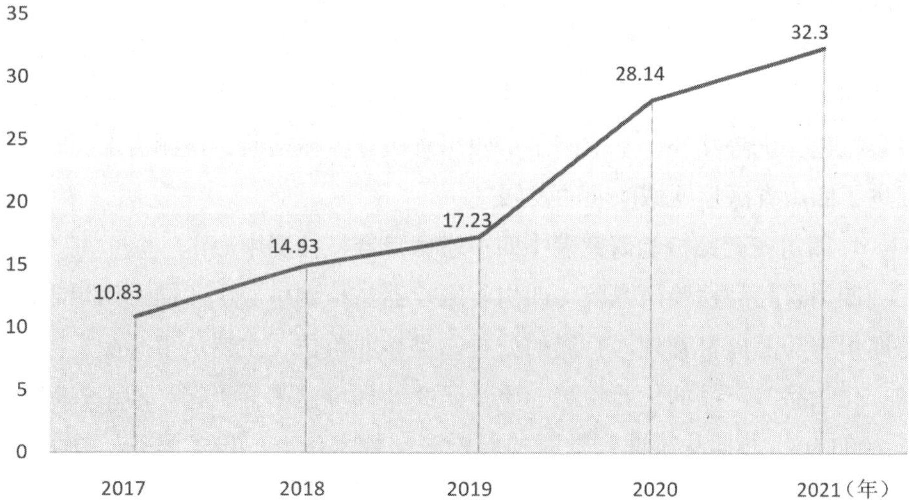

图 3-2-3　2017—2021 年医疗器械检验检测机构营收情况（单位：亿元）

注册检验的检测依据为产品技术要求，并将检测报告用于医疗器械注册申报使用而开展的检验。注册申请人为了确保设计开发的输出能够满足输入要求，必须对设计开发进行验证，而产品检验是根据医疗器械产品技术要求开展相应验证的重要方法，因此，在注册时必须要提交产品检验报告，从而更好地对产品进行评价。

生产过程检验是在为实现医疗器械产品生产而进行的相关检测，比如微生物检测、环氧乙烷残留检测、生产环境检测、生产用水检测、机械性能检测等。

监督抽验是指由药品监督管理部门针对生产环节、流通环节及使用环节的医疗器械而开展的监督抽查检验工作。

三、四川省医疗器械检验检测机构

四川省通过国家认证认可监督管理委员会（CMA）资质认定的医疗器械检验检测机构共有 6 家，均为政府或高等院校所属的国有检验检测机构，目前尚无纯粹的民营第三方医疗器械检验检测机构。检验检测业务具有较大优势的机构有 3 家，分别是四川省药品检验研究院（四川省医疗器械检测中心）、四川医疗器械生物材料和制品检验中心有限公司（四川医疗器械生物材料和制品检验中心）和成都市药品检验研究院。这 3 家机构检验检测能力各具特色，优势互补，基本满足了四川省医疗器械检验、检测需求，较好地促进了四川省医疗器械产业的发展。

1. 四川省药品检验研究院（四川省医疗器械检测中心）

四川省药品检验研究院（四川省医疗器械检测中心）（简称四川省院）是四川省药品监督管理局直属的公益二类事业单位，主要从事药品、医疗器械、化妆品等产品的检验检测、质量研究及环境监测等工作。四川省院始建于 2003 年，长期从事医疗器械检验检测、技术研究、技术服务、技术培训及生产环境卫生评价等工作，是一家综合性的医疗器械检测机构，包含无源（含诊断试剂）、有源（含电磁兼容）及生物安全评价。

近年来，四川省院坚持以技术为引领、以科研促检验，不断在各专业技术领域深耕，现有医疗器械领域CMA资质认定的项目参数1 000余项、国家实验室认可委员会（CNAS）认可的医疗器械检测项目参数600余项。有源医疗器械检测能力涵盖了声学、光学、影像学及医疗器械软件等多领域，同时开展有源器械的可靠性、可用性等研究；无源医疗器械涵盖了高分子材料类、诊断试剂类、医学美容类、骨科植（介）入等多领域，同时开展生物材料表征研究、临床前动物试验研究及器械的相容性评价等工作。

省药检院医疗器械检验检测队伍由百余专业技术人员组成，有与之相适应的试验场地约10 000 m^2，试验设备1 500余台/套，资产原值超2亿元，是国内综合实力较强的医疗器械检验检测机构。

2. 四川医疗器械生物材料和制品检验中心有限公司（四川医疗器械生物材料和制品检验中心）

四川医疗器械生物材料和制品检验中心有限公司（四川医疗器械生物材料和制品检验中心）由四川大学设立，主要开展注册检验、生物相容性试验、动物有效性试验、标准方法学研究等。该机构是NMPA医疗器械监管科学研究基地重要支撑单位之一，NMPA组织再生生物材料质量研究与控制重点实验室的联合建设单位。制定和参与制定了国家、行业和团体标准30余项。承担国家级及省部级检验检测科研项目20余项。共有1 390项检测项目/参数，以无源第三类植入医疗器械的检验检测为主。

3. 成都市药品检验研究院（成都市医疗器械及药品包装材料检验所）

成都市药品检验研究院（成都市医疗器械及药品包装材料检验所）是成都市市场监督管理局直属的公益一类事业单位，主要负责药品、医疗器械及药品包装材料、化妆品的监督（评价性）检验检测、风险监测，以及药品、化妆品、医疗器械不良反应（事件）及药物滥用监测工作，承担与主业相关的技术研究、技术服务、技术培训及科普宣传工作。

成都市药品检验研究院现有医疗器械领域国家认证认可监督管理委员会（CMA）资质认定的项目/参数268项，主要涉及一次性使用无菌注射器、防护服、输液针、输液器、医用外科口罩、一次性使用医用防护服、等16

个品种。

成都市院医疗器械检验检测队伍由10余名技术人员组成，试验场地约4 000 m²，试验设备300余台/套，资产原值超2 000万元。

4. 资阳市食品药品检验检测中心

资阳市食品药品检验检测中心共有238项医疗器械检测项目/参数，主要涉及洁净室环境检测、医用口罩、口腔产品、医用纱布等项目的检验检测。

5. 绵阳市产品质量监督检验所

绵阳市产品质量监督检验所共有672项医疗器械检验检测项目/参数，均为有源医疗器械如热垫式治疗仪、无创自动测量血压计、神经和肌肉刺激器等有源医疗器械产品的检验检测。

第二节　医疗器械临床试验机构的总体情况与发展趋势

近年来，随着我国医疗器械产业的不断发展，越来越多的医疗器械，尤其是创新医疗器械，被广泛地应用于疾病预防、诊断、治疗、康复与保健等环节中。在新冠疫情中，大量创新医疗器械产品的运用大大提升了诊断与医疗的效果，有力地保障了人民群众的身体健康与生命安全。创新医疗器械的开发使用，也伴随着一定的风险。确保医疗器械安全、有效，质量可控，是我国医疗器械监管部门工作的核心。开展医疗器械临床试验，可以有效地收集创新医疗器械在临床使用中的数据，是获得支持其上市的相关临床证据的重要途径和方法。

一、医疗器械临床试验相关的政策法规的发展与演化

2000年1月，国务院正式发布了我国首部医疗器械行政法规——《医疗器械监督管理条例》，规定了第二类、第三类医疗器械产品上市前需要开展临床试验。2004年，原国家食品药品监督管理局又相继颁布实施了《医

疗器械临床试验规定》（简称《规定》）及《医疗器械注册管理办法》，对医疗器械临床试验的开展提出了具体的要求，规定市场上尚未出现过，安全性、有效性有待确认的，需开展临床试用；同类产品已上市，其安全性、有效性需要进一步确认的，需开展临床验证。《规定》作为我国医疗器械临床试验方案的首个法规性文件，对规范医疗器械临床试验发挥了积极的作用。

2016 年，食品药品监管总局会同国家卫生和计划生育委员会制定颁布了《医疗器械临床试验质量管理规范》（简称 16 版《规范》）。16 版《规范》是我国首部医疗器械 GCP，对医疗器械临床试验的实施给出了全面的具体的规定，提出了资质认定的医疗器械临床试验机构、多中心临床试验和组长单位的概念、统计要求、器械缺陷与严重不良事件（SAE）上报等新要求。该规范的发布，确立了医疗器械产品的临床试验方法，保障了受试者的合法权益，促进了我国医疗器械市场的有序发展。

2017 年，为促进我国医疗器械产业发展，提高我国医疗器械的审评审批效率，中共中央办公厅（简称中办）和国务院办公厅（简称国办）联合发布了《关于深化审评审批制度改革鼓励药品医疗器械创新的意见》（中办、国办 42 号文），提出了临床试验机构实行备案管理、鼓励医疗机构建立专职临床试验部门、完善伦理审批制度、临床试验项目备案实行默示许可、接受境外临床试验数据、开展拓展性临床试验、加强临床试验责任管理等多项改革临床试验管理的指导意见。在此文件指引下，2019 年，国家药品监督管理局医疗器械注册管理司组织四川大学医疗器械监管科学研究院、华西医院联合开展了 16 版《规范》修订意见的调研活动，收集了一批有代表性的意见与建议。2022 年，国家药品监督管理局会同国家卫健委对《医疗器械临床试验质量管理规范》进行了修订（22 版《规范》）。与 16 版《规范》相比，22 版《规范》具有以下五个特点：①强调了临床试验各方的职责，明确规定申办者的质量管理体系应当覆盖医疗器械临床试验的全过程；②首次将体外诊断试剂纳入《规范》管理，体现临床试验质量管理理念与要求的统一性；③优化安全性信息报告流程，由申办者统一向所在地省级药品监督管理部门、医疗器械临床试验机构所在地省级药品监督管理部门和卫生健康管理部门报告相关情况；④结合产业需求和监管实际，删除了“医疗器械临床试验应当在两个或者两个以上医疗器械临床试验机构中进行”的要求与检验报告 1 年有效期的要求，有利于临床试验的顺利开展；⑤借鉴国际医疗器械监管协调文件与国际标准的规定，引入多区域临床试验的概念，有利于全球创新产品同步在中国开展医疗器械临床试验。22 版《规范》的实施，有利于促进我国创新医疗器械的临床试验的开展，为我国早日实现从医疗器械大国到医疗器械强国的提升，打下了坚实的基础。

二、 四川省内医疗器械临床试验机构的发展与现状

2017 年，根据中办、国办 42 号文件精神，国家食品药品监督管理总局会同国家卫生和计划生育委员会制定了《医疗器械临床试验机构条件和备案管理办法》，率先在医疗器械领域实行了临床试验机构的备案制管理。截至 2023 年 5 月，根据“药物和医疗器械临床试验机构备案管理信息系统”（简称备案系统）公开信息，中国境内现有已备案医疗器械临床试验机构 1 220 家，医疗器械临床试验机构在各省、市、自治区的地域分布数量与医疗器械产业集群区域相关，区域内已备案机构数超过 50 家的有广东、山东、江苏、北京、河南、浙江、四川、上海等地（图 3-2-4）。

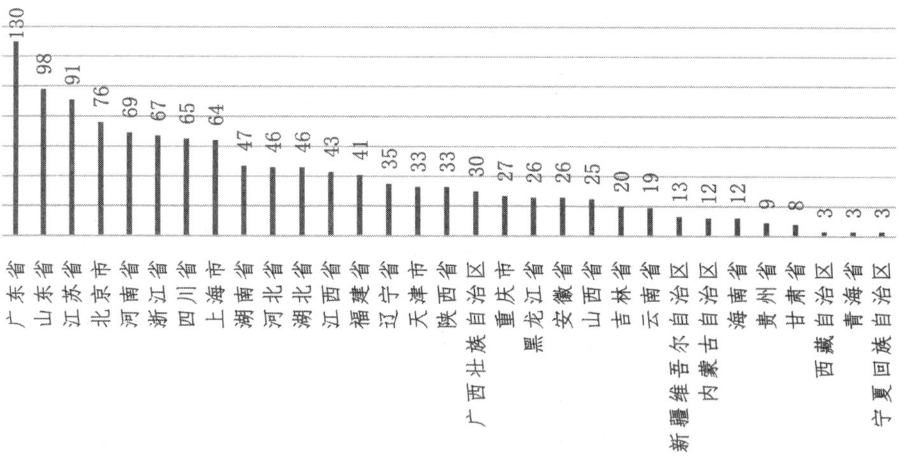

图 3-2-4　已备案医疗器械临床试验机构在各地的分布（单位：家）

根据备案系统公开信息，截至 2023 年 5 月，四川省医疗器械临床试验机构备案总数为 65 家，见附表。在全国排名第 7。各机构医疗器械临床试验管理部门是大多在该机构药物临床试验管理部门基础上组建。在机构备案制管理实施的 2018 年以前，四川省仅有 8 家机构开展医疗器械临床试验。作为优化医疗器械监管“放管服”改革的重要成果，机构备案制的实施激发了临床试验机构的活力。备案制实施后，四川省内已备案机构的数量快速增长，2018 年 29 家机构完成了相关备案手续，此后每年以 5 ～ 10 家的速度增长（图 3–2–5）。

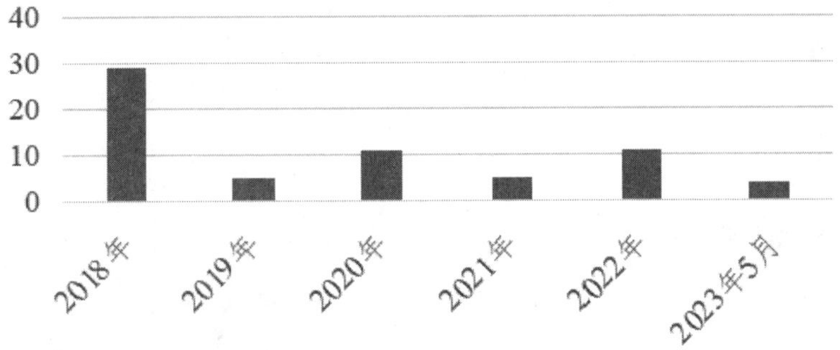

图 3–2–5　四川省每年完成备案的医疗器械临床试验机构数量（单位：家）

四川省内备案医疗器械临床试验机构主要分布在省内的 19 个市（州），以地域分布划分，超过一半的备案医疗器械临床试验机构集中在省会成都及其周边区域，其中成都有备案机构 32 家（图 3–2–6）。少部分分别于医疗、经济等较完善的城市如绵阳、泸州、自贡、攀枝花等地。省内高校附属机构以及普通本科级医药类高校附属机构基本已完成备案工作。此外，为支持四川省委、省政府大力推动的“中国牙谷”省重点项目，所在地资阳市的三所医疗机构均开展了口腔科相关临床专业的备案，为打造“口腔 +” 全产业链生态系统，建设国际一流的口腔装备材料全产业链研发生产基地，加速口腔装备材料产品上市奠定了坚实的基础。已备案机构的数量明显与所在地社会、经济发展水平与教育、医疗资源分布紧密相关。以机构等级划分，除 1 家为非医疗机构单位外，其余的医疗机构绝大多数属于三级医院（占已备案机构总数的 93.8%），其中有三级甲等机构 41 家，三级乙等机构 2 家，未分级三级机构 18 家，以及二级甲等机构 3 家（图 3-2-7）。除新近备案机构外，绝大多数机构已通过四川省药品监督管理部门的监督检查。

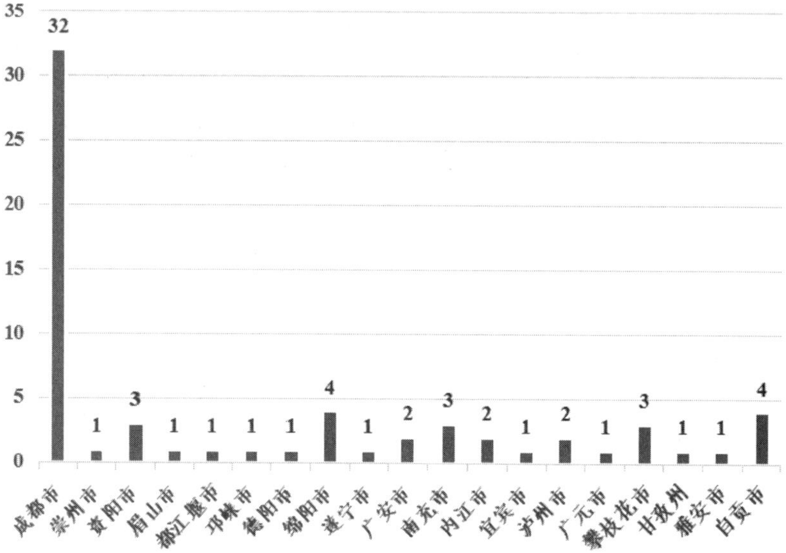

图 3-2-6　四川省内备案医疗器械临床试验机构的分布（单位：家）

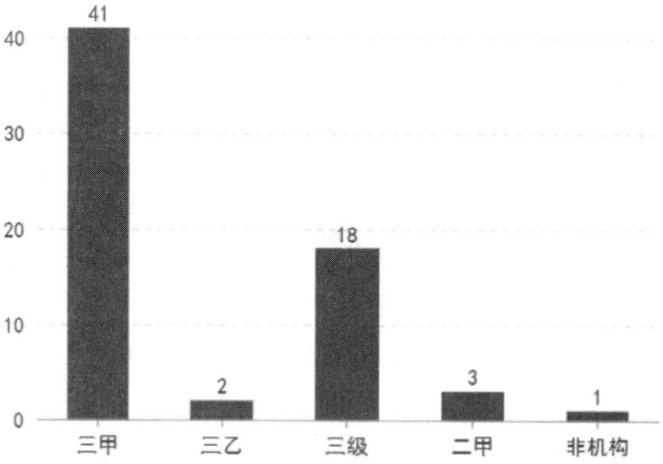

图 3-2-7　四川省内备案医疗器械临床试验机构的等级（单位：家）

各机构已备案主要研究者超过 2 500 名，涉及 30 个科室的 218 个备案专业，基本覆盖了创新医疗器械相关的专业领域。其中 21 家机构备案科室超过 10 个，约占已备案机构总数的 1/3。按主要研究者备案人数划分，备案专业主要集中在内科（595 人）、外科（501 人）、医学检验科（483 人）、医学影像科（284 人）、口腔科（237 人）等 5 个专科科室。其中，按备案二级专业划分，内科的主要研究者集中在心血管内科与血液内科（合计 140 人）、消化内科（99 人）、神经内科（89 人）和呼吸内科（69 人），外科的主要研究者集中在骨科（129 人）、普通外科（101 人）、神经外科（76 人）和泌尿外科（64 人）。主要研究者的专业分布与目前需要开展临床试验的体外诊断试剂、人工智能影像诊断软件、人工骨 / 人工关节、植（介）入医疗器械、射频消融设备等医疗器械种类相对应，使得省内企业可就近选择机构开展相关临床试验。

此外，作为全国临床研究领域知名的四川大学华西医院，积极发挥其科研力量和引领作用，以“医联体 + 临床研究”模式开展创新医疗器械的临床研究与机构建设相关项目。在近期受到广泛关注的人工智能创新医学技术转化方面，四川大学华西医院承担了国家工业和信息化部与国家药监局共同组织的揭榜挂帅“华西人工智能医疗器械临床试验平台”建设任务。

三、四川省内主要医疗器械临床试验机构

从全国范围看，四川省拥有较丰富的医疗资源，也拥有四川大学华西医院，四川大学华西第二医院，四川省医学科学院・四川省人民医院等学术水平高、专业技术突出、开展医疗工作长的医疗机构。以上机构也为在四川省内开展高水平的医疗器械临床试验奠定了坚实的基础，是促进省内医疗器械产业发展的重要支撑力量。详见 259 页附表。

1. 四川大学华西医院

四川大学华西医院起源于美国、加拿大、英国等国基督教会 1892 年在成都创建的仁济、存仁医院，通过 130 多年的不懈努力，已建成了当今中国

一流、世界知名的医疗机构。该院药物临床试验机构是 1983 年卫生部首批通过的 14 个部属国家药物临床药理研究基地之一。目前临床试验机构下设机构办公室、Ⅰ期临床试验病房、Ⅰ期药物分析研究室、质量管理室和生物统计室。机构下属 37 个经国家食品药品监督管理局批准从事药物与医疗器械临床试验的专业。

2. 四川大学华西第二医院

四川大学华西第二医院药物临床试验机构的前身隶属于华西医科大学卫生部新药临床研究基地（1983 年我国认定的首批 14 个部属药物临床研究基地之一）的妇产专业（1990 年获得卫生部批准），并于 1998 年通过卫生部全国首批复核确定新药临床研究基地的妇产专业。1999 年，建立原华西医科大学附属第二医院国家药品临床研究基地，2005 年获国家食品药品监督管理局认证，更名为四川大学华西第二医院药物临床研究机构。机构下设机构办公室、Ⅰ期病房，面积 700 余 m^2。机构已备案 30 个医疗器械临床试验的专业。

3. 四川省医学科学院・四川省人民医院

四川省人民医院于 1989 年评为首批国家三级甲等医院，2002 年与四川省医学科学院（前身为中国医学科学院四川分院）合并，成为四川省医学科学院・四川省人民医院。四川省人民医院国家药物临床试验机构于 2006 年 6 月首次通过卫生部、国家食品药品监督管理局资格认定，共有 22 个专业通过资格认定。2018 年 11 月，医院共有 76 个专业完成器械临床试验备案。

第三节　非临床检验机构 GLP

2021 年 2 月 3 日，四川省食品药品检验检测院安全评价中心（以下简称“中心”）获得国家药品监督管理局颁发的药品 GLP 认证许可，成为西部地区首家通过 GLP 认证的药品检验机构。中心设在四川省食品药品检验局院内，现有实验室面积 3 300 多 m^2，其中实验室办公区约 1 200 m^2，动物实验设施约 2 100 m^2，实验获得了动物使用许可证。许可证号 SYXK（川）2020–127。近 3 年，共使用犬、猫、兔、豚鼠、大鼠、小鼠等实验动物 8.1 万只，为先后经过化妆品行政许可检验机构资格认定、医疗器械检验机构资质认定、生物制品批签发机构资质认定、药品口岸检验所现场考核和国家局药物 GLP 认证提供了有力支撑。中心拥有大动物无创遥测系统、激光共聚焦显微镜、动物临检和病理设备等检验检测、科研相关先进设备 400 余台，资产价值超过 2 000 万元。检验检测能力涵盖药品（含生物制品）、药包材、医疗器械、化妆品、保健食品五大类和生物安全性相关的 100 多个参数，在全省乃至西部地区食药检系统功能最全面，属于领域最广、获得资质最多的安全评价中心。

第三章　专业平台

第一节　第三方物流

四川物流业运行总体平稳，供需增速稳中趋缓。近年来，四川物流发展具有物流规模持续扩大、物流收入稳定增长、物流运行平稳的特点。从相关数据看，2022 年上半年，四川省社会物流总额达 49 689.1 亿元，按可比价格计算，同比增长 4.0%，高于全国 0.9 个百分点。全省社会物流总费用占 GDP 的比重为 15.2%，比全国平均水平高 0.4 个百分点[1]。

一、四川省医疗器械行业第三方物流企业分布情况

截至 2023 年 5 月，成都市有医疗器械第三方物流企业共 41 家。其中，就区域分布来看，高新区医疗器械第三方物流企业分布较多，共 12 家，其次是武侯区共 9 家。其他区域医疗器械第三方物流企业分布情况如下，青羊区 5 家，新都区 4 家，龙泉驿区 3 家，锦江区 2 家，彭州市 2 家，温江区 2 家，金牛区 1 家，天府新区 1 家。从企业性质来看，国有企业共 9 家，分别为国药集团四川省医疗器械有限公司、成都天府国际生物城供应链服务有限公司、重庆医药集团四川医疗器械有限公司、国药集团医学检验有限公司、

［1］成都日报锦观新闻．物流规模持续扩张上半年四川社会物流总额逼近 5 万亿（https://baijiahao.baidu.com/s?id=1741116224182786272&wfr=spider&for=pc）。

国药集团四川省医疗技术有限公司、国药控股四川医药股份有限公司、成都禾茂医疗器械有限公司、国药集团西南医药有限公司、国药集团四川医学检验有限公司，其余大多为民营企业或小微企业。见表 3–3–1。

表 3–3–1　成都市医疗器械第三方物流企业名单

序号	企业名称
1	国药集团四川省医疗器械有限公司
2	成都健康妈妈网络科技有限公司
3	成都顺意丰医药有限公司
4	国药集团四川省医疗技术有限公司
5	四川高芯数康生物医药有限公司
6	四川澳拓美信科技有限公司
7	四川海王医疗科技有限公司
8	四川省迈克实业有限公司
9	四川中仪通昶物流有限公司
10	成都天府国际生物城供应链服务有限公司
11	四川西南国际医疗器械城投资管理有限公司
12	重庆医药集团四川医疗器械有限公司
13	四川同昌冷链医药流有限责任公司
14	国药集团医学检验有限公司
15	四川瑞孚冷链医药物流有限责任公司
16	成都畅联供应链管理有限公司
17	四川国械物流有限责任公司
18	四川国科恒瑞医疗科技有限公司
19	四川一点通医疗科技有限公司
20	成都国际医药港医药集团有限公司
21	四川美特生物技术有限公司
22	四川医药保健品贸易中心
23	成都兴宏晶达商贸有限公司

续表

序号	企业名称
24	国药控股四川医药股份有限公司
25	四川华润医疗器械有限公司
26	成都禾茂医疗器械有限公司
27	四川巴斯特生物医药科技有限公司
28	四川九州通医药有限公司
29	四川德荣供应链管理有限公司
30	国药集团西南医药有限公司
31	国药集团四川医学检验有限公司
32	上药康德乐（四川）医药有限公司
33	四川乐融健业医疗科技有限公司
34	四川一风科技有限公司
35	四川省亚中冷链医药物流有限责任公司
36	四川博瑞斯科技有限公司
37	四川盛世好利达商贸有限公司
38	四川嘉事顺远宏医疗器械有限责任公司
39	成都普艾迪医疗器械有限公司
40	四川科伦医药贸易集团有限公司
41	成都市云集药业有限公司

二、四川省医疗器械行业第三方物流企业发展趋势

随着政策法规的逐步落实和市场需求的不断扩大，四川省医疗器械第三方物流企业正呈现出蓬勃发展的趋势。这些企业主要倚靠先进的物流技术和管理手段，提供一站式的物流解决方案，涵盖了采购、仓储、配送以及售后服务等环节。为了提高物流效率和质量，这些企业广泛应用信息化手段，包括大数据分析和智能化管理。

四川省的医疗器械第三方物流企业数量众多且技术含量较高，能够满

足不同规模和需求的医疗器械企业的物流需求。在这些企业中，一些具有代表性的企业如国药集团、四川爱卫康医疗器械有限公司、四川康信物流有限公司、成都药易达供应链管理有限公司等，积累了丰富的经验和较高的知名度。它们能够提供全方位的物流服务，从而通过自身的技术和管理水平提高医疗器械物流服务的质量和效率，进一步促进了四川省医疗器械行业的发展。整体而言，四川省医疗器械第三方物流企业在不断增长的趋势下，依托先进的技术手段和一站式物流解决方案，为医疗器械企业提供优质的物流服务，推动行业的发展。

第二节 医疗器械消毒灭菌第三方平台

一、第三方消毒供应中心

消毒供应中心（CSSD）被称为医院感染控制的心脏部门，是承担医院感染防控、消毒灭菌、物资供应的重要关口。在过去，医院主要自建消毒供应中心，然而近几年，随着各地医院不断扩建，医院自建的消毒供应中心器械供应量难以满足正常诊疗活动的开展，在土地、资金、监管等的共同压力下，越来越多的医疗机构开始寻求第三方消毒供应中心提供外包服务。

随着市场需求的不断扩大，政策也在助推第三方消毒供应中心的发展。2013 年 10 月，国务院印发《关于促进健康服务业发展的若干意见》，明确培育健康服务业相关支撑产业，大力发展第三方检验检查、评价、研发等服务。2015 年 6 月，国务院办公厅印发《关于促进社会办医加快发展若干政策措施的通知》，鼓励公立医疗机构与社会办医疗机构开展合作，实现医疗机构消毒供应中心资源共享。2016 年 12 月，国家卫计委发布“医院消毒供应中心”行业标准，明确公立医疗机构可以采用消毒供应外包服务。2017 年 8 月，国家卫计委发布《关于深化“放管服”改革，激发医疗领域投资活力的通知》，将消毒供应中心纳入独立医疗机构类别。2018 年 5 月，《医疗消毒供应中心基本标准（试行）》和《医疗消毒供应中心管理规范（试行）》两项政策的颁布，为第三方消毒供应中心的建设和管理运营提出了详细要求，行业的发展更加规范化、科学化。在政策支持、市场需求的合力驱动下，行业迎来了成长机遇期。

医院管理者有很强的动力寻求市场化运作的第三方消毒供应中心整体外包专业消毒服务，因为这可以大幅降低医院资金成本，降低医院整体运营成本30%，节省硬件投入和医护人力；提升医院医疗土地占比，为等级医院、大型医院节约可留作医疗用房的场地；降低感控管理风险，免除院内消毒供应中心的感染控制责任；优化区域资源配置，集中采购，集中配送，统一服务标准，提升整体感控质量。

当前，消毒服务市场主要被北美、欧洲和亚太三大地区占据，其中由于北美第三方消毒供应中心普及较早，目前市场渗透率较高，在全球消毒服务市场中占比达到45%左右。亚太地区人口基数庞大，随着以中国为代表的国家医疗事业的快速发展，第三方消毒供应中心普及率提升，预计到2030年亚太地区消毒服务市场占比将达到36%。

我国第三方消毒供应服务起步较晚，尚处于成长期，市场前景广阔。在政策利好、技术驱动、资本加持和需求拉动下，中国第三方消毒供应市场规模持续扩张，并保持高速增长态势，第三方消毒供应服务已经成为我国的一条黄金赛道。根据沙利文给出的数据，2022年市场规模达760亿元，承担超七成医疗器具消毒供应工作。

2013年，老肯医疗与全球最大的医疗器械消毒服务供应商英国新合力集团共同出资，在四川成都打造了西部首个国际化标准消毒中心，率先在国内实现了布局。2018年6月11日，国家卫健委《关于印发医疗消毒供应中心等三类医疗机构基本标准和管理规范（试行）的通知》要求，之前成立的面向医疗机构提供服务的消毒供应机构，应当取得《医疗机构执业许可证》。成都国药老肯医疗消毒供应中心在次年成为四川省第一家获颁医疗机构执业许可证的第三方消毒供应中心。随后，四川第三方消毒供应中心进入急速发展期，截至2023年4月14日，我国共有86家医疗消毒供应中心取得《医疗机构执业许可证》，其中四川省占6家，取证机构总数量排名全国第四，仅次于广东、江苏、山东三省。从取证机构所在城市来看，成都与上海同时位居全国第一，均为4家。

（一）发展趋势

成本压力的背后是旺盛的市场需求。针对国内医疗机构消毒供应中心专业技术水平参差不齐，部分机构存在场地受限、建设资金不足、专业人员缺乏等问题，第三方消毒供应中心可提供有效的解决方案。

近年来，国家卫健委深入推进分级诊疗制度建设。在国家整体医改背景下，尤其是分级诊疗的持续推进，基层医院正在全国各地迅速铺开，再加上各类医美、牙科以及专科等民营医疗机构，由于无法自建消毒中心，向第三方消毒供应中心寻合作成为行业共识。

消毒供应中心的社会化独立设置，能有效加快补齐医疗事业的发展短板，实现社会效益与经济效益的统一。通过先进的生产设备，严谨的质控体系，提升地区感控水平，实现区域消供的同质化。

未来，第三方消毒供应中心必将逐步迈入成熟阶段，成为医院消毒灭菌的主流模式。企业化的质控和管理模式的加入将进一步带动一系列专业工作内容的改变，全方位推动第三方消毒供应行业的蓬勃发展。

（二）四川省医疗消毒供应服务机构

目前四川省已取证医疗消毒供应中心共6家，分别为：成都国药老肯医疗消毒供应中心、成都医投老肯医疗消毒供应中心、成都天华净医疗消毒供应中心、广元老肯医疗消毒供应中心、德阳首昂医疗消毒供应中心、成都鲸弘医疗消毒供应中心。从地域分布来看，其中4家位于成都，1家位于广元，1家位于德阳；从品牌来看，其中老肯集团占3家。

（三）成都国药老肯医疗消毒供应中心

2012年，由老肯医疗联合英国新合力集团、中国医药集团在西部重镇四川成都率先布局，是中国首个战略性、旗舰型院外消毒供应中心。中心位于成都市郫都区（老肯医疗总部），占地 10 亩，总投资约为 4 000 万元。设计产能年处理器械量 1 500 万把，服务辐射半径约为 200 km。该中心一直以来秉承新合力集团在全球运营规范及统一管理体系，并于 2019 年 5 月获颁四川省首个由省卫健委签发的独立设置消毒供应中心执业许可证。

二、第三方辐照灭菌服务

辐照灭菌是利用电离辐射产生的电磁波杀死大多数物质上的微生物的一种有效方法。用于灭菌的射线有电子束、X 射线和 γ 射线等。它们都能通过特定的方式控制微生物生长或杀死微生物。X 射线和 γ 射线能使其他物质氧化或产生自由基（OH · H）再作用于生物分子，或者直接作用于生物分子，打断氢键、使双键氧化、破坏环状结构或使某些分子聚合等方式，破坏和改变生物大分子的结构，从而抑制或杀死微生物。

我国辐照技术服务业主要包括辐射化工（辐射交联线缆、热缩材料及制品、发泡材料、轮胎预硫化、辐射接枝膜材料、印染材料、辐射固化、辐照聚合、辐照降解等）、辐照灭菌服务、环境治理与公共安全保障（重污水处理、有毒有害固体垃圾处理、烟气净化、违禁特异物检测）三类。辐照灭菌技术是辐照技术应用的主要内容，也是一种工业化消毒灭菌手段，由于其绿色、环保、无残留的特点被广泛采用。

目前，欧美日的辐照技术服务市场进入了一个相对成熟的发展阶段，辐照装置向大型化、标准化、专业化、高度自动化、高射线利用率、高运行效率的方向发展，而且可以实现夜间设备运行无人值班。发达国家的辐照技术服务通常由合约灭菌商提供，合约灭菌商在提供辐照灭菌服务的同时还提供包括环氧乙烷熏蒸法在内的其他多种消毒灭菌服务。经过多年经营发展和多次并购重组，全球辐照灭菌服务市场集中度较高，并有继续集中的趋势。国际上已经形成了几家跨国大型合约消毒灭菌商，如 Sterigenics、Steris 及 Synergy Healthcare（Steris 和 Synergy Healthcare 已完成合并）等

中国金辐照成都有限公司于 2011 年 12 月在成都彭州市成立，是辐照

灭菌供应商——中国金辐照股份有限公司的控股子公司。成都公司以辐照技术服务为主业，为客户提供医疗产品灭菌、中药保健品灭菌、食品保鲜、化学材料改性等辐照加工和技术服务，致力于发展健康产业。成都公司位于四川省彭州市致和镇，占地面积 2 万 m^2，交通便利，可覆盖西南、西北地区的辐条市场，为该地区市场提供专业化、规模化、高品质的辐条技术服务提供。公司通过了 ISO 9001：2015，ISO 13485：2016，ISO 11137 等质量管理体系认证，获得了德国 TUV 颁发的认证证书，通过美国 FDA 官方网站注册，获得了安全生产标准化二级企业认证。成都公司秉承中金辐照股份有限公司的质量管理体系和管理模式，努力为客户提供优质的服务。

三、第三方环氧乙烷灭菌服务

环氧乙烷灭菌装置是一次性使用无菌医疗器械生产企业的关键设备，安装操作、使用管理有其特殊要求，使用环氧乙烷做灭菌剂，环氧乙烷是一种广谱灭菌剂，可在常温下杀灭各种微生物，包括芽孢、结核分枝杆菌、细菌、病毒、真菌等。环氧乙烷不损害灭菌的物品且穿透力很强，故多数不宜用一般方法灭菌的物品均可用环氧乙烷消毒和灭菌。例如，电子仪器、光学仪器、医疗器械、书籍、文件、皮毛、棉、化纤、塑料制品、木制品、陶瓷及金属制品、内镜、透析器和一次性使用的诊疗用品等。

环氧乙烷是目前最主要的低温灭菌方法之一，由于环氧乙烷易燃、易爆，且对人有毒，所以必须在密闭的环氧乙烷灭菌器内进行。目前使用的环氧乙烷灭菌器种类很多，大型的容器有数十立方米，中等的有 1 ~ 10 m^3，小型的有零点几至 1 m^3。它们各有不同的用途。其中中型和小型环氧乙烷灭菌器因其自动化程度较高，更多的适用于医疗器械灭菌。

四川智装医疗灭菌有限责任公司是西南地区一次性无菌医疗器械重点企业——成都市新津事丰医疗器械有限该公司全资控股子公司。该公司位于成都天府新区天府智能制造产业园内，交通便利。

该公司一直以来致力于专业领域的打造。拥有 28 年的环氧乙烷灭菌实践，拥有一批专业的灭菌、验证、检验队伍，拥有成熟的验证、检验、和质量保证体系。灭菌车间符合 ISO13485 、ISO11135、GB18279 标准及医疗器械管理规范等法律法规要求，符合美国 FDA 法律法规的相关要求，并经过美国客户的验收。该公司灭菌工艺采用全电脑自动软件控制、智能化设备操作、采用集中 EO 注入、预处理和强解析工艺，缩短了灭菌和解析时间，提高了灭菌的稳定性及一致性，同时配备了货物自动化运输系统。拥有 20 m^3、40 m^3、45 m^3 的灭菌柜 23 台套，满足不同体量的灭菌需求。现有灭菌能力达 25 000 m^3/ 月，预计 2025 年可达到 30 000 m^3/ 月。全封闭式 EO 尾气处理系统，尾气排放达到国家标准，符合环保法规相关要求。致力于第三方共享灭菌生产线的建设，目前主要承接医疗器械、药品、食品等消毒灭菌处理，并可提供相关咨询、验证、确认、灭菌、无菌检测等全套完整灭菌链服务。未来将继续致力于灭菌领域，专研灭菌工艺，为服务人类健康做出更大的贡献。

第三节　模具产业园

四川医疗器械模具产业园位于成都市龙泉驿区龙泉街道办事处，是由四川省医疗器械行业协会、四川省模具协会和成都市龙泉驿区共同发起建设的，占地面积约 130 亩。该园区的主要建筑包括医疗器械、模具研发中心、展示中心、检测中心、培训中心、企业孵化中心等。园区内的企业主要从事医疗器械、模具、精密零部件、电子元器件等领域的研发、设计、生产、销售、服务等相关业务。

园区是四川省医疗器械和模具产业的集聚地，涵盖了从研发到生产、销售和服务的完整产业链，形成了医疗器械和模具产业的完整生态系统。园区内的企业数量众多，涵盖了国内外知名的医疗器械和模具生产企业，例如华山医院、四川大学华西医院、三只松鼠、苏州高测电子、芝华仕、蓝思科技等。园区内企业的产品涵盖了各个医疗领域，包括外科、骨科、妇产科、耳鼻喉科等。其中，华山医院研制的国内第一台“肺部小结节手术机器人”就是在该园区研发的。

园区还设立了医疗器械检测中心、标准化生产车间、仿真中心、技能培训中心等公共服务平台，为企业提供科技创新和人才培养方面的支持。园区以绿色环保为理念，采用了可再生能源和节能环保的建筑材料和技术，注重园区绿化和生态环境建设。

该园区的建设推动了四川省医疗器械和模具产业的发展，提高了四川省医疗器械和模具产业的整体竞争力和国际影响力，成为四川省医疗器械和模具产业的重要基地之一。

第四章　会议展览

第一节　国际医疗器械展览会

一、德国国际医院及医疗设备展览会

德国杜塞尔多夫“国际医院及医疗设备用品展览会”是世界知名的综合性医疗展，一年一届，被公认为世界上最大的医院及医疗设备展览会，以其不可替代的规模和影响力位居世界医疗贸易展的首位。

世界著名大公司和常规医院设备、医疗产品的生产企业都会在展会推出最新产品，推广新技术；世界各地的医疗器械、药品批发商、采购商、卫生部门、医疗专业等顶尖业内人员云集展会，洽谈贸易，每届展会观众逾十万人次，是集科技、商贸和信息于一体的大型国际盛会。

二、阿拉伯国际医疗设备展览会

阿拉伯国际医疗设备展览会是中东地区展览规模最大的国际专业医疗设备展览会，展品种类较为齐全、展览效果良好，一年一届。自 1975 年首次举办以来，展会规模、参展厂商和观众人数逐年扩大，来自中国、美国、英国、德国、意大利、韩国、土耳其、巴西等国家的参展商参加该展览会，吸

引中东各国的医院管理者和医疗器械经销商到会参观，洽谈贸易。

作为中东和北非地区领先的医疗行业展览会，2023 年为期四天的展会中，共迎来了世界各地 70 个国家 3 000 多个参展企业，与超过 51 000 位精准的医疗健康领域行业人士及专业买家汇聚一堂，探讨最新课题及洽谈商贸合作。中国作为 40 个国家展团之一，共有 380 家参展企业，展览面积超过 5 800 m^2。此次展会产生业务总价值额达 7.81 亿美元。阿拉伯国际医疗器械展览会可谓是医疗领域首屈一指的专业商贸交流平台。

三、美国国际医疗设备展 FIME

美国国际医疗设备展 FIME 被美国贸易展周刊 *Trade Show Weeks* 评为发展最快的 50 个展览会之一，是美国东南部地区最大的医疗设备及器械专业展览会。每年一届，至今已有 30 年的历史。2021 年展会共迎来了世界各地 46 个国家的 423 家参展企业，与 4 865 位来自美国和拉丁美洲的医疗健康领域行业人士及专业买家，探讨最新课题及洽谈商贸合作。中国共有 17 家参展企业出展实体展会，展览面积 260 m^2。本届展会对不能亲临现场的参展企业，提供“线上展会”参与方式，旨在帮助企业保持行业互动。中国共有 43 家企业参与。

四、土耳其国际医疗器械、诊断实验室医药及康复展会

伊斯坦布尔国际医疗器械、医学分析诊断、医用耗材、健康保健及康复设备展览会与伊斯坦布尔国际实验室技术及设备展览会为同一时间举办的两个医疗主题的医疗盛会。已经成功举办了多届，是欧亚交界地区规模最大的医疗展览会。

2019 年开放 7 个展馆，展出面积达 32 000 m^2，吸引来自美国、德国、阿根廷、澳大利亚、比利时、中国等 35 个国家的 705 家参展商参展，并有来自世界各地的 34 086 名专业观众前来洽谈参观。参加展览会，既可以将中国产品介绍给欧亚及世界各地的客户，进一步扩大出口的渠道，也可以在

展会上寻求技术与贸易领域的合作伙伴，洽谈合作、合资项目；同时还可以广泛搜集信息，了解医疗技术发展趋势，洽谈贸易代理；参加一次展会，获得多种收益。

五、哥伦比亚国际医疗展

哥伦比亚国际医疗展是由波哥大医协会、商会主办，被称为哥伦比亚最大的医疗设备展览会，2 年一届，展览面积 5 046 m^2，参展商 189 家，专业观众达到 9 873 人，有来自法国、意大利、德国、加拿大、美国、泰国、巴西等 10 多个国家和地区的企业参展。

此展会是中美洲和加勒比海地区重要的展示舞台，可辐射委内瑞拉、巴西、厄瓜多尔、秘鲁、墨西哥，展会上聚集了世界各地的前沿专家学者，同时还有当地的医疗部门专业人士、管理人员、医院采购主管、牙医等，一定程度上促进了当地医疗部门，管理人员，牙医，护士等与国际的沟通与合作。

第二节　国内医疗器械展览会

一、中国国际医疗器械展览会（CMEF）

中国国际医疗器械展览会 CMEF 在 1979 年首次举办，每年春秋举办两届，已经历时 37 年，每年展会面积 300 000 m^2 左右，参展观众 150 000 人左右，参展商数量及参展品牌达到 5 000 家左右。并且在不断创新、自我完善。已经成为亚太地区最大、最重要的医疗器械行业及相关产品行业、服务行业的展览会。展览会展出的内容包括了医用影像类、体外诊断类、电子类、光学类、急救类、康复护理类、移动医疗类、医疗服务类、医院建设类、医疗信息技术类、可穿戴类等上万种专业产品，直接全面服务于医疗器械行业从源头到终端的整条医疗产业链。展会秉承“服务全行业，共同谋发展”的办会理念，以专业的展览队伍、翔实庞大的信息资源和完善的服务体系吸引了业内几乎所有的龙头企业、商家、科研单位和专业人士来参加每年举办的十几个专业展览会。已经成中国医药、医疗器械工商企业和科研单位展示企业形象、交流信息和开拓国内外市场、促进贸易和产业进步的有效的渠道和媒介之一，有力地推动了中国医械行业的繁荣，也促进了中外医械界的交流。

二、2023 上海国际医疗器械展览会

上海国际医疗器械展览会产品涉及医用电子、医学影像设备、医疗设计制造及配套产品、智慧医疗、智能可穿戴、医院建设、病房护理及辅助设备、家用医疗、医用敷料、体外诊断试剂、光学、急救、医用防护、医用消毒感控设备、康复护理以及医疗信息化等涉及医院全科室产品；展会坚持走国际化、专业化的特色发展道路，以推动产业升级、行业创新发展为己任，为国内外买家采购交流提供一个医疗行业的饕餮盛宴！

三、深圳国际医疗器械展览会 / 深圳医博会

深圳国际医疗器械展览会，由深圳市医学会主办，在上海、北京、深圳等多个城市轮回举办，内容全面涵盖了 医用电子、医学影像设备、智能医疗、病房护理及辅助设备、医用敷料、体外诊断试剂、光学急救、康复护理以及医疗信息化等，直接并全面服务于医疗器械行业从源头到终端整条产业链。来自 20 多个国家的 1 000 多家医疗器械生产企业 和超过 40 000 人次的医院买家和经销商、代理商汇聚 “2022 第 36 届深圳国际医疗器械展览会”交易、交流。

四、北京国际医疗器械展览会

北京国际医疗器械展览会由中国医疗卫生行业协会中华医学交流学会

举办，内容全面涵盖了包括医用电子、医学影像设备、光学、急救、康复护理、医疗用品及卫生材料、检验设备及诊断试剂以及医疗信息技术等产品，直接并全面服务于医疗器械行业从源头到终端整条产业链，每一届展览会有来自 20 多个国家的 30 000 人次的医院买家和经销商，代理商汇聚现场进行交易、交流。

五、广东国际医疗器械博览会

博览会由广东省医院协会、深圳市生物与工业洁净行业协会主办，经多年培育得到全国卫生产业企业管理协会、广东省医院协会、广东省医疗器械研究所等权威机构大力支持，博览会将聚焦来自医院、医疗企业、行业经销商代理商、知识产权服务公司、设计中心、医疗投资商、原材料供应商、园区等专业人士齐聚现场，为医疗健康行业产、学、研、全产业链协同发展提供一站式平台。

第三节　四川承办医疗器械展览会的条件

一、区位优势

四川作为欧亚大陆的几何中心，长江经济带、孟中印缅经济走廊的战略交汇点。往北经欧亚大陆桥，连接陆上丝绸之路。往南经过大湾区由北部湾出海，连接海上丝绸之路。可以发挥其陆上丝绸之路和海上丝绸之路的交通衔接作用，成为实现东西对接、南北贯通的战略节点。

二、资源优势

自然和旅游资源。四川号称“千河之省”，有大小河流近 1 400 条。山依水，水傍山，好山好水蕴藏着丰富的矿产、能源和旅游资源，在经济发展方面有着得天独厚的条件。作为我国重要的能源基地和战略资源开发利用区，四川矿产资源丰富，矿产种类较为齐全。其中天然气、钒、钛等 15 种矿产资源储量居全国第一，钒、钛居世界之冠。 此外，水力和页岩气等能源资源也较为丰富。这为四川能源产业和先进材料产业向产业链下游延伸，与“一带一路”沿线国家进行产业合作，提供了稳定的资源保障。四川地跨中国第一及第二阶梯，川西高原文化和巴蜀文化在四川竞相绽放。拥有九寨沟、峨眉山、大熊猫栖息地、三星堆这些世界级的旅游精品。旅游业不像工农业生产周期较长，它更强调情感和文化的交流互通，具有柔性发展的特征，更容易为人民所接受。独特的旅游资源对于与“一带一路”沿线国家实现人员往来，民心相通，具有积极推动作用。

劳动力资源。四川人口全国排名第四，是“黑河—腾冲”一线以西城镇化高度密集的地区。作为人口大省，劳动力资源丰富。平均工资水平远低于京津冀、长三角、珠三角等东南沿海发达地区，劳动力价格优势明显。这大大降低了来川投资的企业用工成本。同时，人才质量过硬，研发和技术创新能力在西部内陆地区较为突出。

三、综合实力优势

综合交通能力名列前茅。“蜀道难，难于上青天”，曾经落后的基础设施、高昂的运输成本大大限制了四川国际经贸活动。时过境迁，目前四川综合交通运输体系日益完善。已基本形成衔接欧美、东亚及南亚乃至南美的航空网络。成都双流国际机场是内陆地区的航空枢纽和最重要的客货集散地。2022 年 1—4 月，成都国际航空枢纽累计旅客吞吐量在全国城市排名中位居第一。作为航空第四城的四川省会成都是继北京、上海之后，全国第三个拥有双机场的城市。 2021 年 7 月启用的天府国际机场作为丝绸之路经济带中等级最高的航空港，将推动四川成为中国泛欧泛亚的西部国际门户，更深层次融入国家“一带一路”建设。铁路方面，从成都出发的国际班列目前已辐射欧洲百余个城市。成都的青白江区集装箱中心站是亚洲最大的铁路集装箱中心站。四川通过建设适合内陆地区特点的现代综合交通运输体系，减少了外商投资和商品进出口的交易成本。通过建设适合内陆地区特点的现代综合交通运输体系，北上南下、东进西出更为便捷。

西部地区经济影响力大。2022 年四川 GDP 总量超 5.67 万亿元，具有引领西南、影响泛欧泛亚地区的腹地价值。这为全面建设“一带一路”，深化对外开放夯实了充足的经济基础。此外，四川是西部地区首屈一指的商品和生产要素市场，发挥着重要的经济集聚、物资集散作用。同时也是整个西部内陆的投资热土。可以用“在川言商”来形容当前面临的战略选项。作为经济发展的“三驾马车”之一，消费是经济活力的缩影。四川城乡居民消费潜力和水平都明显高出全国平均水平。2022 年，四川全年全体居民人均可支配收入 30 679 元，比上年增长 5.5%。城镇居民人均可支配收入 43 233 元，比上年增加 1 789 元，比上年增长 4.3%。广阔的市场为四川省与“一带一路”沿线国家的双边贸易创造了有利条件。

综上，四川省具备举办大型展会的必要条件和资源，应充分利用各项优势，举办四川特色的医疗器械大型展会，促进各种成果与资源引进和转化，促进经济和贸易合作，扩大市场规模和市场容量，并以展会经济带动地方医疗技术、尖端科技、国内外贸易等多方面同步提升，直接或间接带动一系列相关产业的发展。提升四川省医疗器械产业影响力，提升成都在国际上的知名度和影响力。

第五章　四川自由贸易试验区

四川自由贸易试验区（简称自贸试验区）是中华人民共和国国务院于2020年4月29日批准设立的第七个自由贸易试验区，也是中国西部地区第一个自由贸易试验区。该自贸区包括成都、德阳、绵阳三市，涵盖面积近1 200 km^2。四川自贸区是中国国家自贸区中唯一一个以“数字经济”“高新技术”“航空航天”“高端装备制造”“现代金融”“商贸物流”“生命健康”为主导产业方向的自贸区。

第一节　四川自贸试验区为四川医疗器械行业发展带来审批优势

自设立以来，为提高利用外资水平，鼓励外资企业以多种形式参与医疗服务业投资。成都市卫健委表示，将在自贸试验区探索外资医疗机构审批改革，为外资医疗服务业创造改革红利，努力推动成都医疗服务业扩大开放。一是减少审批层级、取消投资条件限制。2017年7月，四川省卫生计生委、四川省商务厅印发《关于在四川自由贸易试验区开展中外合资合作医疗机构审批等改革事项的通知》，将“市级初审、省级复审”两级审批改为自由贸易设区管理机关一级审批，减少了审批层级。对在四川自贸区内设立的中外合资合作医疗机构，取消投资总额原则上不低于2 000万人民币，合资、合作期限不超过20年的条件限制，给予外资和内资机构同等审批前国民待遇，降低了小型中外合资医疗机构的投资成本，消除了外资对投资期限的顾虑。二是审批权限下放。2017 年 10 月，市卫计委公布《关于做好自贸试验区中外合资合作医疗机构审批改革有关工作的通知》，将“外国医生来华短期行医”委托成都自贸试验区审批并同时实施。三是出台产业支持政策。2018 年 4 月，成都市人民政府办公厅《关于印发成都市加快医疗美容产业发展支持政策的通知》（成办函〔2 018〕75 号），成都出台一系列扶持政策，加快发展医疗美容产业，打造“医美之都”。上述改革举措，产业支持政策的陆续出台，为自贸试验区营造了良好的营商和政策环境，吸引了境外投资者的目光。

第二节　四川自贸试验区为四川医疗器械行业带来发展机遇

对四川医疗器械产业发展来说，自贸区的成立能为四川医疗器械产业发展带来新动能。与其他获批的沿海省份相比，四川设立自贸试验区主要是为了落实中央关于加强西部门户城市开放和建设内陆开放战略支撑带的要求，打造内陆开放型经济高地，实现内陆与沿海沿边沿江协同开放。这对于促进四川进一步对外开放，促进经济更好地拥抱世界发展，特别是融入“一带一路”，意义重大。一是四川自贸区建设将进一步推进四川医疗器械产业的国际化进程。四川自贸区将积极推动贸易自由化、便利化，打造对外开放的高地，吸引更多国际医疗器械企业、研发机构进入四川，为四川医疗器械产业的发展提供更多机遇。二是四川自贸区的建设将加速四川医疗器械产业的创新和发展。自贸区内的企业将享受更加优惠的税收政策和更加灵活的人才引进政策，同时可以更加方便快捷地获取国际先进的技术和管理经验，推动企业不断创新、升级。三是四川自贸区还将建设完善的物流配套体系和金融服务体系，为四川医疗器械产业提供更加高效、便捷、低成本的物流配送和金融支持，推动整个行业的快速发展。

第三节 四川自贸试验区为四川医疗器械相关企业带来政策红利

一是自贸区为医疗器械企业提供了各种优惠政策，这将使得企业在投融资、运营、税收、人才、物流等多方面都能够享受到更多的优惠，有助于降低企业的经营成本，提高企业的经营效率。例如，自贸区内设立了医疗器械产业发展专项基金，为企业提供贷款、股权投资等方面的支持。二是自贸区还为企业提供了优质、高效、便捷的政务服务。企业可以在自贸区内享受一站式服务，办理各种手续，例如企业注册、审批、证照等。这将为企业的发展提供更加便捷的服务，有利于为成都企业创造良好的秩序环境。三是自贸区的成立也将吸引更多的外资进入四川医疗器械产业。自贸区内设立了外资企业投资管理中心，为外资企业提供各种投资服务和政策支持，有利于吸引更多的外资进入四川医疗器械产业，为企业的发展提供更多的资金支持和技术支持。

总之，四川自贸试验区的成立为四川医疗器械产业的发展提供了有力的支持和帮助，有望促进医疗器械产业的转型升级，提高企业的核心竞争力，推动四川医疗器械产业实现高质量发展。

第六章　专业人才

四川坚持党对人才工作的全面领导，用更加高效的工作模式、更加灵活的体制机制、更加优厚的人才政策、更广阔的发展平台，构筑四川人才培养的“四梁八柱”。近年来，四川全省人才总量持续增长，高层次人才质量不断提高，基层一线人才队伍不断壮大，各类人才创新创业活力竞相迸发。

第一节　科研院所人力资源

四川省科教资源丰富，共有科研院所 270 多所，中央在川科研院所 50 家，省属科研院所 99 家，市属科研院所 99 家，县属科研院所 22 家。其中转制科研院所 49 家。县以上政府部门所属科研院所数量（不含转制科研院所）保持全国第 4 位，从业人员和研发人员总数居第 2 位，研发经费支出居第 3 位。

一、人才集聚度高

从全省 21 个市、州来看，区域布局与人才布局集中。56.5% 的科研院所人才集中在成都地区。特别是中央省属的研究院和研究所，分别有 80% 和 92.9%。成都、绵阳两地科研院所分别拥有科技人员 3.9 万人和 1.6 万人，分别占全省科技人员总数的 61.4% 和 25.9%。此外，仅德阳、自贡两地科研院所的科技人员就已经超过 1 000 人。

二、平台效应明显

截至目前，四川已先后与 28 所国内外知名大学签订战略合作协议，采取共建研究院、科技园、企业研究机构、孵化器等模式，建成上海交大四川研究院、香港城市大学成都研究院逾 800 个创新平台，以平台为载体吸引人才，采用“清单制 + 责任制”方式，近 3 年共推进实施 405 个重点项目。首个落地平台清华四川能源互联网研究院，挂牌 6 年来已集聚 44 个科研团队、380 余名海内外高层次人才，申请知识产权 500 余件，孵化高科技创新企业 11 家，为 400 多项清华大学创新成果来川转化“铺路搭桥”。且川内两院院士和国家人才计划入选人数大幅度增长，科研人才发展生态环境不断优化。

三、人才培养成势

拥有相关医疗器械专业的高校有四川大学、电子科大、西南医科大、川北医学院、成都医学院等科研院校，开设有医疗器械监管、医学影像、生物医学工程等相关专业，每年培养出的高素质人才大约上万人。以 2021 年举例如下：

四川大学 2021 届毕业生共 16 129 人，其中医疗器械相关专业毕业生人数为 4 374 人，约占毕业生总人数的 27.11%，相关专业毕业人数情况见表 3-6-1。电子科技大学 2021 届毕业 9 573 人，其中，医疗器械相关专业的毕业生为 1 040 人，毕业本科生人数占本科生毕业总数的 9.76%，毕业研究生人数占研究生毕业生总数的 11.83%。

表 3-6-1　四川省内高校医疗器械相关学院毕业去向落实率分布

	学院	毕业生人数 / 人
四川大学	华西公共卫生学院	337
	华西基础医学与法医学院	129
	华西口腔医学院	528
	华西临床医学院	1 320

续表

	学院	毕业生人数 / 人
四川大学	华西药学院	361
	化学工程学院	477
	化学学院	380
	生命科学学院	361
	生物材料工程研究中心	61
	生物医学工程学院	113
	生物治疗国家重点实验室	307
电子科技大学	材料与能源学院	191
	机械与电气工程学院	495
	医学院	112
	生命科学与技术学院	238
西南医科大学	临床医学院	2 386
	中西医结合学院	373
	医学影像系	346
	药学院	277
	基础医学院	53
	口腔医学院	115
	护理学院	466
	人文与管理学院	204
	法学院	78
	心血管医学研究所	19
	公共卫生学院	226
	体育学院	156
	麻醉系	178
	医学检验系	120
	儿科学系	115
	医学信息与工程学院	96
	康复医学系	52

续表

	学院	毕业生人数 / 人
成都中医药大学	药学院	681
	临床医学院	665
	护理学院	574
	医学与生命科学学院	439
	医学技术学院	435
	管理学院	424
	体育学院	310
	公共卫生学院	252
	针灸推拿学院	228
	养生康复学院	153
	医学信息工程学院	151
	民族医药学院	83
	眼科学院	55

数据来源：课题组收集与统计。

西南交通大学 2021 届毕业生共计 10 869 人，其中本科 6 757 人，硕士 3 786 人，博士 326 人。2021 届毕业生毕业去向落实率为 96.61%，其中，医学专业毕业生人数为 51 人。

西南医科大学 2021 届毕业生总人数为 4 871 人，较上届毕业生增长 266 人。其中硕士生 702 人，本科生 4 068 人，专科生 101 人。主要学历层次为本科，占比为 83.51%。医学类专业是毕业生的主要专业，占比 88.46%，符合学校的办学定位。其中，人数最多的是临床医学类专业，共有毕业生 2 386 人；其次是护理类专业 466 人、中西医结合类专业 373 人、医学技术类专业 346 人。本届毕业生的总体毕业去向落实率为 92.47%，较上届同期（8 月 31 日）上升 3.31%；落实人数 4 504 人。从学历层次来看，硕士毕业生毕业去向落实率最高，达到 96.58%，本科毕业生 91.81%，专科毕业生 90.1%。

成都中医药大学 2021 届毕业生共 5 578 人，其中本科毕业生为 4 611 人，占毕业生总人数的 94.40%；其中药学院、临床医学院本科毕业生人数最多，占比分别为 14.77%、14.42%。

第二节　各市州人力资源

根据第七次全国人口普查数据，四川省常住人口中，具有大学（大专以上）文化程度的人口为 1 110 万人。具有高中（含中专）文化程度的人口为 1 112 万人；具有初中文化程度的人数为 2 630 万人。具有小学文化程度的人口为 2 620 万人（以上包括各类学校的毕业生、肄业生和在校生）。同 2010 年第六次全国人口普查相比，每 10 万人中具有大学文化程度的人由 6 675 人增加到 13 267 人。高中文化程度的人从 11 247 人增加到 13 301 人。具有初中文化程度的人数从 34 889 人减少到 31 443 人。具有小学文化程度的人数从 34 627 人减少到 31 317 人。表 3–6–2 显示了全省各市（州）每十万人口中各类受教育人口数量情况。

表 3–6–2　四川省各市（州）每十万人口中各类受教育人口数量　　单位：10 万人

地区	大学（大专及以上）	高中（含中专）	初中	小学
全省	13 267	13 301	31 443	31 317
成都市	25 582	16 186	28 324	21 802
自贡市	9 484	12 836	34 694	33 570
攀枝花市	15 476	15 078	30 775	27 624
泸州市	8 410	12 186	31 690	37 582
德阳市	11 882	13 114	32 693	32 326
绵阳市	12 959	13 759	32 089	30 873
广元市	10 242	13 604	29 837	34 743
遂宁市	7 475	12 933	35 840	32 847
内江市	8 057	12 290	36 909	33 370
乐山市	10 584	12 834	32 642	34 703

续表

地区	大学（大专及以上）	高中（含中专）	初中	小学
南充市	8 825	13 348	33 385	32 568
眉山市	9 600	11 957	34 277	34 095
宜宾市	9 621	12 325	31 749	37 020
广安市	6 508	12 189	34 110	36 644
达州市	6 920	13 781	38 231	32 018
雅安市	10 649	12 131	35 654	31 762
巴中市	8 615	15 868	32 890	32 948
资阳市	6 177	10 195	37 083	35 685
阿坝州	13 191	8 261	21 614	36 097
甘孜州	10 486	7 249	14 603	38 870
凉山州	6 776	6 861	22 732	41 783

一、医疗器械专业人才质量提升显著

全省人才总量已经突破 1 000 万大关，居西部第一，区域创新能力跃升第一。2020 年，四川省每千常住人口卫生技术人员、执业（助理）医师和注册护士分别为 7.57 人、2.81 人和 3.42 人，卫生人力资源的配置远远超过了预期目标。到目前为止，成都人才总量达 622.3 万人，居全国第 4 位，其中国家、省、市高层次人才 4 435 人，仅 2021 年就有近 60 万青年人才流入成都，应届毕业生流入率居全国第 2 位，蝉联“外籍人才眼中最具吸引力的中国城市”。

二、医学类技能人才培养力度增强

根据教育部 2021 年度公布的全国高等学校名单，四川省共有 134 所高校和 81 所高职高专。在四川省高职高专中，成都的高校数量最多，达到 35 所，其次是德阳市（9 所学校）、绵阳市（6 所学校）和泸州市（5 所学校）。相关数据显示，截至 2020 年，四川省内拥有 19 所医学类专业的中职院校，其中包括四川省第一中等医学专科学校等。具体的职业院校情况参见表 3-6-3。

表 3-6-3　四川医学类职业院校情况

序号	院校名称
1	四川省医疗器械应用技术学院
2	四川省眉山市中等医学专科学校
3	资阳口腔职业学院
4	四川省第一中等医学专科学校
5	四川省南充市中等医学专科学校
6	四川省第二中等医学专科学校
7	四川省成都中职学院
8	四川省第三中等医学专科学校
9	四川省宜宾市永新中等医学专科学校
10	四川省泸州市中等医学专科学校
11	四川省雅安市永安中等医学专科学校
12	四川省第四中等医学专科学校
13	四川省乐山市百花中等医学专科学校
14	四川省第五中等医学专科学校
15	四川省资阳市中等医学专科学校
16	四川省巴中市中等医学专科学校
17	四川省第六中等医学专科学校
18	四川省甘孜州八一中等医学专科学校
19	四川省内江市中等医学专科学校
20	四川省遂宁市中等医学专科学校
21	四川省第七中等医学专科学校

三、医学相关专业发展迅猛

2020 年在教育部同意四川省 81 所高校新增建设高职高专的 284 个专业中，数量前 5 名的专业就有护理、康复治疗技术两个属于医药卫生大类的专业。相关统计显示，四川省 2020 届专科院校毕业生人数为 179 612 人，其中，医疗卫生服务相关 6 个专业毕业生总人数为 14 502 人，占比为 8.07%。其中，有 3 所大学的护理专业毕业生人数突破 1 000 人，四川护理职业学院名列榜首。该学院护士专业的毕业生人数已达到 2 745 人。可见，无论是综合性院校或是医卫类院校，都开设了相关专业，医疗卫生服务行业相关专业毕业生数量庞大。随着医疗行业的快速发展，对人才的需求越来越大，只有更专业的医疗工作模式才能充分发挥自主性，而数量庞大的医学类毕业生为各市、州医疗器械行业发展提供了充分的专业劳动力。

第三节　技术经纪人

为全省科技成果转化提供持续的人才支撑，并打通科技成果转化的“最后一公里”，进一步推动四川省技术转移人才一体化的高质量培养，形成多层次、多维度的技术专业人才培养生态体系。为了服务四川省的重点产业链，特别是生物医药、电子信息等重点领域，需要专门培养和训练技术经纪人。

初级技术经纪人是接受了系统的培训和教育，了解科技成果转化的基本流程和技巧，并具备一定行业专业知识的人才，他们将成为技术转移工作的基础力量。

中级技术经纪人是在初级经纪人的基础上进一步提升能力和专业素养，具备更深入的行业知识和技术背景，能够有效地协调科技成果转化过程中的各方利益关系，推动项目顺利进行的中坚力量。

高级技术经纪人将成为技术转移领域的专家和领导者。高级技术经纪人将具备较高水平的专业知识和经验，能够在复杂的科技转移项目中提供战略性的指导和决策，是推动科技成果转化的创新和协同发展的尖端力量。

在成都市科技局的指导下，由国家技术转移西南中心和国家技术转移人才培养基地主办，针对成都市科技成果转化“一号工程”的决策部署，专门制定了《2023 年度成都市技术经纪人培养规划》。该计划面向科技型企业、科技行政职能部门、科研院所、高校以及技术转移机构的相关人员，旨在 2023 年实现培育技术经（纪）理人数量翻番。

第四篇　展望篇

近年来，中国医疗器械产业发展势头迅猛，近7年复合增速约17.5%，已经形成了一个规模庞大、结构合理、技术先进的产业体系。2022年，中国医疗器械市场规模达9582亿元，已跃升成为全球第二大市场。从需求端看，人们对美好生活的健康需求增加，特别是新冠肺炎疫情进一步强化了人们对身体健康的意识，加之人口老龄化进程加快，医疗器械市场呈现巨大发展空间。从消费能力看，随着经济社会的发展，人民生活水平不断提高，居民人均可支配收入不断增长，进一步提升医疗健康消费的能力。随着医疗保障改革持续推进，基本医保覆盖率增长，医保目录不断扩大，医疗费用报销比例持续增加，人们群众看病就医的消费能力得到提升。从政府层面看，高度重视医疗器械行业的发展。专门出台了《"十四五"医疗装备产业发展规划》《"十四五"国民健康规划》《"十四五"全民医疗保障规划》等规划，并制定了具体实施举措。《中国制造2025》提出了2025年达成县级医院国产中高端医疗器械占有率达70%，国产核心部件国内市场占有率达到80%的目标。从生产企业看，三年新冠肺炎疫情期间，我国医疗器械生产企业快速增加，医疗器械产业规模持续高速增长。2022年，国内医疗器械生产企业数量突破3万家，经营企业数量也突破110万家。从创新能力看，随着创新驱动战略的深入推进，医疗器械生产企业的创新能力、研发实力不断提升，能够提供更多满足人们群众需求的高品质医疗器械。近年来，国内前十大医疗器械企业每年研发投入均维持20%以上的增长。2021年，我国医疗器械高技术企业新产品开发项目数量为15962件，同比增长28.39%。三年新冠肺炎疫情期间，医疗器械高技术产业新产品开发项目均以30%左右的速度大幅增长。此外，国家大力支持医疗器械产品创新。2022年，国家药监局批准创新医疗器械55件，同比增长57.14%。

多家行业咨询机构对我国医疗器械行业发展持乐观态度，认为市场前景广阔，增长空间巨大。三胜咨询研究报告《2022–2027年中国便携式医疗器械行业市场需求与投资咨询报告》预测2025年医疗器械行业市场规模将达18414亿元；中研普华产业院研究报告《2023–2028年版医疗器械产业园区定位规划及招商策略咨询报告》预测2025年达到17000亿元，全球占比达到40%以上。罗兰贝格管理咨询在《现状与趋势》中预测，中国医疗器械市场规模或将于2030年超越美国，成为全球第一大医疗器械市场！可以看出，我国医疗器械产业正处于需求旺盛的黄金发展阶段。

四川作为西部经济大省、人口大省，长期以来高度重视医疗器械产业发展。近年来，先后出台了《关于支持医疗健康装备产业高质量发展的若干政策措施》等多个针对医疗器械产业的重要政策，吸引了国内外多家医疗器械企业落户投资，同时也孵化了不少本地初创企业，推动了四川省医疗器械产业的快速发展。目前，四川省医疗器械产业在部分领域已有一定的国内影响力，在一些细分领域已涌现出了一批高成长、创新强的医疗器械企业，在一些高端医疗器械产品上也有所突破。

然而，相比发达地区，四川省医疗器械产业整体规模较小，缺乏有影响力、带动力的上市公司、大型龙头企业和链主企业。缺乏复合型和高层次行业专业人才。企业研发投入普遍较低，以跟随式、模仿式创新为主，自主创新能力弱，仿制型、技术改进型产品多，原创性产品少，产品差异化程度小。产、学、研、医协同创新体制机制不健全，本地资本市场不够完善，缺乏产业投资基金扶持，导致医疗器械领域成果转化率不高。此外，仍需继续提升公共服务体系，以满足行业快速发展所需。为解决这些问题，推动四川省医疗器械产业的高质量发展，未来需要从以下几方面着力。一是引导医疗器械企业的数字化和智能化转型，加快产业转型升级；二是通过医工融合、培育链主企业、建设医工概念验证中心等措施建圈强链，助推产业高质量发展；三是推进双循环战略，提升医械产业能级；四是推动成渝地区协同，建设医械产业集群；五是优化营商环境，激发医疗器械产业发展活力。

四川省医疗器械产业发展展望

第一节　数智化是医疗器械产业转型的必然趋势

一、推动数字化转型，打造智能化产业链

随着进口替代战略的实施，四川乃至全国的医疗器械行业都形成了竞争激烈的红海态势。医疗器械企业只有积极拥抱数字化，跟上数字化变革步伐，紧跟政策法规，提升质量安全，提高供应链和生产效率，才能在变化的市场环境中抢占先机。医疗器械行业仍存在规模以上企业占比偏低、产业分散等特征，且数字化程度低、数据孤岛问题较为严重，这使得大数据的应用将成为医疗器械产业转型升级的关键要素。同时，与其他行业相比，医疗器械产业界整体的数字化思维相对不足。尤其在新冠疫情伊始，我国医疗器械行业传统发展模式的弊病被迅速放大。面对激增的医疗物资需求，医疗器械行业相关生产、流通、服务等上下游衔接存在一定脱节，供应链矛盾凸显。因此，针对医疗器械的供应链及产业格局等迫切需要，从监管部门到社会各界需要从数据角度进行全局性把控。

因此，未来四川医疗器械行业产业链的发展亟须进行数字化重构。在生产环节，可围绕着医疗器械行业的不同生产要求，尽早完成生产线的智能化

改造，力争构建完整的数字化工厂解决方案。以产品为中心、生产计划为指导，以数据采集追溯和生产过程监控为核心，建立信息化系统。努力实现信息系统的多方功能，例如不仅能够对医疗器械生产制造中的产品实现工艺管理，制造文档管理，制造流程创建，制造数据分析，制造设备数据记录，还有利于产品生产过程中各个站点实现质量追溯和管控，满足医疗器械行业对产品质量控制分析与产品追溯的严格要求。

在流通环节，也要培育数字化平台，根据企业的实际需求，为其定制业务流以及相关的业务板块，帮助企业规范管理，实现实时追溯，精细化管控，在确保产品质量合规的同时，构建对于医疗器械行业前端的营销服务。帮助医疗器械企业打通销售壁垒，优化销售流程，构建与渠道商的高效协作体系，增强和客户的连接实现管理的全闭环。加强医疗器械供应链管理解决方案开发，建设涵盖销售到采购、仓储等各个环节，从质量检验、高级仓库管理、批次追踪、生产汇报、安全管理等多个维度为企业提供技术和管理支持，帮助医疗器械企业实现数字化、智能化的供应链管控。同时持续追踪，不断提升供应链效率及安全性，满足医疗器械企业产品流通的信息化需求。

二、开发数智化产品，升级医械发展赛道

数字化和智能化的医疗器械在辅助治疗、医学影像处理等领域的应用愈发广泛，已成为未来医疗器械行业发展热点赛道之一。新一代人工智能技术的兴起，为医疗器械行业实现数字化和智能化转型提供了新的思路和手段，也为医疗器械产业发展带来了重大机遇。一方面，作为人口大省，四川面临较为严重的人口老龄化、慢病低龄化问题，使得人民群众的医疗健康需求持续攀升，人工智能医疗有利于缓解医疗资源供需不平衡等问题。另一方面，推动数字化和智能化嵌入到高端医疗器械中，提升控制、成像等系统的智能化程度，能够加快产品的升级换代与性能提升，有助于推动产业实现跨越式发展。因此，未来四川的医疗器械产业发展还要推动医疗器械的数字化和智能化。

一方面，应大力发展智能医疗健康装备。鼓励利用5G、云计算、大数

据、人工智能、AR/VR、物联网等信息技术对医疗装备开展智能化升级和开发新产品，重点发展医疗健康软件设计、医疗健康大数据中心、集成电路（生物芯片）、智能手术机器人、智能监护与检测仪器、智能诊断设备、可穿戴设备、智能小型化便携式医疗健康装备、智能康辅康养设备及器具、智能送药（配液配药）、中医智能诊疗、智能消杀（医疗废物处理装备）、智能制药装备等创新产品。立足体外诊断、血液透析、医学影像、生物材料等产业基础，面向“人工智能 +”“高端软件 +”、手术机器人等新兴领域，引育一批有潜力的创新型企业，推动医疗器械产业链向高端延伸。

另一方面，要加强医疗器械生产制造上游行业的数字化。要鼓励发展高精度触头、高精度非接触式气电转换测头、高性能光电倍增管、高精度光栅、高精度编码器、高精度真空泵、高精度传感器、高性能 X 射线探测器、高功率微焦斑 X 射线管、高精度工业相机、高精度光学组件等智能检测装备关键零部件 / 元器件。要鼓励专用软件的研发和制造，开发结构化、非结构化的高频检测数据处理与分析技术，发展故障诊断、智能分析、在线快速评价技术与软件，可靠性、寿命数据分析软件，机器视觉算法、图像处理软件等专用检测分析软件以及典型产品检测基础数据库。突破一批关键核心零部件和专用软件，增强产业链、供应链的韧性和安全水平。

此外，还要充分发挥地方政府、行业组织、系统集成商作用，普及应用技术成熟的智能检测装备。组建智能检测装备产业联盟，开展技术交流、行业监测、供需对接等活动。完善创新产品应用政策措施，加大政府采购对智能检测装备的支持力度。

第二节　建圈强链是夯实医疗器械产业的关键基础

一、补链强链，完善四川医疗器械产业链条

目前，四川已初步构建了医疗器械产业的全产业链，即上游行业的电

子元件、原材料、软件系统等医疗器械零组件制造；中游的医疗器械研发、制造、销售以及服务；下游的医院、疾病预防控制中心、医疗康复中心和计划生育机构等医疗卫生机构。近年来，四川持续推进高端医疗器械产业高质量发展，布局了体外诊断、血液透析、医学影像、植（介）入产品及医用材料、智能诊疗设备等重点领域。

但与国内外医疗器械产业发达地区相比，目前四川省医疗器械产业链还存在短板和弱项。例如，在目前毛利率最高的体外诊断产品生产中，大部分核心原材料都依赖进口，原材料供应限制了四川医疗器械产业的高端突破。在高端医疗器械领域，四川本地企业仍以仿制和改进设计为主，对高端医疗器械，尤其是 CT、超声影像、磁共振、起搏器等大型设备、精密设备的对外依存度依然很高。因此，未来四川应继续推进医疗器械产业链的补链强链（主要是上游和中游），进一步夯实医疗器械产业链融合化集群发展的产业链基础。

首先，在医疗器械上游原材料、零组件制造方面，四川可以加强培育或引进电子元件、原材料、软件系统和第三方服务等环节的企业，特别是核心原材料、电子元件以及软件系统等上游企业，以加强本地医疗企业产业的上游原材料和核心零部件的供应。进一步引进和培育抗原、抗体、伺服电机、减速器、芯片、传感器、大功率 CT 球管、高压发生器、探测器、电磁阀、涡轮压缩机、镜体、光源模组及摄像系统等上游原料和零部件企业在四川落户；推进生物金属、生物陶瓷、医用高分子等生物医用材料的研发、生产与应用。

其次，四川省需要继续推进高端医疗器械产业链条的补齐与强化。一是要把握未来疾病诊断与监测技术更高效、准确、快速发展方向，在巩固磁共振仪、医用 X 射线机等优势存量细分领域发展的同时，积极拓展强化四川在医护机器人、高端医学影像等新型诊疗类医疗器械细分行业的产业链增量发展。二是要积极迎合国内外高端诊疗需求，补齐四川在微创介入、外科植入、人工器官产品等材料和制品的生产链条。

最后，还要服务普通公众的健康发展，促进研究和开发美容、健身等方面的医疗器械，拓展医疗美容器械、健身器材等大众市场医疗器械产品。近年来，成都市着力打造“医美之都”，对医美器械有很大的需求，但四川省本地在医美器械领域布局较少，未来可以在该领域培育本地企业，或引进国内外知名企业落户，进而补齐四川省医美产业的链条。

二、瞄准细分市场，发展壮大本地优势产业

四川在医疗器械产业部分细分领域有较好的产业基础，例如体外诊断、血液透析、医学影像、植（介）入产品及医用材料和智能诊疗设备等，并拥有国家高性能医疗器械创新中心四川省分中心、国家生物医学材料及医疗器械高新技术产业化基地等重大平台。同时，四川也拥有一批特色显著、优势突出的医疗器械产业园区，如资阳市中国牙谷园区、成都医学城、天府国际生物城和东部新区未来医学城。现有的良好基础也为未来四川继续深耕优势细分领域，强化本地医疗器械特色产业，创造和壮大一批本地医疗器械行业的名牌产品提供了发展优势。

未来，四川可继续深耕现有优势细分领域，打造一批具有市场口碑的优秀医疗器械产品品牌。具体地，在已经具备一定市场基础的细分领域，如体外诊断、消毒灭菌器械、齿科器械、血液净化设备、康复器械等，应立足现有产业基础，加快供给侧结构性改革，推进产业提档升级，建成技术先进、优势明显的医疗器械产业集群，打造产业发展的“新高地”。在具有国内先进水平，但市场基础尚不牢固的领域，如医用机器人、植（介）入产品、微创手术系统、医学影像系统、心脏电生理、微创等离子设备、手术机器人、3D 打印医用材料，应鼓励、支持企业在拓展市场的同时，继续加大创新和研发投入，争取早日达到国际先进水平。在一些优势尚不明显的领域，如生物活性涂层、心脏瓣膜、血管支架等技术及产品领域，也可以适当地引入和培育相关领域的企业，以核心技术突破为驱动，补齐在该领域的空白。

三、建设医工概念验证中心，加速双链融合

目前，四川还缺乏医工概念验证中心。医工概念验证中心是依托具备基础研究能力的高校、科研院所、医疗卫生机构和企业，为科技成果转化提供原理或技术可行性研究、原型制造、测试、市场分析、二次开发、中试熟化等验证服务的新型机构。概念验证中心能够对科研成果开展技术与商业化可行性验证，从而降低风险，有利于吸引投资，在基础研究成果和产业技术产品之间搭建桥梁，促进科研成果与产业界、投资界之间的联系，有利于加速挖掘和释放基础研究成果价值，加速创新链与产业链的双链融合。

依托本地高水平的医学科研机构、发达的电子信息产业，四川未来可以打造医工概念验证中心，搭建包含科技成果评估、转化、投融资、商业化开发等一体的医工概念验证服务体系，设立概念验证专项资金，按项目投入资金，专款用于早期项目筛选及商业化验证。重点围绕高端医疗器械和高风险医疗器械，开展技术可行性、原型制造、性能测试、市场竞争分析、二次开发、中试熟化等研究和服务，推动创新成果的产业化。

四、推进技术经纪人队伍建设，促进成果转化

作为医学成果转化领域必不可少的桥梁和润滑剂，技术经纪人因为工作环节和内容复杂多样，具有极高的职业能力要求，需要足够了解医疗成果孵化相关的政策、技术、金融、法律、产业等交叉领域的知识。既懂技术又懂市场的技术经纪人能够帮助科学家从自己不擅长的事务中解放出来，推动科研成果加速转化。目前，四川省高校、科研机构普遍面临技术转化人才匮乏的困境，特别是医疗器械科技成果转化过程复杂，迫切需要有交叉背景的复合型技术经纪人。

为推进四川省医疗器械产业发展，目前迫切需要建立一支具有专业背景且经过技术转移系统培训的“医械技术经纪人队伍”。第一，鼓励高校、医院、科研机构结合医疗器械领域特点，从产业创新、临床需求、产品注册监

管等多重维度，围绕医疗器械创新转化服务能力的提升，培养兼具成果转化知识、法律、市场等专业能力的高级复合型成果转化人才。第二，成立专业机构或与中国技术市场协会等机构合作，对技术经纪人在成果评价、项目管理、知识产权运营、医械研发注册、商业计划书撰写、投融资要点、合同登记等方面展开系统性培训，培训后经考核合格后获得技术经纪证书。该证书可作为技术经纪人员考核、上岗录用、职务晋升、专业技术职务评聘、科研项目申请、继续教育的重要依据。第三，鼓励医疗器械企业与研发机构、高等学校、医院及其他组织建立科技人员双向流动、项目合作等人才合作交流机制。第四，鼓励医院依托自身学科特色，加强与高校、科研机构、企业合作，建设产、学、研合作平台和人才合作交流机制，推动了更多医疗器械领域科技成果转化落地。

五、推进医工融合，紧跟医学科技发展前沿

经过近几年的尝试探索，四川在医工转化领域已初步构建起从孵化、转化到加速产业化的完整链条。四川不仅拥有四川大学华西医院等顶级医学名校和医学科研院所，还拥有电子科大和西南交大等工科强校，以及扎实的工业基础，为推行医工融合创造了良好的技术、人才和市场转化条件。但是，现有医工结合受限传统机制，“产、学、研、用”转化链难以贯通，无法形成长效的沟通机制和平台，尤其是作为转化链条中重要的一环——企业长期处于割裂状态，无法形成合力，严重阻碍了科研成果的顺利转化。因此，推动医工融合发展将成为未来四川省医疗器械产业发展的重要支撑。

一方面，要搭建医工融合平台，依托平台的媒介作用，将科研事业中的各类人群连接到一起，共同破局。充分发挥以四川大学华西医院“一校四院”为代表的链主作用，瞄准新技术、新产业发展需求，以强化公共平台的链接支撑能力为突破，探索完善“校、地、企联动”“平台 + 服务 + 生态”的科技成果转化机制。充分发挥四川大学华西医院在医工结合、成果转化和科技转化的优势，既要重视原创性创新，又要做强渐进式创新。通过与

国内外高水平医学机构、医院临床、医疗器械、康养保健等产、学、研单位合作，广泛链接医科、工科、企业链条，搭建起临床医学、生物学、材料科学、机械与控制工程、化学工程与技术、计算机科学与技术等多学科交叉融合的精准医工结合大平台，形成新工科、新医科的“跨界融合，协同创新”。

另一方面，还要发挥政府在医工融合中的牵头作用，推动相关团体标准编制、学术交流、专业培训、技术推广、医工需求对接、成果转化等工作，推进医工结合向高层次、高质量发展。最后，还要注重科研成果的转化，构建医工融合成果的市场转化。一般而言，科研成果应当与市场紧密结合，杜绝闭门造车，要将优秀的成果及时推向市场，投入使用。

六、培育行业链主企业，打造专业化产业园

在产业集群的形成过程中，链主企业的作用至关重要。目前，四川的医疗器械行业已经明确了以链主企业为引导的发展思路。以温江成都医学城为例，在高端医疗器械方面，已经初步构塑了以国家高性能医疗器械创新中心四川分中心、希氏异构、东方基因生物芯片为链主，博奥、利尼科、美创等为龙头，150余家链属企业聚链成群的格局，并依托四川脑科学与类脑智能研究院，开展医疗人工智能的相关研究。以链主企业为依托，不仅可以快速地建立起市场优势，还能吸引大批产业链上下游企业的集中，构建完整的产业链条。因此，未来四川应继续加强以链主企业为支撑的医疗器械产业发展路径，推动优势产业集群的形成。

四川应继续推动医疗器械行业小巨人企业加快转型升级，通过建设专业化研发队伍，提升集成创新和自主创新能力，加强高价值创新性医疗器械研发，力争培育出更多的行业链主企业。加强对医疗健康装备“贡嘎培优”企业、“单项冠军”企业和专精特新“小巨人”企业的支持，制定扶持和奖励政策，并按相关规定给予奖补。支持医疗器械企业兼并重组或并购国内外高端医疗器械品牌，支持中小企业为融入龙头企业供应链而实施技术改造、自

主创新。鼓励企业采用智能化、自动化等手段，对现有生产设施、工艺装备等进行改造，提升产品质量、扩大生产规模，形成较稳固的市场竞争能力。支持企业开展质量管理体系建设、先进质量工具导入、质量检测和非强制性质量认证等质量品牌建设项目。

四川要继续打造医疗器械专业化产业园区，可以有针对性的引导同领域医疗器械行业的上游原材料、电子元件、软件设计和医疗器械制造企业在同一园区集聚，特别是引导链主企业带动产业链上下游企业在同一园区集聚。在互相竞争的同时形成相关知识、技术、和信息的交流，促进行业的整体进步。同时，还要优化园区硬条件和软环境，发挥生产配套、人才供给、市场需求和同业交流的集聚效应。支持社会资本、国有企业、龙头企业建设医疗器械特色产业园区，支持园区基础设施、公共服务平台建设，加大具有带动能力的重点项目建设力度。

第三节　市场规模是医疗器械产业拓展的潜力所在

一、依托本地市场，促进医疗器械企业发展壮大

作为人口大省和西部领先的医疗卫生中心，四川拥有庞大的医疗器械需求市场。但是，目前四川的医疗器械行业仅在体外诊断、血液透析、医学影像和植（介）入产品等细分市场具有一定优势，大部分医疗器械和上游核心原材料均需从国外或其他地区引入。未来四川医疗器械产业的发展可以积极依靠本地市场规模优势，推动本地医疗企业发展壮大。

四川应发挥人口规模优势和成都市建设西部医学中心的优势，吸引国内外大型医疗器械企业在四川设立研发机构和生产基地，健全医疗器械产业链，在重点领域实现医工交叉融合、协同创新。持续培育和做大本土优势企业，引进国际和国内的医疗器械龙头企业，鼓励四川医疗机构优先采购本地

生产的医疗器械产品，加大四川医疗器械企业在优势领域的科技创新和进口替代力度。

四川医疗器械企业要转变思维，扎根国内市场，以服务国内医疗机构和满足大众健康需求、辐射世界市场为宗旨开发医疗健康产品和服务。企业要紧跟时势变化，跟踪国内民生需求动态，精准把握大众基于现实和潜在需要所形成的健康需求，以差异化的医疗器械产品和健康服务切中国内民生需求痛点，培养专业医疗机构和大众对四川本土医疗器械产品和服务的认可度，让价值最大化回归四川本土医疗器械企业。同时，还要积极引进世界500强医疗器械企业和中国医药器械行业百强企业来川设立地区总部或具有独立法人资格研发中心，实现高层次人才资源和研发资源的本地集聚，将四川打造成为西部医疗器械研发中心。

四川应充分发挥医疗机构富集的市场资源优势，加快完善鼓励国产高端医疗器械应用推广的政策环境，积极争取针对本地医疗器械产品的审批及招采的政策支持，在有条件的地市（州）启动一批高端医疗器械国产化试点医院，推进各级医疗机构医疗器械的国产替代和装备升级，提高国产高端医疗器械在医疗机构中的配置比例。

二、坚持国际化战略，构建双循环发展格局

在双循环发展格局下，国外市场仍然是企业获得增长的重要一块，也是企业不断突破创新的重要源泉。目前，四川已经在部分领域，如医学影像诊断设备、医用机器人、植（介）入产品和微创手术系统等方面获得了一定的领先优势。因此，如何进一步将四川在部分高端医疗器械领域领先优势转变为国际市场的竞争优势，打造四川对外开放和医疗器械行业发展的重要引擎，具有非常重要的意义。

为此，未来四川医疗器械产业的发展应持续整合国内价值链与全球价值链，构建内需主导型全球价值链，以建立独立自主、安全可控、高度开放的现代医疗器械制造工业体系为目标，以庞大国内市场为根基，逐步形

成以国内大循环为主体、国内国际双循环相互促进的新发展格局，提升四川医疗器械产品在全球的价值。具体地说，在政府政策方面，未来需要进一步改善四川医疗器械行业的国际贸易市场营销环境，联合重庆等地区共同筹建川渝医疗器械国际贸易服务平台，进一步提高医疗器械及相关物资进出口通关效率，避免通关受阻；要增加国内外医疗器械产业成果对接、技术交流、发展论坛等系列活动的频次，打造一批具有鲜明行业特色的国际性和全国性专业展会，宣传推广省内优秀医疗器械设备企业和拳头产品，帮助企业拓展渠道开发国内外市场。

对于企业而言，四川本地医疗器械企业要培养国际化经营理念，坚持国际化发展道路，坚持国际国内两条腿走路，在不断争取突破欧美等发达国家市场的同时，积极开拓“一带一路”国家和地区的新兴市场。在此基础上，出台激励政策，推动医疗器械企业通过国际权威认证，获得发达国家市场的认可。同时，对于工业化程度较低的国家和地区，要支持四川本地医疗器械企业在必要的时候走出国门，以技术换市场，支持企业在当地进行本地化的产品组装加工，扩大四川医疗器械企业在全球的市场份额，打响医疗器械四川品牌，提高四川医疗器械企业的国际市场影响力，增强四川医疗器械产业发展韧性。

第四节　川渝协同是提升产业整体影响力的重大机遇

目前川渝地区的医疗器械行业已经具有一定基础。2022 年，四川省共有医疗器械生产企业 620 家，全国排名 15 名，西部第一。重庆市医疗器械生产企业共 404 家，全国排名 20 名[1]，位居西部第二。但从全国来看，川渝地区医疗器械产业落后于环渤海、长三角、珠三角等发达地区。川渝地区人口总量超过 1 亿，有数量庞大的医院、医疗检测机构，也有大量优质的科研资源，这为医疗器械产业的发展壮大提供了良好的基础。因此，未来川渝

［1］数据来源：MDCLOUD（医械数据云）。

地区应加强合作，抓住西部大开发、成渝地区双城经济圈建设等国家重大战略实施的机遇，推动成立川渝地区医疗器械产业联盟，共建除环渤海、长三角、珠三角外的中国第四大医疗器械产业集群，提升该产业的整体影响力。具体可以从以下几个方面着手。

一、推动川渝地区优势资源互补

依托本地市场优势，鼓励川渝地区医疗机构优先采购本地产品。鼓励医疗器械研发机构、研发人员的圈内流动，共同建设一批优质的医疗器械研发中心。鼓励川渝地区医疗器械研发机构之间合作研发，建立川渝地区医疗器械和医药方面的专利交易平台。川渝地区在产业园区规划时，加强产业上下游之间的互补，实施高端医疗器械细分领域的错位发展。在鼓励企业间良性竞争的同时，推动行业层面的交流合作。推动川渝地区医疗器械检测中心互用，鼓励第三方医疗器械产品检测中心的进入。

二、共建医疗器械产业专项发展基金

目前川渝地区医疗器械产业发展都缺乏专业性的专项发展基金的支持。因此，未来应促进川渝地区各城市之间的合作，共同出资成立医疗器械产业专项发展基金，引导社会资本的进入，为圈内医疗器械产业的创业、扩张、研发提供资金支持。同时，还可以在川渝地区举办一些医疗器械产品的进出口展销会、交流会、推介会等,. 帮助两地医疗器械企业进行产品推广，共同助推川渝地区优质医疗器械产品走向世界。

三、共同组织实施产业指导清单

目前，四川和重庆的医疗器械重点发展产业指导清单都是分别出台的，存在较高的同质竞争情况。因此，未来可以考虑共同出台医疗器械产业共同指导清单，在鼓励企业自由选择的基础上，推动成渝医疗器械产业之间的相互协作，尽可能地减少同质竞争。要依托重庆、成都的科研资源优势和高新技术产业基础，充分发挥两江新区、天府新区高端要素集聚平台作用，瞄准全球和国家科技创新趋势，共建川渝合作的医疗器械产业高新技术专业化产业园区。

四、建立川渝地区合作产业联盟

加强川渝地区企业的交流合作，共同制定行业标准，建立川渝地区合作产业联盟或行业协会。鼓励川渝地区医疗器械企业之间相互交流，共同进行高端医疗器械产品的创新和研发、市场营销等。要推动川渝地区医疗器械企业尽可能就近采购医疗器械上游原材料、电子元件、软件系统等上游中间品。同时，要出台措施鼓励两地企业参与标准制定，积极制定医疗器械产品的“川渝标准”，逐步推动“川渝标准”成为地方标准，乃至国家标准。此外，推动成立川渝地区医疗器械产业发展联盟或行业协会，为川渝地区医疗器械企业之间的交流和合作提供信息，搭建平台。

五、营商环境是激发产业发展活力的底部支撑

（一）健全公共服务体系，加快创新成果转化

当前，四川针对医疗器械领域的公共服务体系对省内医疗器械行业的快速发展的支撑作用较弱，亟须进一步完善。在公共研发服务平台方面，四川省内与医疗器械相关的合同研究机构、工程转化中心、合同外包生产机构、定制化生产专业服务机构等第三方服务平台缺乏，同时医疗器械企业与科研院所和大型医院、医生的合作力度、深度仍然有待提高。另一方面，四川的医疗器械检验检测能力也较为滞后，省内主要的三家检测机构（四川省医疗器械检测中心、四川医疗器械生物材料和制品检验中心、成都市药品检验研究院）的检测任务繁重，且受到承检资质、设备条件和检验人员数量等因素的限制，加上省内第三方检测能力较弱，已经难以满足全省医疗器械生产企业产品检验需要，导致企业排队检验耗时较长，在一定程度上影响了医疗器

械产品的注册效率和上市进程。

为此，未来四川应加强与医疗器械相关的合同研究机构、工程转化中心、合同外包生产机构、定制化生产专业服务机构等第三方服务平台建设，提高医疗器械企业与科研院所和大型医院的合作力度、深度。加强审评服务能力和省级医疗器械技术审评机构建设，合理配置专业技术人员。强化产业公共服务平台建设，加快引进和培育 CRO、CMO、CDMO。搭建医疗器械产业公共服务平台，发挥医疗器械行业协会作用，搭建开放、便捷、高效的非营利性服务平台，发挥好整合企业的桥梁作用，积极服务于医疗器械企业的创新和成果转化。

同时，还要强化检验检测服务平台建设，增设医疗器械检验检测机构，鼓励第三方机构进入检测市场，提高医疗器械检验检测能力；要加快推进医疗器械检验基础设施建设和实验室建设，提升检验综合服务能力和科研创新能力；强化临床评价能力建设，构建四川省医疗器械临床研究信息化网络平台，统筹临床试验资源，促进临床试验机构协同合作，推动临床试验机构与研发机构、医疗器械企业联动，继续支持企业在省内医疗机构开展临床试验。

（二）坚持引育并举，汇聚高层次人才队伍

相对于长三角、珠三角等发达地区，四川省在经济发展水平、薪资水平、区位条件及产业发展状况等诸多因素上相对缺乏吸引力，导致医疗器械产业人才特别是高端人才向省内流动的动力较弱，表现为四川省在医疗器械生产、产品注册及检验、经营管理、质量控制、维修服务等方面的专业人才总量不多、复合型和高层次人才不足。人才的缺乏制约了高端医疗器械的创新研发能力，导致四川省医疗器械产业在前沿领域的原始创新能力不足，仿制型、技术改进型产品多，创新型医疗器械产品少，制约了四川省医疗器械产业发展。大部分医疗器械生产企业的产品主要面向省内市场需求，开拓省外市场、国外市场的能力不足。

高端医疗器械研制涉诸多学科领域，相关技术和技能人才匮乏已经成为

明显制约。四川应紧跟产业趋势和市场需求，构建覆盖领军科技人才、专业技术人才、行业技能人才的多层次人才梯队。立足全球视野引进基础研究专家、临床医学专家及行业技术专家等领军人才，围绕行业重大问题开展前瞻性基础性研究。发挥重点实验室、高能级科研机构、高水平研究型大学、科技领军企业的引领作用，加快培养医学、机械、电子、软件、材料等相关领域专业技术人才。围绕高端医疗器械专业化运维需求，加快培养一批装配调试、质量检测、维护管理、售后服务等高技能“医工”人才。

加大对川内高校和科研院所在医学、生物医用材料、电子信息、精密仪器制造等医疗器械相关领域高层次人才队伍的支持力度，建设一批高水平的医疗器械研发创新团队。依托高校、智库院所、科研机构建立医疗器械高端人才库，研究制订医疗器械产业人才专项扶持政策，吸引硕士、博士高层次人才在川内医疗器械企业就业或创办医疗器械企业。支持省外高层次人才带项目、技术和团队来川进行成果转化，丰富本地创新和创业生态。

鼓励川内高校、科研院所为医疗器械产业培养复合型高层次人才，制定医疗器械产业人才培养引导性专业目录，推动省内高校、科研院所相关专业设置和研究生培养方向的调整优化，大力发展生物医学工程、机械、信息、电子工程、新材料、精密仪器等急需紧缺学科专业。引导企业与高校、科研院所、医疗机构等深度开展合作，建立技能人才实训基地，开展应用型人才“订单式”培养，积极探索“医工交叉”特色人才培养新模式。实施医疗器械行业优秀企业家培训工程，打造一支全球战略眼光高、管理创新能力强和具有社会责任感的企业家队伍。

（三）引领行业标准制定，抢占创新高地

鉴于四川省在部分医疗器械行业已经具备国际或国内领先优势，提高四川省医疗器械企业在细分行业的行业标准制定话语权，不仅有利于提高相关企业的竞争力，而且有利于实现四川省医疗器械行业在医疗器械产业链中的地位。目前，以迈克生物股份有限公司为代表的体外诊断企业，已经率先开展体外诊断结果标准化，目前已建立超过50项参考方法，涵盖生化、免疫、

临检等领域，使得四川在该领域的发展具备了国内领先地位。但在许多其他中高端医疗器械领域，相对于同行业的其他地区而言，四川省的医疗器械企业则缺乏行业标准制定的话语权，还有较大的发展空间。因此，未来四川省医疗器械行业的创新和发展，必然需要鼓励行业内领先企业进行行业标准制定，以抢占行业的未来发展赛道。

具体地说，未来四川应加强政策引导，推动学术机构和细分领域的领先企业合作，开展医疗器械行业“四川标准”的制定与推广，以高标准引领产业高质量发展。同时，还要争取在医疗器械热点研究领域相关国家医疗器械标准化（分）技术委员会，特别是医学影像诊断设备、医用机器人、植（介）产品和微创手术系统等已经建立领先优势的领域的国家医疗器械标准化（分）技术委员会落地四川。此外，除了鼓励企业进行行业标准制定，还要鼓励四川的医疗器械企业、科研机构积极参与整体医疗器械行业的国际及国家标准的制定工作，抢占创新高地和市场先机。

（四）建立产业投资基金，撬动社会资源

对于一项科研成果而言，推动其实现商业化和产业化的核心就在于各类社会资本的扶持。目前，四川医疗器械行业的科研成果转化落地，也面临一定的资金难题。而产业投资基金是最重要的科研成果转化资金来源之一，也是吸引其他社会资本进入的重要途径。不过，在目前四川医疗器械行业的发展中，还缺乏行业专项投资基金的支持，缺乏成熟有力的本地资本市场支撑，成果转化资金不足，资本市场与科技创新成果的对接还有待加强。四川省医疗器械领域虽然有很多社会资本，如创业投资，股权投资公司的参与，但政府专项发展基金的发展方面，还存在基金规模较小、数量较少、引导力较弱的问题。因而在未来四川省医疗器械行业科研成果的落地转化和产业的规模化，都需要有产业专项投资基金的支持。

具体地说，可建立省级医疗器械行业专项投资基金，或是鼓励有条件的地级市（州）成立政策性的医疗器械行业产业投资公司或产业发展基金，通过产融结合的创新模式，聚集社会资本，通过基金的专业化和市场化运作，

将产业资本与金融资本有机结合，为医疗器械行业的发展提供资金支持。对于那些医疗器械行业的创业投资发展处于发展初期的地区，可采用引入“补偿基金＋股权投资”的模式以快速启动引导基金，尝试引导社会资本进入医疗器械行业的创业投资领域。对于医疗器械行业的创业投资发展处于成长阶段的地区，可通过引入“引导基金＋担保机构”的模式，扩大融资规模，加速医疗器械行业创业投资的发展。对于医疗器械行业的创业投资发展相对成熟的地区，可以通过政府主导的产业专项发展基金作为母基金来吸引社会投资的方式，发挥其最大功效，促进医疗器械行业的发展。

附 录

附表 四川省内主要医疗器械临床试验机构

序号	备案号	机构名称	已备案科室及专业
1	械临机构备201800002	成都市妇女儿童中心医院	外科—其他—乳腺外科，妇产科—妇科专业，妇产科—产科专业，妇产科—计划生育专业，妇产科—生殖健康与不孕症专业，妇产科—其他—外阴宫颈，妇女保健科—青春期保健专业，妇女保健科—更年期保健专业，儿科—新生儿专业—新生儿重症医学（NICU），儿科—小儿传染病专业，儿科—小儿消化专业，儿科—小儿呼吸专业，儿科—小儿心脏病专业，儿科—小儿肾病专业，儿科—小儿血液病专业，儿科—小儿神经病学专业，儿科—小儿内分泌专业—儿童内分泌遗传代谢专业，儿科—小儿免疫专业—儿童风湿免疫专业，儿科—其他—儿童重症医学（PICU），儿科—其他—新生儿疾病筛查科，小儿外科—小儿普通外科专业，小儿外科—小儿骨科专业，小儿外科—小儿泌尿外科专业，小儿外科—小儿胸心外科专业，小儿外科—其他—新生儿外科、微创外科、小儿介入放射外科，儿童保健科—儿童营养专业，儿童保健科—儿童心理卫生专业，儿童保健科—儿童康复专业，口腔科—牙体牙髓病专业，口腔科—牙周病专业，口腔科—口腔黏膜病专业，口腔科—儿童口腔专业，口腔科—

续表

序号	备案号	机构名称	已备案科室及专业
			口腔颌面外科专业，口腔科—口腔修复专业，口腔科—口腔正畸专业，口腔科—口腔种植专业，口腔科—预防口腔专业，康复医学科—儿童康复科，麻醉科，重症医学科，医学检验科—临床体液、血液专业，医学检验科—临床微生物学专业，医学检验科—临床化学检验专业，医学检验科—临床免疫、血清学专业，医学检验科—临床细胞分子遗传学专业，医学检验科—临床细胞分子遗传学专业—产前诊断，病理科，医学影像科—X 线诊断专业，医学影像科—CT 诊断专业，医学影像科—磁共振成像诊断专业，医学影像科—超声诊断专业
2	械临机构备201800023	西南医科大学附属中医医院	内科—消化内科专业—消化（肝胆），内科—消化内科专业—脾胃，内科—神经内科专业，内科—心血管内科专业，内科—肾病学专业，内科—内分泌专业，外科—骨科专业，外科—泌尿外科专业，妇产科—妇科专业，儿科—小儿呼吸专业，眼科，耳鼻咽喉科—耳科专业，耳鼻咽喉科—鼻科专业，耳鼻咽喉科—咽喉科专业，皮肤科—皮肤病专业，肿瘤科，康复医学科，麻醉科，疼痛科，医学检验科—临床体液、血液专业，医学检验科—临床微生物学专业，医学检验科—临床化学检验专业，医学检验科—临床免疫、血清学专业，医学检验科—临床细胞分子遗传学专业，医学影像科—X 线诊断专业，医学影像科—CT 诊断专业，医学影像科—磁共振成像诊断专业，医学影像科—核医学专业，医学影像科—介入放射学专业

续表

序号	备案号	机构名称	已备案科室及专业
3	械临机构备201800052	成都市中西医结合医院	预防保健科，全科医疗科，内科—呼吸内科专业，内科—消化内科专业，内科—神经内科专业，内科—心血管内科专业，内科—血液内科专业，内科—肾病学专业，内科—内分泌专业，内科—免疫学专业，内科—变态反应专业，内科—老年病专业，外科—神经外科专业，外科—骨科专业，外科—泌尿外科专业，外科—心脏大血管外科专业—介入血管外科，外科—烧伤外科专业，外科—整形外科专业，外科—其他—麻醉科，妇产科—妇科专业，妇产科—产科专业，妇产科—计划生育专业，妇产科—优生学专业，妇产科—生殖健康与不孕症专业，妇女保健科—青春期保健专业，妇女保健科—围产期保健专业，妇女保健科—更年期保健专业，妇女保健科—妇女心理卫生专业，妇女保健科—妇女营养专业，儿科—新生儿专业，儿科—小儿传染病专业，儿科—小儿消化专业，儿科—小儿呼吸专业，儿科—小儿心脏病专业，儿科—小儿肾病专业，儿科—小儿血液病专业，儿科—小儿神经病学专业，儿科—小儿内分泌专业，儿科—小儿遗传病专业，儿科—小儿免疫专业，小儿外科—小儿普通外科专业，小儿外科—小儿骨科专业，小儿外科—小儿泌尿外科专业，小儿外科—小儿胸心外科专业，小儿外科—小儿神经外科专业，儿童保健科—儿童生长发育专业，儿童保健科—儿童营养专业，儿童保健科—儿童心理卫生专业，儿童保健科—儿童五官保健专业，儿童保健科—儿童康复专业，眼科，耳鼻咽喉科—耳科专业，耳鼻

续表

序号	备案号	机构名称	已备案科室及专业
3	械临机构备201800052	成都市中西医结合医院	咽喉科—鼻科专业，耳鼻咽喉科—咽喉科专业，口腔科—牙体牙髓病专业，口腔科—牙周病专业，口腔科—口腔黏膜病专业，口腔科—儿童口腔专业，口腔科—口腔颌面外科专业，口腔科—口腔修复专业，口腔科—口腔正畸专业，口腔科—口腔种植专业，口腔科—口腔麻醉专业，口腔科—口腔颌面医学影像专业，口腔科—口腔病理专业，口腔科—预防口腔专业，皮肤科—皮肤病专业，皮肤科—性传播疾病专业，医疗美容科，医学检验科—临床体液、血液专业，医学检验科—临床微生物学专业，医学检验科—临床化学检验专业，医学检验科—临床免疫、血清学专业，医学检验科—临床细胞分子遗传学专业，医学检验科—其他—临床检验专业，病理科，医学影像科—X 线诊断专业，医学影像科—CT 诊断专业，医学影像科—磁共振成像诊断专业，医学影像科—核医学专业，医学影像科—超声诊断专业，医学影像科—心电诊断专业，医学影像科—脑电及脑血流图诊断专业，医学影像科—神经肌肉电图专业，医学影像科—介入放射学专业，医学影像科—放射治疗专业，中医科—内科专业，中医科—外科专业，中医科—妇产科专业，中医科—儿科专业，中医科—皮肤科专业，中医科—眼科专业，中医科—耳鼻咽喉科，中医科—口腔科专业，中医科—肿瘤科专业，中医科—骨伤科专业，中医科—肛肠科专业，中医科—老年病科专业，中医科—针灸科专业，中医科—推拿科专业，中医科—急诊科专业，中医科—预防保健科专业，中西医结合科，重症监护室（综合）

续表

序号	备案号	机构名称	已备案科室及专业
4	械临机构备201800055	四川省肿瘤医院	肿瘤科，麻醉科，医学检验科—临床体液、血液专业，医学检验科—临床免疫、血清学专业，医学检验科—临床细胞分子遗传学专业，病理科，医学影像科—CT 诊断专业，医学影像科—磁共振成像诊断专业，医学影像科—超声诊断专业，医学影像科—介入放射学专业，医学影像科—放射治疗专业，其他—肿瘤研究所
5	械临机构备201800057	内江市第二人民医院	内科—肾病学专业，医学检验科—临床体液、血液专业，医学检验科—临床微生物学专业，医学检验科—临床化学检验专业，医学检验科—临床免疫、血清学专业，医学检验科—临床细胞分子遗传学专业
6	械临机构备201800080	成都中医药大学附属医院	全科医疗科，内科—呼吸内科专业，内科—消化内科专业，内科—神经内科专业，内科—心血管内科专业，内科—血液内科专业，内科—肾病学专业，内科—内分泌专业，内科—免疫学专业，内科—老年病专业，内科—其他—感染科，内科—其他—疼痛科，外科—神经外科专业，外科—骨科专业—国际病房，外科—其他—肛肠科，外科—其他—血管外科，妇产科—妇科专业，妇产科—产科专业，妇产科—其他—妇产康复 / 中医医疗技术中心门诊，眼科，口腔科—牙体牙髓病专业，口腔科—牙周病专业，口腔科—口腔黏膜病专业，口腔科—口腔颌面外科专业，口腔科—口腔修复专业，口腔科—口腔病理专业，口腔科—预防口腔专业，医疗美容科，肿瘤科，急诊医学科，麻醉科，医学检验科—临床体液、血液专业，医学检验科—临床微生物学专业，医学检验科—临床化学检验专业，医学检验科—临床免疫、血清学专业，医学检验科—临床细胞分子遗传学专业，医学检验科—其他，病理科，医学影像科—X 线诊断专业，医学影像科—

续表

序号	备案号	机构名称	已备案科室及专业
			CT 诊断专业，医学影像科—磁共振成像诊断专业，医学影像科—核医学专业，医学影像科—超声诊断专业，医学影像科—心电诊断专业，医学影像科—介入放射学专业—肿瘤介入，中医科—外科专业—乳腺外科，中医科—外科专业—心胸外科，中医科—外科专业—普通外科专业，中医科—外科专业—泌尿外科，中医科—外科专业—男科，中医科—儿科专业，中医科—皮肤科专业，中医科—耳鼻咽喉科，中医科—骨伤科专业，中医科—针灸科专业，中医科—推拿科专业，中医科—康复医学专业，中医科—其他—治未病中心，重症监护室（综合），其他—体检中心，其他—护理部
7	械临机构备201800092	成都大学附属医院	内科—神经内科专业，内科—内分泌专业，外科—骨科专业，外科—其他—泌尿外科，肿瘤科，康复医学科，重症医学科，医学检验科—临床体液、血液专业，医学检验科—临床微生物学专业，医学检验科—临床化学检验专业，医学检验科—临床免疫、血清学专业，医学检验科—临床细胞分子遗传学专业，医学检验科—其他，医学影像科—X 线诊断专业，医学影像科—CT 诊断专业，医学影像科—磁共振成像诊断专业，医学影像科—介入放射学专业

续表

序号	备案号	机构名称	已备案科室及专业
8	械临机构备201800093	攀枝花市中心医院	全科医疗科，内科—呼吸内科专业，内科—心血管内科专业，内科—内分泌专业，内科—免疫学专业，内科—老年病专业，外科—普通外科专业—肝脏移植项目，外科—普通外科专业—胰腺移植项目，外科—普通外科专业—小肠移植项目，外科—神经外科专业，外科—骨科专业，妇产科—妇科专业，妇产科—产科专业，妇产科—计划生育专业，妇产科—优生学专业，妇女保健科—围产期保健专业，妇女保健科—更年期保健专业，妇女保健科—妇女营养专业，儿科—小儿消化专业，儿科—小儿呼吸专业，儿科—小儿肾病专业，儿科—其他，儿童保健科—儿童生长发育专业，儿童保健科—儿童康复专业，眼科，耳鼻咽喉科—耳科专业，耳鼻咽喉科—鼻科专业，耳鼻咽喉科—咽喉科专业，耳鼻咽喉科—其他，皮肤科—皮肤病专业，肿瘤科，医学检验科—临床体液、血液专业，医学检验科—临床化学检验专业，医学检验科—临床免疫、血清学专业，医学检验科—临床细胞分子遗传学专业，医学影像科—核医学专业，医学影像科—超声诊断专业，中医科—内科专业，中医科—康复医学专业
9	械临机构备201800094	四川省地矿局四〇五医院	医学检验科—其他—临床检验专业
10	械临机构备201800102	成都医学院第一附属医院	内科—心血管内科专业，内科—肾病学专业，外科—普通外科专业—肝胆外科，外科—神经外科专业，外科—骨科专业，麻醉科，医学检验科—临床体液、血液专业，医学检验科—临床微生物学专业

续表

序号	备案号	机构名称	已备案科室及专业
11	械临机构备201800111	资阳市人民医院	口腔科—牙体牙髓病专业，口腔科—牙周病专业，口腔科—口腔黏膜病专业，口腔科—儿童口腔专业，口腔科—口腔颌面外科专业，口腔科—口腔修复专业，口腔科—口腔正畸专业，口腔科—口腔种植专业，口腔科—口腔麻醉专业，口腔科—口腔颌面医学影像专业
12	械临机构备201800113	绵阳市第三人民医院	全科医疗科，内科—呼吸内科专业，内科—消化内科专业，内科—神经内科专业，内科—心血管内科专业，内科—血液内科专业，内科—肾病学专业，内科—内分泌专业，内科—老年病专业，外科—普通外科专业—肝胆外科，外科—普通外科专业—血管外科，外科—神经外科专业，外科—骨科专业，妇产科—妇科专业，妇产科—产科专业，儿科—其他—儿科，眼科，耳鼻咽喉科—其他—甲头腺头颈颌面外科，耳鼻咽喉科—其他—耳鼻咽喉科，皮肤科—皮肤病专业，皮肤科—性传播疾病专业，精神科—精神病专业，精神科—精神卫生专业，精神科—药物依赖专业，精神科—精神康复专业，精神科—社区防治专业，精神科—临床心理专业，肿瘤科，急诊医学科，康复医学科，麻醉科，疼痛科，重症医学科，医学检验科—其他—医学检验科，医学影像科—超声诊断专业，医学影像科—心电诊断专业，医学影像科—其他—医学影像科
13	械临机构备201800125	资阳市雁江区人民医院	口腔科—口腔病理专业，口腔科—预防口腔专业，外科—神经外科专业，外科—骨科专业，妇产科—妇科专业，妇产科—产科专业，儿科—其他—儿科，眼科，耳鼻咽喉科—其他—甲头腺头颈颌面外科，耳鼻咽喉科—其他—耳鼻咽喉科，皮肤科—皮肤病专业，皮肤科—性传播疾病专业，精神科—精神病专业，精神科—精神卫生专业，精神科—药物依赖专业，精神科—精神康复专业，精神科—社区防治专业，精神科—临床心理专业，肿瘤科，急诊医学科，康复医学科，麻醉科，疼痛科，重症医学科，医学检验科—其他—医学检验科，医学影像科—超声诊断专业，医学影像科—心电诊断专业，医学影像科—其他—医学影像科

续表

序号	备案号	机构名称	已备案科室及专业
14	械临机构备201800127	资阳市第一人民医院	口腔科—牙体牙髓病专业，口腔科—牙周病专业，口腔科—口腔黏膜病专业，口腔科—儿童口腔专业，口腔科—口腔颌面外科专业，口腔科—口腔修复专业，口腔科—口腔正畸专业，口腔科—口腔种植专业，口腔科—口腔麻醉专业，口腔科—口腔颌面医学影像专业，口腔科—口腔病理专业，口腔科—预防口腔专业
15	械临机构备201800140	核工业四一六医院	内科—呼吸内科专业，内科—呼吸内科专业—小汤山方舱医院，内科—消化内科专业—肝病专业，内科—心血管内科专业，内科—肾病学专业，外科—普通外科专业，妇产科—妇科专业，眼科，耳鼻咽喉科—其他，皮肤科—皮肤病专业，传染科—其他，肿瘤科，麻醉科—手麻科，医学检验科—临床体液、血液专业，医学检验科—临床体液、血液专业—小汤山方舱医院，医学检验科—临床微生物学专业，医学检验科—临床免疫、血清学专业，医学检验科—临床细胞分子遗传学专业，医学检验科—其他—艾滋病病毒相关检测，医学检验科—其他—药物浓度检测，医学影像科—X 线诊断专业，医学影像科—CT 诊断专业，医学影像科—磁共振成像诊断专业，医学影像科—超声诊断专业，其他—介入放射学专业，其他—传染专业，其他—口腔科，其他—Ⅰ期临床研究室，其他—实验室—临床样本检测—小汤山方舱医院
16	械临机构备201800157	德阳市人民医院	内科—消化内科专业，内科—神经内科专业，内科—肾病学专业，外科—普通外科专业，外科—神经外科专业，外科—其他—肝胆外科专业，妇产科—产科专业，眼科，口腔科—牙体牙髓病专业，口腔科—牙周病专业，口腔科—口腔黏膜病专业，口腔科—儿童口腔专业，口腔科—口腔颌面外科专业，口腔科—口腔修复专业，口腔科—口腔正畸专业，口腔科—口腔种植专业，口腔科—预防

续表

序号	备案号	机构名称	已备案科室及专业
			口腔专业，口腔科—其他—口腔内科专业，急诊医学科，医学检验科—临床体液、血液专业，医学检验科—临床微生物学专业，医学检验科—临床化学检验专业，医学检验科—临床免疫、血清学专业，医学检验科—临床细胞分子遗传学专业，病理科，医学影像科—X 线诊断专业，医学影像科—CT 诊断专业，医学影像科—磁共振成像诊断专业，医学影像科—放射治疗专业，其他—输血科
17	械临机构备201800168	四川大学华西第二医院	妇产科—妇科专业，妇产科—产科专业，妇产科—计划生育专业，妇产科—生殖健康与不孕症专业，妇产科—其他—医学遗传科，儿科—新生儿专业，儿科—小儿传染病专业，儿科—小儿消化专业，儿科—小儿呼吸专业，儿科—小儿心脏病专业，儿科—小儿肾病专业，儿科—小儿血液病专业，儿科—小儿神经病学专业，儿科—小儿内分泌专业，儿科—小儿遗传病专业，儿童保健科—儿童生长发育专业，儿童保健科—儿童康复专业，肿瘤科，急诊医学科，康复医学科，麻醉科，重症医学科，医学检验科—临床体液、血液专业，医学检验科—临床微生物学专业，医学检验科—临床化学检验专业，医学检验科—临床免疫、血清学专业，医学检验科—临床细胞分子遗传学专业，医学检验科—其他—输血专业，病理科，医学影像科—X 线诊断专业，医学影像科—CT 诊断专业，医学影像科—磁共振成像诊断专业，医学影像科—超声诊断专业，医学影像科—介入放射学专业

续表

序号	备案号	机构名称	已备案科室及专业
18	械临机构备201800310	自贡市第四人民医院	预防保健科—健康管理中心，内科—呼吸内科专业，内科—消化内科专业，内科—内分泌专业，外科—普通外科专业—小肠移植项目—疝修补等，外科—神经外科专业，外科—骨科专业，外科—泌尿外科专业，外科—胸外科专业，外科—整形外科专业，外科—其他—肝胆胰脾诊疗中心，眼科，耳鼻咽喉科—鼻科专业—耳鼻喉咽喉科，皮肤科—皮肤病专业，肿瘤科，急诊医学科，康复医学科，麻醉科，医学检验科—临床微生物学专业，医学检验科—临床化学检验专业，医学影像科—磁共振成像诊断专业
19	械临机构备201800322	西南医科大学附属医院	内科—呼吸内科专业，内科—消化内科专业，内科—神经内科专业，内科—心血管内科专业，内科—血液内科专业，内科—内分泌专业，外科—神经外科专业，外科—骨科专业，外科—心脏大血管外科专业，外科—其他—血管外科，眼科，皮肤科—皮肤病专业，精神科—精神病专业，传染科—肠道传染病专业，传染科—呼吸道传染病专业，传染科—肝炎专业，肿瘤科，医学检验科—临床体液、血液专业，医学检验科—临床微生物学专业，医学检验科—临床化学检验专业，医学检验科—临床免疫、血清学专业，病理科，其他—Ⅰ期临床试验研究室—Ⅰ期药物临床试验
20	械临机构备201800342	宜宾市第二人民医院	全科医疗科，内科—呼吸内科专业，内科—消化内科专业，内科—神经内科专业，内科—心血管内科专业，内科—血液内科专业，内科—肾病学专业，内科—内分泌专业，内科—免疫学专业，内科—变态反应专业，外科—普通外科专业，外科—神经外科专业，外科—骨科专业，外科—泌尿外科专业，外科—胸外科专业，外科—心脏大血管外科专业，外科—烧伤外科专业，外科—整形外科专业，妇产科—妇科专业，妇产科—产科专业，妇产科—计划生育专业，妇产科—生殖健康与不孕症专业，儿科—新

续表

序号	备案号	机构名称	已备案科室及专业
			生儿专业，儿科—小儿传染病专业，儿科—小儿消化专业，儿科—小儿呼吸专业，儿科—小儿心脏病专业，儿科—小儿肾病专业，儿科—小儿血液病专业，儿科—小儿神经病学专业，儿科—小儿内分泌专业，儿科—小儿遗传病专业，儿科—小儿免疫专业，小儿外科—小儿普通外科专业，小儿外科—小儿骨科专业，小儿外科—小儿泌尿外科专业，小儿外科—小儿胸心外科专业，小儿外科—小儿神经外科专业，儿童保健科—儿童生长发育专业，儿童保健科—儿童营养专业，儿童保健科—儿童心理卫生专业，儿童保健科—儿童五官保健专业，儿童保健科—儿童康复专业，眼科，耳鼻咽喉科—耳科专业，耳鼻咽喉科—鼻科专业，耳鼻咽喉科—咽喉科专业，口腔科—牙体牙髓病专业，口腔科—牙周病专业，口腔科—口腔颌面外科专业，口腔科—口腔修复专业，口腔科—口腔正畸专业，口腔科—预防口腔专业，皮肤科—皮肤病专业，医疗美容科，精神科—精神病专业，精神科—精神卫生专业，精神科—药物依赖专业，精神科—精神康复专业，精神科—临床心理专业，精神科—司法精神专业，传染科—肠道传染病专业，传染科—呼吸道传染病专业，传染科—肝炎专业，传染科—虫媒传染病专业，传染科—动物源性传染病专业，结核病科，肿瘤科，急诊医学科，康复医学科，运动医学科，麻醉科，疼痛科，重症医学科，医学检验科—临床体液、血液专业，医学检验科—临床微生物学专业，医学检验科—临床化学检验专业，医学检验科—临床免疫、血清学专业，病理科，医学影像科—X线诊断专业，医学影像科—CT诊断专业，医学影像科—磁共振成像诊断专业，医学影像科—核医学专业，医学影像科—超声诊断专业，医学影像科—心电诊断专业，医学影像科—脑电及脑血流图诊断专业，医学影像科—神经肌肉电图专业，医学影像科—介入放射学专业，医学影像科—放射治疗专业，中医科—内科专业，中医科—肛肠科专业，中医科—针灸科专业，中医科—推拿科专业，中医科—康复医学专业，重症监护室（综合）

续表

序号	备案号	机构名称	已备案科室及专业
21	械临机构备201800379	四川省医学科学院·四川省人民医院	内科—呼吸内科专业，内科—消化内科专业，内科—神经内科专业，内科—心血管内科专业，内科—肾病学专业，内科—内分泌专业，内科—免疫学专业，内科—老年病专业，外科—普通外科专业，外科—神经外科专业，外科—骨科专业，外科—泌尿外科专业，外科—泌尿外科专业—肾病移植项目，外科—胸外科专业，外科—心脏大血管外科专业，外科—烧伤外科专业，外科—整形外科专业，妇产科—妇科专业，妇产科—产科专业，妇产科—计划生育专业，妇产科—生殖健康与不孕症专业，儿科—新生儿专业，儿科—小儿传染病专业，儿科—小儿呼吸专业，儿科—小儿神经病学专业，儿科—小儿内分泌专业，小儿外科—小儿骨科专业，小儿外科—小儿泌尿外科专业，小儿外科—小儿胸心外科专业，眼科，耳鼻咽喉科—耳科专业，耳鼻咽喉科—鼻科专业，耳鼻咽喉科—咽喉科专业，口腔科—牙体牙髓病专业，口腔科—牙周病专业，口腔科—口腔黏膜病专业，口腔科—儿童口腔专业，口腔科—口腔颌面外科专业，口腔科—口腔修复专业，口腔科—口腔正畸专业，口腔科—口腔种植专业，口腔科—口腔颌面医学影像专业，口腔科—预防口腔专业，口腔科—其他，皮肤科—皮肤病专业，皮肤科—性传播疾病专业，医疗美容科，精神科—精神病专业，精神科—精神卫生专业，传染科—肠道传染病专业，传染科—呼吸道传染病专业，传染科—肝炎专业，传染科—其他，结核病科，肿瘤科，急诊医学科，康复医学科，麻醉科，疼痛科，重症医学科，医学检验科—临床体液、血液专业，医学检验科—临床微生物学专业，医学检验科—临床化学检验专业，医学检验科—临床免疫、血清学专业，医学检验科—临床细胞分子遗传学专业，病理科，医学影像科—X 线诊断专业，医学影像科—CT 诊断专业，医学影像科—磁共振成像诊断专业，医学影像科—超声诊断专业，医学影像科—心电诊断专业，医学影像科—介入放射学专业，医学影像科—其他，中医科—骨伤科专业，中医科—肛肠科专业，其他

续表

序号	备案号	机构名称	已备案科室及专业
22	械临机构备201800401	成都市公共卫生临床医疗中心	内科—呼吸内科专业，内科—消化内科专业，内科—神经内科专业，内科—心血管内科专业，内科—血液内科专业，内科—肾病学专业，内科—内分泌专业，内科—免疫学专业，内科—老年病专业，内科—其他—肿瘤专业，外科—普通外科专业，外科—骨科专业，外科—胸外科专业，妇产科—妇科专业，妇产科—产科专业，妇产科—计划生育专业，儿科—小儿传染病专业，耳鼻咽喉科—耳科专业，耳鼻咽喉科—鼻科专业，耳鼻咽喉科—咽喉科专业，耳鼻咽喉科—其他，传染科—肠道传染病专业，传染科—呼吸道传染病专业，传染科—肝炎专业，传染科—虫媒传染病专业，传染科—动物源性传染病专业，传染科—蠕虫病专业，传染科—其他—艾滋病专业，结核病科，重症医学科，医学检验科—临床体液、血液专业，医学检验科—临床微生物学专业，医学检验科—临床化学检验专业，医学检验科—临床免疫、血清学专业，医学检验科—临床细胞分子遗传学专业，医学影像科—X线诊断专业，医学影像科—CT诊断专业，医学影像科—磁共振成像诊断专业，医学影像科—超声诊断专业，医学影像科—心电诊断专业，医学影像科—介入放射学专业，中医科—内科专业，中医科—儿科专业，中医科—皮肤科专业，中医科—骨伤科专业，中医科—老年病科专业，中医科—针灸科专业，中医科—推拿科专业，中医科—康复医学专业，中医科—预防保健科专业，中西医结合科
23	械临机构备201800530	四川大学华西口腔医院	口腔科—牙体牙髓病专业，口腔科—牙周病专业，口腔科—口腔黏膜病专业，口腔科—儿童口腔专业，口腔科—口腔颌面外科专业，口腔科—口腔修复专业，口腔科—口腔正畸专业，口腔科—口腔种植专业，口腔科—预防口腔专业，口腔科—其他—医学影像，口腔科—其他—医疗美容

续表

序号	备案号	机构名称	已备案科室及专业
24	械临机构备201800552	绵阳市中心医院	内科—呼吸内科专业，内科—消化内科专业，内科—神经内科专业，内科—心血管内科专业，内科—血液内科专业，内科—肾病学专业，内科—内分泌专业，外科—普通外科专业，外科—普通外科专业—乳腺外科，外科—神经外科专业，外科—骨科专业，儿科—新生儿专业，儿科—小儿消化专业，儿科—小儿呼吸专业，儿科—小儿心脏病专业，儿科—小儿肾病专业，儿科—小儿血液病专业，儿科—小儿神经病学专业，儿科—小儿内分泌专业，儿科—小儿遗传病专业，小儿外科—小儿骨科专业，眼科，耳鼻咽喉科—耳科专业，耳鼻咽喉科—鼻科专业，耳鼻咽喉科—咽喉科专业，精神科—精神病专业，传染科—肝炎专业，肿瘤科，急诊医学科，康复医学科，麻醉科，重症医学科，医学检验科—临床体液、血液专业，医学检验科—临床微生物学专业，医学检验科—临床化学检验专业，医学检验科—临床免疫、血清学专业，医学检验科—临床细胞分子遗传学专业，病理科，医学影像科—X线诊断专业，医学影像科—CT诊断专业，医学影像科—磁共振成像诊断专业，医学影像科—核医学专业，医学影像科—超声诊断专业，医学影像科—介入放射学专业
25	械临机构备201800564	成都市第四人民医院	精神科—精神病专业，精神科—临床心理专业
26	械临机构备201800570	四川大学华西医院	全科医疗科，内科—呼吸内科专业，内科—消化内科专业，内科—神经内科专业，内科—心血管内科专业，内科—血液内科专业，内科—肾病学专业，内科—内分泌专业，内科—免疫学专业，内科—老年病专业，内科—其他，内科—其他—感染科，外科—普通外科专业—肝脏移植项目，外科—普通外科专业—胰腺移植项目，外科—

续表

序号	备案号	机构名称	已备案科室及专业
			神经外科专业，外科—骨科专业，外科—泌尿外科专业，外科—胸外科专业，外科—心脏大血管外科专业，外科—心脏大血管外科专业—心脏移植项目，外科—其他，小儿外科—小儿普通外科专业，眼科，耳鼻咽喉科—其他，皮肤科—皮肤病专业，医疗美容科，精神科—精神卫生专业，肿瘤科，急诊医学科，康复医学科，麻醉科，疼痛科，医学检验科—临床体液、血液专业，病理科，医学影像科—核医学专业，医学影像科—超声诊断专业，医学影像科—脑电及脑血流图诊断专业，医学影像科—介入放射学专业，医学影像科—放射治疗专业，中西医结合科，重症监护室（综合），其他—I 期临床试验研究室—I 期药物临床试验
27	械临机构备201800622	南充市中心医院	内科—消化内科专业，内科—心血管内科专业，外科—普通外科专业，外科—泌尿外科专业，皮肤科—皮肤病专业，肿瘤科，康复医学科，麻醉科—麻醉，医学检验科—临床体液、血液专业，医学检验科—临床微生物学专业，医学检验科—临床化学检验专业，医学检验科—临床免疫、血清学专业，医学检验科—临床细胞分子遗传学专业，医学影像科—介入放射学专业，中医科—内科专业，其他
28	械临机构备201800641	自贡市第一人民医院（自贡市传染病医院）	内科—呼吸内科专业，内科—消化内科专业，内科—神经内科专业，内科—心血管内科专业，内科—肾病学专业，内科—内分泌专业—老年科，外科—普通外科专业，外科—神经外科专业，外科—骨科专业，外科—泌尿外科专业，外科—胸外科专业，外科—其他—甲乳外科，妇产科—妇科专业，眼科，耳鼻咽喉科—耳科专业，耳鼻咽喉科—鼻科专业，耳鼻咽喉科—咽喉科专业，皮肤科—皮肤病专业，医疗美容科，传染科—肝炎专业，肿瘤科，康复医学科，麻醉科，医学检验科—临床微生物学专业，医学检验科—临床化学检验专业—生化检验方向，医学检验科—临床免疫、血清学专业，医学影像科—CT 诊断专业，医学影像科—磁共振成像诊断专业，医学影像科—脑电及脑血流图诊断专业—神经肌肉电图也可，医学影像科—介入放射学专业，中医科—内科专业—心血管方向

续表

序号	备案号	机构名称	已备案科室及专业
29	械临机构备201800660	成都市第五人民医院	内科—消化内科专业，内科—神经内科专业，内科—心血管内科专业，外科—普通外科专业，外科—普通外科专业—肝胆外科，外科—骨科专业，外科—泌尿外科专业，麻醉科，医学检验科—临床体液、血液专业，医学检验科—临床微生物学专业，医学检验科—临床化学检验专业，医学检验科—临床免疫、血清学专业，病理科，医学影像科—CT诊断专业，医学影像科—介入放射学专业，成都市第五人民医院，内科—消化内科专业，内科—神经内科专业，内科—心血管内科专业，外科—普通外科专业，外科—普通外科专业—肝胆外科，外科—骨科专业，外科—泌尿外科专业，麻醉科，医学检验科—临床体液、血液专业，医学检验科—临床微生物学专业，医学检验科—临床化学检验专业，医学检验科—临床免疫、血清学专业，病理科，医学影像科—CT诊断专业，医学影像科—介入放射学专业
30	械临机构备201900001	遂宁市中心医院	内科—呼吸内科专业，内科—消化内科专业，内科—神经内科专业，内科—心血管内科专业，内科—肾病学专业，内科—免疫学专业，外科—普通外科专业，外科—普通外科专业—乳腺、甲状腺方向，外科—神经外科专业，外科—骨科专业，外科—泌尿外科专业，外科—胸外科专业，外科—心脏大血管外科专业，妇产科—妇科专业，妇产科—产科专业，儿科—新生儿专业，儿科—小儿消化专业，儿科—小儿呼吸专业，儿科—小儿肾病专业，儿科—小儿神经病学专业，小儿外科—小儿普通外科专业，耳鼻咽喉科—耳科专业，耳鼻咽喉科—鼻科专业，耳鼻咽喉科—咽喉科专业，口腔科—口腔颌面外科专业，皮肤科—皮肤病专业，皮肤科—性传播疾病专业，医疗美容科，精神科—精神卫生专业，结核病科，

续表

序号	备案号	机构名称	已备案科室及专业
			肿瘤科，疼痛科，医学检验科—临床体液、血液专业，医学检验科—临床微生物学专业，医学检验科—临床化学检验专业，医学检验科—临床免疫、血清学专业，医学检验科—临床细胞分子遗传学专业，医学检验科—其他—输血专业，病理科，医学影像科—X 线诊断专业，医学影像科—CT 诊断专业，医学影像科—磁共振成像诊断专业，医学影像科—核医学专业，医学影像科—超声诊断专业，医学影像科—介入放射学专业，中医科—肛肠科专业，中医科—康复医学专业，中西医结合科
31	械临机构备201900035	成都市温江区人民医院	内科—呼吸内科专业，内科—神经内科专业，内科—心血管内科专业，内科—免疫学专业，外科—普通外科专业，外科—神经外科专业，外科—烧伤外科专业，口腔科—口腔颌面外科专业，口腔科—口腔修复专业，口腔科—口腔正畸专业，口腔科—预防口腔专业，肿瘤科，急诊医学科，麻醉科，医学检验科—临床体液、血液专业，医学检验科—临床微生物学专业，医学检验科—临床化学检验专业，医学检验科—临床免疫、血清学专业，医学影像科—超声诊断专业，医学影像科—神经肌肉电图专业，医学影像科—放射治疗专业
32	械临机构备201900051	内江市第一人民医院	内科—呼吸内科专业，内科—消化内科专业，内科—神经内科专业，内科—心血管内科专业，外科—普通外科专业，外科—神经外科专业，外科—骨科专业，外科—胸外科专业，妇产科—妇科专业，妇产科—产科专业，眼科，肿瘤科，麻醉科，医学检验科—临床体液、血液专业，医学检验科—临床微生物学专业，医学检验科—临床化学检验专业，医学检验科—临床免疫、血清学专业，医学检验科—临床细胞分子遗传学专业

续表

序号	备案号	机构名称	已备案科室及专业
33	械临机构备201900065	四川省骨科医院	外科—骨科专业，中医科—骨伤科专业
34	械临机构备201900153	邛崃市医疗中心医院	内科—心血管内科专业，外科—泌尿外科专业，麻醉科—麻醉，医学检验科—临床体液、血液专业，医学检验科—临床微生物学专业，医学检验科—临床化学检验专业，医学检验科—临床免疫、血清学专业，医学检验科—临床细胞分子遗传学专业，医学影像科—X 线诊断专业，医学影像科—CT 诊断专业，医学影像科—磁共振成像诊断专业，医学影像科—介入放射学专业
35	械临机构备202000022	成都市金牛区人民医院	内科—呼吸内科专业，内科—消化内科专业，内科—神经内科专业，内科—心血管内科专业，内科—肾病学专业，外科—骨科专业，外科—泌尿外科专业，耳鼻咽喉科—鼻科专业，口腔科—牙体牙髓病专业，医疗美容科，肿瘤科，康复医学科，麻醉科，医学检验科—临床体液、血液专业，医学检验科—临床微生物学专业，医学检验科—临床化学检验专业，医学影像科—X 线诊断专业，医学影像科—CT 诊断专业，医学影像科—磁共振成像诊断专业，医学影像科—超声诊断专业，中医科—内科专业，重症监护室（综合）
36	械临机构备202000032	四川省妇幼保健院	妇产科—妇科专业，妇产科—计划生育专业，妇产科—优生学专业，妇产科—优生学专业—临床细胞分子遗传学专业，妇产科—生殖健康与不孕症专业，儿科—小儿消化专业，儿科—小儿呼吸专业，儿科—小儿心脏病专业，儿科—小儿肾病专业，儿科—其他—儿童重症，医学检验科—临床体液、血液专业，医学检验科—临床微生物学专业，医学检验科—临床免疫、血清学专业，医学检验科—临床细胞分子遗传学专业，医学检验科—其他—临床生化，医学检验科—其他—临床输血

续表

序号	备案号	机构名称	已备案科室及专业
37	械临机构备202000050	甘孜藏族自治州人民医院（四川大学华西医院甘孜医院）	外科—普通外科专业，医学检验科—临床免疫、血清学专业
38	械临机构备202000054	川北医学院附属医院	外科—普通外科专业，医学检验科—临床免疫、血清学专业，妇产科—优生学专业，妇产科—优生学专业—临床细胞分子遗传学专业，妇产科—生殖健康与不孕症专业，儿科—小儿消化专业，儿科—小儿呼吸专业，儿科—小儿心脏病专业，儿科—小儿肾病专业，儿科—其他—儿童重症，医学检验科—临床体液、血液专业，医学检验科—临床微生物学专业，医学检验科—临床免疫、血清学专业
39	械临机构备202000061	成都市第三人民医院	内科—神经内科专业，内科—心血管内科专业，内科—肾病学专业，外科—普通外科专业，外科—心脏大血管外科专业，医疗美容科，医学检验科—临床体液、血液专业，医学检验科—临床微生物学专业，医学检验科—临床化学检验专业，医学检验科—临床免疫、血清学专业，医学检验科—临床细胞分子遗传学专业
40	械临机构备202000063	攀钢集团总医院	内科—呼吸内科专业，内科—消化内科专业，内科—神经内科专业，内科—心血管内科专业，外科—普通外科专业，外科—骨科专业，外科—泌尿外科专业，外科—烧伤外科专业
41	械临机构备202000085	四川省疾病预防控制中心	其他—内江市疾病预防控制中心，其他—病原微生物

续表

序号	备案号	机构名称	已备案科室及专业
42	械临机构备202000115	成都市第二人民医院、成都市第二人民医院皮肤病医院、四川仁济医院	内科—呼吸内科专业，内科—消化内科专业，内科—神经内科专业，内科—心血管内科专业，内科—血液内科专业，内科—肾病学专业，内科—内分泌专业，外科—普通外科专业，外科—神经外科专业，眼科，皮肤科—皮肤病专业，皮肤科—性传播疾病专业，医疗美容科，肿瘤科，康复医学科，重症医学科，医学检验科—临床体液、血液专业，医学检验科—临床微生物学专业，医学检验科—临床化学检验专业，医学检验科—临床免疫、血清学专业，医学检验科—临床细胞分子遗传学专业，医学检验科—其他
43	械临机构备202000121	成都中医大银海眼科医院	眼科，中医科—眼科专业
44	械临机构备202000124	成都市第六人民医院	内科—呼吸内科专业，内科—消化内科专业，内科—神经内科专业，内科—心血管内科专业，内科—肾病学专业，内科—内分泌专业，耳鼻咽喉科—耳科专业，耳鼻咽喉科—鼻科专业，肿瘤科，医学检验科—临床体液、血液专业，医学检验科—临床微生物学专业，医学检验科—临床化学检验专业，医学检验科—临床免疫、血清学专业，医学检验科—临床细胞分子遗传学专业，病理科，医学影像科—X 线诊断专业，医学影像科—CT 诊断专业，医学影像科—磁共振成像诊断专业
45	械临机构备202000140	成都爱尔眼科医院有限公司	眼科

续表

序号	备案号	机构名称	已备案科室及专业
46	械临机构备202100041	自贡市第三人民医院	内科—神经内科专业，内科—心血管内科专业，外科—神经外科专业，外科—骨科专业，外科—泌尿外科专业，外科—胸外科专业，外科—其他—肝胆胰脾外科，眼科，耳鼻咽喉科—其他，医疗美容科，康复医学科，医学检验科—临床体液、血液专业，医学检验科—临床微生物学专业，医学检验科—临床化学检验专业，医学检验科—临床免疫、血清学专业，医学检验科—临床细胞分子遗传学专业，医学检验科—其他
47	械临机构备202100061	成都市郫都区中医医院	内科—心血管内科专业，皮肤科—皮肤病专业，医学检验科—临床体液、血液专业，医学检验科—临床微生物学专业，医学检验科—临床化学检验专业，医学检验科—临床免疫、血清学专业，医学检验科—临床细胞分子遗传学专业
48	械临机构备202100073	四川大学华西第四医院	内科—消化内科专业，内科—肾病学专业，外科—骨科专业，外科—泌尿外科专业，耳鼻咽喉科—鼻科专业，职业病科—尘肺专业，重症医学科，医学检验科—临床化学检验专业，医学影像科—超声诊断专业，医学影像科—介入放射学专业
49	械临机构备202100083	广元市中心医院	内科—呼吸内科专业，内科—消化内科专业，内科—神经内科专业，内科—心血管内科专业，内科—血液内科专业，内科—肾病学专业，内科—内分泌专业，外科—神经外科专业，外科—骨科专业，外科—其他—肝胆专业，妇产科—妇科专业，儿科—儿科专业，皮肤科—皮肤病专业，肿瘤科，麻醉科，重症医学科，医学检验科—临床体液、血液专业，医学检验科—临床微生物学专业，医学检验科—临床化学检验专业，医学检验科—临床免疫、血清学专业

续表

序号	备案号	机构名称	已备案科室及专业
50	械临机构备202100111	雅安市名山区人民医院	医学检验科—临床体液、血液专业
51	械临机构备202200003	攀枝花市中西医结合医院	内科—心血管内科专业，内科—内分泌专业，外科—普通外科专业，外科—神经外科专业，外科—骨科专业，外科—泌尿外科专业，外科—整形外科专业，妇产科—妇科专业，妇产科—产科专业，妇产科—计划生育专业，妇女保健科—青春期保健专业，妇女保健科—围产期保健专业，妇女保健科—更年期保健专业，眼科，耳鼻咽喉科—耳科专业，耳鼻咽喉科—鼻科专业，耳鼻咽喉科—咽喉科专业，医疗美容科，肿瘤科，康复医学科，医学检验科—临床体液、血液专业，医学检验科—临床微生物学专业，医学检验科—临床化学检验专业，医学检验科—临床免疫、血清学专业，医学检验科—临床细胞分子遗传学专业，医学影像科—核医学专业，医学影像科—超声诊断专业，医学影像科—介入放射学专业，医学影像科—放射治疗专业
52	械临机构备202200020	成都市新都区人民医院	重症医学科，医学检验科—临床体液、血液专业，医学检验科—临床微生物学专业，医学检验科—临床化学检验专业，医学检验科—临床免疫、血清学专业，医学检验科—临床细胞分子遗传学专业
53	械临机构备202200031	自贡市中医医院	内科—消化内科专业，儿科—小儿呼吸专业，口腔科—口腔正畸专业，中医科—肿瘤科专业，中医科—肛肠科专业

续表

序号	备案号	机构名称	已备案科室及专业
54	械临机构备202200045	广安市人民医院	内科—心血管内科专业，内科—心血管内科专业，外科—泌尿外科专业，外科—心脏大血管外科专业，医疗美容科，医学检验科—临床细胞分子遗传学专业，医学检验科—临床细胞分子遗传学专业，医学检验科—临床细胞分子遗传学专业，医学影像科—磁共振成像诊断专业
55	械临机构备202200059	南充市红十字中心血站	医学检验科—临床体液、血液专业，医学检验科—临床化学检验专业，医学检验科—临床免疫、血清学专业，医学检验科—临床细胞分子遗传学专业，医学检验科—其他
56	械临机构备202200078	成都市龙泉驿区第一人民医院	内科—消化内科专业，内科—内分泌专业，外科—神经外科专业，耳鼻咽喉科—耳鼻咽喉科专业，麻醉科，医学检验科—其他—检验科
57	械临机构备202200112	眉山市人民医院	内科—内分泌专业，外科—普通外科专业，外科—普通外科专业，外科—烧伤外科专业，外科—整形外科专业，医学检验科—临床体液、血液专业，医学检验科—临床体液、血液专业，医学检验科—临床体液、血液专业，医学检验科—临床微生物学专业，医学检验科—临床微生物学专业，医学检验科—临床微生物学专业，医学检验科—临床化学检验专业，医学检验科—临床化学检验专业，医学检验科—临床化学检验专业，医学检验科—临床免疫、血清学专业，医学检验科—临床免疫、血清学专业，医学检验科—临床免疫、血清学专业，医学检验科—其他，医学检验科—其他，医学检验科—其他，医学影像科—介入放射学专业

续表

序号	备案号	机构名称	已备案科室及专业
58	械临机构备202200123	西藏自治区人民政府驻成都办事处医院	外科—骨科专业，皮肤科—皮肤病专业，康复医学科，麻醉科，医学检验科—临床体液、血液专业，医学检验科—临床微生物学专业，医学检验科—临床化学检验专业，医学检验科—临床免疫、血清学专业，医学检验科—临床细胞分子遗传学专业，医学检验科—其他—输血
59	械临机构备202200129	成都市第七人民医院	外科—骨科专业，医学检验科—临床体液、血液专业
60	械临机构备202200132	中国工程物理研究院职工医院（四川省科学城医院）	内科—心血管内科专业，内科—内分泌专业，医学检验科—临床体液、血液专业，医学检验科—临床免疫、血清学专业，医学影像科—CT 诊断专业，医学影像科—磁共振成像诊断专业
61	械临机构备202200133	崇州二医院有限公司	内科—心血管内科专业，康复医学科，医学检验科—临床体液、血液专业，医学检验科—临床微生物学专业，医学检验科—临床化学检验专业，医学检验科—临床免疫、血清学专业，医学检验科—临床细胞分子遗传学专业
62	械临机构备202300005	岳池县人民医院	内科—呼吸内科专业，内科—消化内科专业，内科—神经内科专业，外科—普通外科专业，外科—神经外科专业，外科—骨科专业，外科—泌尿外科专业，耳鼻咽喉科—其他—耳鼻咽喉科专业，皮肤科—皮肤病专业，康复医学科，麻醉科
63	械临机构备202300015	成都市郫都区人民医院	医学检验科—临床体液、血液专业，医学检验科—临床微生物学专业，医学检验科—临床化学检验专业，医学检验科—临床免疫、血清学专业，医学检验科—临床细胞分子遗传学专业，医学检验科—其他

续表

序号	备案号	机构名称	已备案科室及专业
64	械临机构备202300046	四川锦欣西囡妇女儿童医院有限公司	医学检验科—临床体液、血液专业，医学检验科—临床微生物学专业，医学检验科—临床化学检验专业，医学检验科—临床免疫、血清学专业，医学检验科—临床细胞分子遗传学专业，医学影像科—X线诊断专业，医学影像科—超声诊断专业
65	械临机构备202300060	绵阳市骨科医院	外科—骨科专业，医学检验科—临床体液、血液专业，医学检验科—临床化学检验专业，医学影像科—CT诊断专业，医学影像科—磁共振成像诊断专业，中医科—康复医学专业

成都市医疗器械行业协会

成都市医疗器械行业协会是2009年在成都市市场监督管理局指导和支持下，由从事医疗器械研发、生产、经营、科研院校、医疗机构、产品检测、金融投资及认证咨询等医疗器械产业链相关单位和企业260余家，在自愿的基础上联合组成的行业非营利性社会组织。

协会的宗旨是代表并维护会员单位的共同利益及合法权益，共同遵守国家宪法、法律、法规和国家政策，遵守社会道德风尚；本着“携手共建医疗器械及关联产业生态圈”的使命，着眼于“主动作为、创新共享”的价值观，致力于“搭建沟通桥梁，助力产业升级”，促进医疗行业高质量健康发展。

协会坚持以建圈强链思维，广泛服务医疗器械产业。一是向社会各界反映会员的合理要求，维护会员的合法权益，努力消除影响行业发展的障碍；二是积极组织、参与行业标准、质量规范的制定、修改、宣传和推广，提高行业标准化程度；三是助力监管部门监督执行、宣贯行业政策，规范企业行为等工作，规范企业行为，引导企业遵守国家法律法规、守法诚信、提升职业道德、加强行业自律；四是不定期举办各项专业认证培训（ISO9001、ISO13485、ISO14001、3A、3C认证、管理者代表培训、内审员培训、质量管理培训）以及医疗器械相关政策法规、行业热点等等向会员企业开展资询培训活动，提升行业从业人员专业素养及质量管理水平，培育质量榜样；五是协会于 2022 年成立了“医疗器械产业服务工作站”，为企业提供技术要求撰写、协助注册检验、临床前验证、临床试验、临床评价、临床监察、同品种比对、质量管理体系搭建、注册等一站式服务，重点帮企业解决产品注册难、周期长等行业痛点、难点。六是承办政府主管部门及有关部门委托的各项业务，协助政府机关开展招商引资工作。

协会将秉承适应市场需求，推动会员发展；配合政府工作，当好参谋助手；做好服务工作，维护会员权益；倡导行业自律，推进诚信建设的初衷，发挥政企“桥梁”作用，在医疗器械同行的共同努力下，做好企业帮手、政府助手、行业推手，携手助推成都市医疗器械行业高质量发展！